大学生
健康与保健

李涌涛 刘洋 陈碧华◎编著

白晋湘◎主审

DAXUESHENG

JIANKANG

YU

BAOJIAN

中南大学出版社
www.csupress.com.cn
长沙

图书在版编目（CIP）数据

大学生健康与保健／李涌涛，刘洋，陈碧华编著. —长沙：中南大学出版社，2017.6

ISBN 978 – 7 – 5487 – 2785 – 9

Ⅰ.①大… Ⅱ.①李…②刘…③陈… Ⅲ.①大学生—健康教育—高等学校—教材 Ⅳ.①G647.9

中国版本图书馆 CIP 数据核字（2017）第 115511 号

大学生健康与保健

李涌涛　刘　洋　陈碧华　编著

□**责任编辑**	谢金伶		
□**责任印制**	易建国		
□**出版发行**	中南大学出版社		
	社址：长沙市麓山南路	邮编：410083	
	发行科电话：0731 – 88876770	传真：0731 – 88710482	
□**印　　装**	长沙理工大印刷厂		

□**开　　本**	710×1000　1/16	□**印张** 14	□**字数** 274 千字	
□**版　　次**	2017 年 6 月第 1 版	□2017 年 6 月第 1 次印刷		
□**书　　号**	ISBN 978 – 7 – 5487 – 2785 – 9			
□**定　　价**	29.80 元			

图书出现印装问题，请与经销商调换

序

  健康是永恒的话题，健康是执着的探索，健康是人类自始至终不懈追求的最高境界。

  随着社会的发展，人类面临着更大的挑战，没有健康的身体将无法适应现代社会的要求。健康是生命的基础，是事业的前提，是人生最大的财富。健康不仅属于个人，也属于社会，是社会发展的重要标志和潜力，是物质文明建设的保证，是精神文明的体现，是建设和谐社会的基础，是人类最重要的素质和最为关注的问题，也是人类最基本的需要。人们从来没有像今天这样渴望健康、幸福，渴望提高自己的生活质量。

  伴随着时代前进的脚步，人们对健康的认识也不断深化，现在，健康不仅意味着远离疾病，还意味着充满活力，在身体上、心理上和社会适应能力上达到完满和谐的状态。只有心身健康和谐的人，才有能力参与社会主义经济建设，实现自己美好的理想。

  大学生是一个特殊群体，是国家的未来和希望。国家、民族的前途和命运都与大学生的思想道德素质、文化科学素质和心身健康素质息息相关。现代文明在带给人们充分物质享受的同时，也给人类的健康带来了新的威胁。2004 年的我国大学生健康状况调研结果表明，随着我国社会稳定、经济持续发展、人民生活水平不断提高，我国大学生心身健康水平有了较大的提高，但与此同时，大学生的健康状况也存在着一些不容忽视的问题，尤其是心理健康方面还不尽如人意，有些问题可谓是触目惊心。大学生心理健康问题已成为影响大学生成才的重要因素，这给我们敲响了"高等教育培养什么人"的警钟！所以我们必须采取积极有力的措施，切实提高大学生的健康素质，这是一项重要的战略任务。

  大学时期是人生的黄金时代，是有关一生事业成败的关键时期。按照党和国家的要求，大学生应该成为"德、智、体、美、劳"全面和谐发展的社会主义建设者和接班人，就是既要有崇高的理想、高尚的情操、扎实的专业知识技能、深厚的人文素养，又要有健康的心身，这样才能担负起建设和谐社会的重任。如何才能保证大学生的健康成长呢？其中进行健康教育是很重要的手段和途径，所以说，在高校开展大学生健康教育是非常重要和及时的。

　　李涌涛、刘洋、陈碧华编著的《大学生健康与保健》一书，针对大学生的特点，系统地介绍了有关健康方面的知识，对促进大学生心身健康有很好的指导作用。大学生在努力完成专业技术知识的学习和提高实践能力的同时，应学习和初步掌握与健康和疾病防治相关的知识，培养良好的生活方式，这样才有助于增进健康和提高学习效率，同时，也能提高自身文化知识修养。

　　我们的大学生要高度关注自己的健康问题，掌握一定的健康常识，爱惜自己年轻而宝贵的生命，把自己努力培养成为建设和谐社会的栋梁之材。

白晋湘

2017 年 5 月

前 言

健康是大学生成才的重要因素。合格的人才不仅需要扎实的文化科学知识，还应有健康的体魄、良好的心理素质和较强的社会适应能力。

大学生健康教育是向全体大学生普及健康卫生知识，强化同学们的健康意识，提高同学们的保健意识和防病能力，帮助同学们养成良好的生活习惯和体育锻炼的习惯，促使同学们选择健康的行为和生活方式、消除和减少危险因素、改善生活质量，促进大学生心身健康的一项伟大的系统工程。党和国家十分关心大学生的心身健康，重视大学生健康教育。1990 年，国务院批准发布了《学校卫生工作条例》，其中明确规定"学校应将健康教育纳入教学计划"，这就用立法的形式，明确了健康教育的地位和作用。1993 年，国家教育委员会又发布了《关于印发〈大学生健康教育基本要求〉的通知》，详细拟定了健康教育的内容，明确指出了大学生健康教育的目标和要求，大大促进了高校健康教育的发展。大学校园是培养现代高素质人才的摇篮，开展健康教育，促进大学生健康成长，是全面实施素质教育的重要组成部分。大学生是国家的未来，他们在刻苦攻读科学知识的同时，德、智、体、美、劳全面发展是时代的需要。大学生入学之初，身体基本无大病，但如果不重视心身健康，缺乏自我保健知识，缺乏体育锻炼，到高年级时许多人会因健康问题而休学甚至退学，这将给学生本人和国家造成巨大的损失。因此，在大学期间开展对大学生的健康教育，指导他们注重个人营养、培养健康的生活方式、塑造良好的心理素质、强壮体魄，是高等学校的一项重要任务。伴随着时代前进的脚步，人们对健康的认识也在由表及里、由浅入深，不断深化和升华。在全面建成小康社会的今天，增进健康、提高生活质量已成为人们的迫切需要，适时开展健康教育，让人们掌握更多的健康知识、增强自我保健意识，对于人们防病强身具有重要的意义。

本书由李涌涛(湖南广播电视大学)、刘洋(湖南大众传媒职业技术学院)、陈碧华教授(湖南广播电视大学)编著，由吉首大学校长、国家社科基金项目评审专家、享受国务院特殊津贴专家、博士白晋湘教授审稿。

本书充分考虑大学生的年龄、生活、生理特征等，内容主要有：健康的概念，大学生心理与健康，职业与健康，生活方式、环境、营养、运动与健康，性健康，意外伤害急救，常见疾病的防治等。本书内容丰富，通俗易懂，实用性较强，不仅可作为大学生健康教育课程的教材，也可供有关人员阅读参考。

编者
2017 年 5 月

目 录

第一章 健康与健康教育

第一节 健康的概念

人们都十分珍惜自己的健康，并会随着社会的发展和物质、精神生活水平的提高而更加关注自己的健康，没有健康将一事无成。居里夫人有一句名言，"科学的基础是健康的身体"，可见健康对于大学生来说是多么重要。但不是所有的人都对"什么是健康"有一个正确的认识。长期以来，人们习惯将健康理解为"没有疾病，不虚弱"。这个概念，如果将它放到 100 年前确有道理，当时，人们一出生就有可能受到诸如鼠疫、天花、伤寒、结核等细菌性、病毒性疾病的威胁，因而疾病与健康的关系密不可分。然而，时至今日，健康仅用"没有疾病"来解释，已难尽其意。它不能解释一个中学生因高考失利、心理失衡去卧轨；更难以解释昨天刚被医生体格检查证实为"健康"的青年，今天却因投海行为被医生诊断为有严重心理障碍的事实。从这两个简单的例子，我们发现，除了肉体上的健康，健康的概念中还包含更深刻的内容。世界卫生组织（WHO）在 1948 年制定的宪章中写下了健康的定义："健康不仅仅是没有疾病或不虚弱，而是保持在身体上、心理上和社会适应方面的完美状态。"在 1978 年召开的国际初级保健大会上通过的《阿拉木图宣言》更加明确地提到："健康不仅仅是没有疾病和痛苦，而且包括在身体上、心理和社会各方面的完好状态。"这就是人们常说的心身健康。因此，健康内涵早已大大超出了无病的范围，这无疑是一个极大的进步。但是 WHO 并不满足于这个定义，1989 年，其又进一步深化了健康的概念，提出健康应该包括躯体健康、心理健康、社会适应良好和道德健康。

现代健康概念中，心理性健康和社会性健康是对健康内涵的有力补充和发展。它摆脱了千百年来人们对健康的片面性认识，使人的自然属性和社会属性得到了统一；它既重视健康对人的价值，又强调人对健康的作用，并将两者有机地结合起来。这种认识带来的效应是：使被动治疗疾病转变为积极预防疾病；使预测疾病从单纯的生理标准扩展到了心理、社会标准；使健康评价从个体诊断延伸到了群体乃至整个社会。

第二节 现代健康观的内涵

躯体的、心理的和社会性的健康组合成了现代健康观，它们对于每个个体来说，都是不可分割的。但为了了解健康的内涵，有必要对这三个方面作简要的剖析。

一、躯体健康

从一般意义上理解，躯体健康就是要有一个发育正常而又强健的体魄，没有疾病和不虚弱。WHO 曾提出几项标准，可供参考：

①体重合适，身体匀称而挺拔；

②能抵抗普通感冒和传染病；

③眼睛明亮，反应敏锐；

④头发具有光泽而少头屑；

⑤牙齿清洁无龋齿，牙龈无出血而颜色正常；

⑥肌肤富有弹性。

关于躯体健康，有一个常识性问题需要纠正，即在公众的心目中躯体健康与不健康之间的分水线是生病。实际上并非如此，假如在完美健康与死亡之间画一根连线的话，完美健康与死亡则处于连线的两端，其中大部分人则处在两者过渡部分。最近一项近万人参加的抽样调查就充分证明了这一点。其结果是：5% ~ 15% 的人群心身处于健康状态；50% ~ 60% 的人群处于轻度失调和慢性病潜伏期，即次健康状态或第三状态；15% 的人群被认为是有病的。因此，仅以"生病"来判断一个个体是否健康是极其片面的。

二、心理健康

到目前为止，心理健康还没有一个世界公认的标准。然而心理健康的人也有一些基本的特征，归纳起来有三点：

①心理应与环境保持同一性，即心理活动和行为应在形式上和客观生活环境保持一致；

②保持相对稳定而又区别于他人的独特人格；

③内在的心理活动应与外在的行为表现保持完整统一。

作为生活在各种社会条件下的人，在其漫长的生活经历中，可能会遭遇各种不利的影响，如失恋、失业、战争、居住拥挤、孤独、环境污染等，并造成暂时的甚至是永久的心理创伤。如 1995 年上海市意外死亡的 24 名大学生中，一半以上是严重的心理障碍者和精神病患者。许多研究表明，长期存在不良的心理情绪是很多疾病(如原发性高血压病、冠心病、癌症等)的致病因素。可见，心理与肉体健康是难以分割而又相互依存的。躯体的疾病可扰乱心理的平衡，而心理的创伤也影响着身体的健康。因此，健康不能没有心理健康的参与，维护和促进健康在某种意义上讲更需要维护和促进心理健康。

三、社会性健康

社会性健康是健康组合中最活跃、涉及范围最广泛和最不确定的部分。最活跃是因为社会的每一次发展和变革都会为社会性健康注入新的内容；涉及范围最广泛是因为社会性健康不仅涉及每个个体，还涉及一个群体乃至整个社会的健康评价，并受到社会环境的影响；最不确定是因为每一个特定条件下的社会都有不同的政治、经济、文化、道德观，在全球范围内难以形成一个公认、统一的评价标准。

社会性健康由社会适应良好和道德健康两部分组成。社会适应良好指个体应对所处的社会环境有一个正确的认识，使自我与社会环境之间保持良好的协调和均衡关系。处理好人与人之间的关系、人与环境的关系是社会适应良好的主要表现。扮演好各种社会角色，如同窗、朋友、邻居、公民、恋人、配偶、子女或父母等，并承担起相应的责任，是处理好人际关系的基础。道德健康是指人与人交往过程中应遵循的健康行为准则，它着重于健康的维护和促进。个体的道德健康不仅要求个体对自己的健康维护、促进负责，如建立良好的生活方式，保持良好的心境等，而且还要求个体应对他人的健康负有责任，将维护和促进整个人群的健康行为转化为自觉的行为。如为拯救他人的生命，自觉履行公民献血义务；为维护他人的健康，不在公共场合吸烟、吐痰等。能否保障社会的存在和发展，且满足每个人的需要是衡量行为是否道德的最基本原则。一个道德健康者起码应在不损害社会和他人利益的前提下，满足自己的需要和发展自己的个性。

社会性健康纳入健康的概念已有很长时间，但从来没有像今天这样受到全世界的广泛重视，因为人类已认识到维护和促进健康、积极推动社会性健康与建设一个健康的社会休戚相关。有鉴于此，在1997年的第四届国际健康促进大会上发表的《雅加达宣言——21世纪的健康促进》明确指出：健康的先决条件为和平、住房、教育、社会安定、社会关系、食品、收入、妇女权利、稳定的生态体系、持续的资源利用、社会公正、尊重人权和平等，而贫困是对健康的最大威胁。

第三节　影响健康的因素

一、内因

（一）遗传因素
遗传对个体生长发育和健康状况起着重要的作用。个体受到父母的种族及其遗传基因，包括某些遗传性疾病的影响，会出现体型和体质等基本特征，如眼球、皮肤和头发的颜色，性格和气质等方面的不同。子代与其父母、子代之间往往相似，尤其是同卵孪生间的差异更小，但相似的程度因遗传属于优生或劣生而异，而潜在特征能否获得充分的发挥，却取决于后天的环境条件。遗传也可以变异，即通过外界环境条件的改善，促使机体朝着良好方向发展，经过一定代传，后天获得的优良体质和体格便遗传给下一代。受到严重污染的环境，也可以引起遗传基因的突变，导致各种遗传病的发生率升高。至于人类心理方面的遗传特征，智商是一个明显的例子，生父母虽与其子女分离生活，但子女的智商与生父母的智商密切相关。在良好环境下成长的子女的身高，与其生父母平均身高之间亦密切相关，可以根据子女当时的年龄、身高、骨龄和父母身高等进行预测。但即使是同卵孪生，若分别生活和成长在两个截然不同的环境里，由于生活物质条件和接受到的社会刺激的悬殊，其发育程度和健康水平以及心理素质将有明显的差异。由此可见，遗传是一个决定性的因素，但遗传潜力的发展程度，要取决于环境条件。

（二）内分泌

内分泌对身体的作用是不可缺少的，如维持机体内环境的恒定，调节体内的物质代谢，调节生长发育的顺序和快慢，调节衰老的过程，调节神经系统（包括植物神经系统）的机能等。然而，内分泌腺体的活动又受神经系统的调节，在体内形成一个完整的神经—体液调节系统，直接或间接地影响个体的生长发育、成熟和健康。青春发育期一开始，下丘脑即受到神经系统的调节，产生各种促激素释放因子，垂体前叶和甲状腺的活动也显著增强。垂体前叶分泌的生长素，通过肝、肾产生生长介质，作用于全身的软骨，使硫酸和软骨中的蛋白多糖结合，促进骨骼细胞增大、增多，加速骨骼纵向增长，使身高、体重的增长加快。垂体前叶与甲状腺的共同协作能加强机体的新陈代谢，同时刺激性腺的生长发育，使人出现第二性征。但性激素的增加，又可对垂体前叶起反馈作用，使身高和体重的增长速度变慢，最后停止增长。

内分泌系统的活动与整个机体各系统的活动相互联系着，同时受外界环境因素的影响。如山区居民在膳食缺碘时，甲状腺机能会减退，儿童易发生呆小症，而成人则易引起黏液性水肿；而当甲状腺机能亢进时，又会出现代谢亢进的症状。

机体应激性的行为是机体处于危急或紧张（包括恐惧、焦虑、噪音和拥挤环境）的情况下，能够动员机体进行一系列变化的反应。机体接受刺激后，经过大脑皮层引起丘脑下部释放促皮质素释放因子，继而作用于垂体，释放促肾上腺激素，再作用于肾上腺皮质，引起应激和行为反应，这样的过程构成了垂体—肾上腺皮质系统，这是一个内在的防御反应系统，是关于激素机能的非常重要的新发现。这个系统紊乱还可以引发关节炎、高血压病和肾脏疾病等。

激素在免疫反应、肿瘤的发生及生育的控制方面都有一定作用。神经—体液调节系统功能正常，才能保持体内各种活动的相对恒定，提高机体对体内外环境的适应性，维护和促进身体的健康。

二、外因

（一）营养

营养是保证身体健康和发育的重要物质基础。身体需要各种必要的营养素，包括足够的热量、优质蛋白质、维生素、矿物质和微量元素；且在代谢过程中应保持同化过程超过异化过程，以保证有充分的营养促进发育。营养对大脑和智力的发育起着重要作用。

（二）生活制度

合理的生活制度，是指有益健康的、有节奏而又有规律的生活日程。除了学习外，我们还要有足够的户外活动、定时的进餐和充分的睡眠，使身体各部分的活动和休息得到适当调节，使能量得到补充，精力得到恢复，从而维护正常的能量代谢，保证各器官系统的正常机能，保证精力充沛，有利于学习，并促进心身健康的发展。

在生活日程安排上，我们要适当安排体育锻炼，参加文娱活动，使锻炼成为生活不可缺少的组成部分。课余时间多样化的活动，是提高体质、保持精神愉快的积极而有效的措施。

（三）疾病

任何疾病都对健康和发育有着不同程度的损害。疾病、机体免疫力、营养之间有着相互制约的关系。如各种传染病和慢性疾病会消耗机体营养素，导致免疫功能下降，干扰一些器官或系统的正常功能，它们对身体的发育和健康的影响很显著。

（四）生活环境因素

这里所指的是自然环境因素和社会环境因素，人类的生存和生长既依赖于这些因素，又要受这些因素综合作用的影响，因此各种心理和生理现象，都必须适应生活环境因素的变化，如果适应不良或适应异常，就会影响健康。

自然环境因素包括空气、阳光、水分、土壤、气候和各种物理学、化学学、生物学的因素。这些因素是为人类存在和发展提供生命活动的物质基础。如儿童常在春季长高加速，秋季增重较快，这说明生长激素分泌量或能量代谢与季节、气候有关。当环境受到废气、污水、噪声、粉尘、烟雾等污染时，机体内外环境正常的平衡也会遭到破坏，这将直接或间接地影响身体的发育和健康。这些污染甚至埋下了遗害子孙后代的祸根。如长期在生活中接触低浓度的铅，可以引起轻度器质性脑功能异常，使人的情绪和行为发生障碍。生活在人口稠密、交通拥挤或工厂与居民住宅混杂在一起的地方，噪声较大，不仅会损害听力，严重影响学习与工作效率，还会引起各功能系统的紊乱。近年来有不少文献指出，噪声与高血压、心血管疾病，以及由于长期精神紧张而导致的神经功能障碍均有密切关系。众所周知，由于粉尘、烟雾长年累月遮盖阳光，佝偻病发病率已经升高了，影响了儿童的健康和发育。重金属（有机汞）污染中毒，可导致胎儿畸形，或使出生后的儿童智力低下。这些事实充分说明了自然环境因素对人类健康的影响。

各种积极的社会因素能促使人们开朗、乐观，奋发向上，富于进取。如果一个人从小就缺乏社会的关怀，或生活在孤寂、贫困、缺乏必要的卫生设施、缺乏预防接种和卫生知识的环境中，其心身发育必然受到限制，即使具有发展潜质也无法实现。如社会动乱频繁、环境突变、灾祸不断、人际关系恶化，就很容易使人受到精神创伤或形成怪癖恶习，好惹是非，尝试犯罪，厌世自毁。这不仅会导致个体的性格、智力和行为异常发展，甚至会影响社会安定。由此可见，社会因素对一个人心身发育的影响十分巨大。

第四节　大学生健康教育

一、我国大学生的健康现状

通常认为，经过入校前的体检筛选，大学生是较健康的人群，事实上并非如此。许多大学生身高、体重、肺活量、血色素等生理指标达不到正常标准；肥胖型、"豆芽菜型"体型不少；牙病、胃病、外伤性疾病的发生率很高；眼屈光不正、视力不良者非常普遍；每年都有一定数量的同学患肺结核、病毒性肝炎、痢疾等传染病，有的还中止了学业；有些品学兼优的学生在就业后，因身体不合格被辞退；甚至还有个别学生因急性传染病、创伤和癌症而死亡。大学生中，因学习环境适应不良、人际关系不融洽、恋爱失意等引起的心理障碍十分常见，近年来各高校学生因各种原因自杀的比例也有所上升。据有关资料统计，我国高校学生神经症患病率占在校生的30%左右，遭各种性问题困扰的约占53%。胆怯、孤独、失望等在部分大学生中造成的心理危机，如不及时化解，便有可能导致心理病态。改善大学生的心身健康，已是高校教育中刻不容缓的大事。

二、高等学校健康教育的基本要求

健康教育不只是传播卫生知识，它的正确概念是：根据大学生理解能力强、有文化知识的特点，帮助大学生自觉接受健康教育，增强健康意识和健康责任感，使学生学会保护健康，建立起健康的生活方式和行为，培养良好的卫生公德并建立公共卫生规范，提高自我保健能力，从而达到防病、强身、增进健康的目的。一般来说，健康教育应包括以下方面：

①使大学生认识到不健康的行为和生活方式是致病的最危险因素，其中较突出的是吸烟、酗酒、膳食结构不合理、滥用药物、精神紧张和运动不足，帮助他们改变不健康的行为和生活方式，掌握增进健康的方法。学校要着重宣传合理的营养知识、科学的用药知识、合理锻炼的意义和自我保健的方法。

②大学生处于青春后期发育阶段，生理、心理上的变化，特别是人际关系的变化，性意识的发展，学习上的压力和有关前途的考虑，都会给其带来很多困扰，如处理不当，就会影响健康。因此应进行如何应对生活中的挫折、焦虑、紧张情绪，如何处理集体人群生活中的人际关系等社会适应能力方面的教育；应进行性教育，包括男女生殖器官解剖、性生理、性自慰、遗精、月经紊乱、性病预防等方面的医卫知识教育；应教育学生注意学习中的心理卫生，包括用脑卫生、睡眠卫生等，以调节心理平衡，创造良好的心理环境。

③使大学生了解常见病的自我保健知识。针对大学生中常见的疾病，如上呼吸道感染、消化系统疾病、常见的传染病(肺结核、肝炎、痢疾、疥疮)等，讲解有关疾病的特点、预防对策，使大学生能对一些常见的症状如头痛、腹痛、发热进行适当处理。根据当前我国人群的患病特点，要特别宣传与心脑血管疾病、恶性肿瘤、意外伤害等有关的危险因素及相应对策。大学生参加体育运动易造成运动创伤，有关触电、溺水等意外事件也时常发生，因而必须对大学生进行自救和互救方法的教育。

④使大学生树立大卫生观念，控制污染，保护自然环境。学校应建设成环境优美、卫生清洁的工作、学习、生活场所，应使广大师生充分认识环境污染对健康的危害，防止校园内外的生活污染、生产污染，音量、光线、色彩等都应符合生理卫生的要求。要教育同学积极参加各种卫生活动，改变不文明、不卫生的生活陋习，自觉执行有关政策、法令，支持卫生保健事业的发展。

三、大学生健康教育的意义和任务

健康教育通过传播和教育，向全社会普及卫生科学知识，强化公民的健康意识，促进人类健康事业的发展。它是一项以较低投入换取较大效益的保健对策，是实现"人人健康"和"预防为主"战略方针的需要。在大学生中开展健康教育具有十分重要的意义。

(一)增强大学生自我保健意识，促进大学生心身健康

从目前大学生群体的心身健康现状考虑，高校极有必要通过健康教育，增强大学生的自我保健意识和能力，增进大学生的心身健康。美国从20世纪60年代便开始重视全民心身健康教育，并且在10年后其疾病引起的死亡率从70%降低

到 30%，由此可见健康教育的效果。

（二）有助于培养合格人才

一个大学生如果仅学习好、思想好，而没有健康的心身素质和良好的适应能力，那么其专业能力的发挥将受到限制，其也不能更好地为国家的现代化建设服务。不少疾病虽在中年以后才发现，但其致病因素是在青少年时期就开始存在的，并与生活方式密切相关。在大学生中开展健康教育，帮助大学生改变不良生活习惯、行为方式，能提高他们的心理素质和社会适应能力，使之成为国家合格的建设人才。

（三）有助于节约医疗经费

健康教育是投资虽少、收效却十分明显的保健措施。美国疾病防治中心认为：若美国人民养成"不吸烟、不饮酒、合理饮食、经常锻炼"的良好习惯，就可以增寿 10 年，而美国政府多年来为提高临床医疗技术水平的投资每年达数千亿美元，却难使美国人口预期寿命提高 1 年。据美国麻省理工学院统计，学生接受健康教育后，可在 2 年内节省感冒治疗费 46120 美元。我国各高校每年用于治疗肝炎、肺结核的费用为数万元至数十万元，而这些疾病都是可以通过加强自我保健来预防的。

（四）提高大学生自我保健能力，促进他们积极自觉地参与社会医疗保健活动

对大学生进行健康教育，可使他们建立全面、系统的健康观念，接受卫生保健知识和技术，并将这些观念转化为自己的行为，为自身健康服务，同时又以自身的行为影响社会中依然存在的愚昧、落后、迷信、不科学的观念。

大学生健康教育的任务主要有以下几点：

①在大学生中推广科学文明的健康生活制度，培养健康的生活习惯，改掉不文明、不卫生的陋习。

②宣传普及卫生保健知识，提高大学生卫生知识水平，树立基本的健康意识和正确的健康观，并使之在实际行动中实践。

③大学生要有与社会协调一致的心理状态，有较大的心理容量，并能自我控制、调节，且适应社会环境变化。这就需要帮助大学生树立现代健康意识，使他们认识到真正的健康，不仅是躯体无病，体格健壮，还应有良好的心理素质、社会适应能力和道德品质。

④努力协调大学生与有关部门的关系。不仅学校体育部门、思想政治教育部门要关心大学生的心身健康，团委、教务处、总务处也要积极协助，共同承担大学生健康教育的任务，自觉执行国家有关卫生的政策、法规，教育同学们参与各种卫生活动。

四、大学生健康教育的基本方法

健康教育应有高度的目的性、科学性和实用性，因此在大学生健康教育中，形式应多样化；针对大学生具有较高文化修养的特点，教育内容要有一定深度，必须正确、先进、有效、可行，不能猎奇，不要把新闻当科学定论来宣传；科学的观点要反复讲，不要怕"老生常谈"，要有全面发展的观点，激发他们迫切追求心身健康的愿望。

在形式上要灵活。普遍需要掌握的知识，要列入教学计划，并开设健康教育课，系统讲授卫生保健知识、生理心理卫生、急救治疗知识等。对大学生共同关心的问题，应举办各种讲座，主讲人要讲得生动活泼、深入浅出；对个别的问题还可以采用个别交谈的办法，并介绍一些正式出版的科普读物。对某些人群的特殊需要，可自行编印一些阅读资料，介绍一些针对性强的具体方法和数据。在整个健康教育的过程中，要着重说明危险因素和预防方法，要破除迷信思想，体现时代精神，要与国家方针、政策保持一致，维护法制，注重社会效益。

要联系实际开展健康教育。比如同学健康检查时查出了什么问题，学校发现了流行传染病、出现了死亡病例时，大家的心理波动会比较大，若能结合这些进行教育可以收到较好的效果。在教育中还可以采用演示、实习等方法，要求学生反复操作，达到应知、应会、应做的目标。

总的来说，健康教育的基本方法有听课、听报告、听广播、听录音；看书、看电视、看操作；亲自实践，积极参与各种卫生活动等。具体来说，可通过讲课、报告、问答、咨询、建议等语言形式进行健康教育；通过书、杂志、报纸、内部资料、传单、板报等文字形式进行健康教育；通过电影、幻灯片等多媒体形式进行健康教育；还可通过展览、戏剧、游园、知识竞赛等新颖有趣的形式进行健康教育。

第二章　大学生生理、心理发育特征

人的一生分为胎儿期、婴儿期、幼儿期、童年期、青春期、青年期、中年期和老年期等几个时期，每一时期都对应着不同的年龄段，有着特定的生长规律及生理、心理、病理的变化。目前，中国大学在校生年龄大多数为18~25周岁，处于青春期的后期。这一特定年龄段的年轻人，在生理上趋于成熟，身体形态、机能、神经系统、内分泌等进一步发育、变化，是第二个生长发育高峰期及人体定型阶段；心理发育不成熟，表现为思维活跃、精力充沛、自我表现欲强、渴望独立并感情丰富，但感情容易冲动和变化，自制能力较差。大学生虽然在生理和心理发育上与处于这一年龄段的其他年轻人一样，但随着知识的增加，心理发展会有特殊性。了解这一阶段生理发育、心理成熟的特征，对于正确引导大学生的成长与发展极为重要，特别是对提高大学生自我保健意识、增强健康素质，具有重要的意义。

第一节　大学生生理发育及生理特征

人有两个生长发育高峰：第一个在胎儿期，第二个是青春期。胎儿期是人体胚胎发育过程中的主要时期，青春期是人体成熟的主要时期。在青春期的后期，其发育特征是身体发育速度变慢，全身器官、系统基本发育完全，骨化过程基本停止，性生理发育成熟。

一、身高

身高是身体发育指标之一，是评定学生身体发育的基本标准。女性约在23岁停止长高，男性在25~26岁停止长高，男性的发育期一般较女性滞后两年。身高取决于骨骼的生长，特别是下肢骨及脊柱的生长。影响及调节骨骼生长的激素称为生长激素，由脑垂体分泌。另外，身高还与遗传因素密切相关，其他如维生素D、血清钙、磷浓度、甲状旁腺及肾脏等也同身高发育有关。人在长高过程中，并非平均生长，一般是18岁以前上半身生长快，18岁以后以下半身生长为主，四肢生长较躯干快。由于人体生长过程中的这些特点，青春期的人体会出现腿长、臀瘦的暂时性体态。如果个体在青春期身高发育与同龄的标准身高相差太远，应从影响身高发育的因素中寻找原因并治疗。

二、体重

由于体重反映肌肉、脂肪、内脏器官及骨骼等生长发育的综合状况，故体重也是评定学生身体发育的基本指标。体重受性激素的调节，雄性激素的作用是使肌肉发育，肌细胞增大、收缩力增强，男性特征明显；雌、孕激素的调节作用是使女性脂肪组织发育，女性特征显现，胸隆髋宽，皮肤细嫩，体型丰满。体重也受营养、运动、遗传、疾病及环境等因素的影响。体重高低是发育好坏的综合评定指标，处于发育期的大学生应重视营养的摄取，注意体育锻炼，特别是女生不应为防止脂肪生长而节食，以免影响身体重要脏器的生长发育。

三、神经系统

脑组织是神经系统的中枢，脑的发育对于人类能否正常学习、工作至关重要。脑的发育表现在脑容量及重量上，男性在 20～25 周岁、女性在 20 周岁时脑重量最重，约 1500 克。此时，脑组织的内部结构及机能迅速发展，不断分化，趋向成熟，大脑皮层的兴奋与抑制已具有很高的平衡性，特别是第二信号系统发育迅速。随着知识学习与社会实践的结合、思维活动增加，大学生已能在意识的控制及调节下，坚持长时间、高强度的脑力工作，能客观分析、理解、判断和解决问题。这个时期的大学生最易接受新事物，记忆力强、反应快。这个时期也是接受教育的黄金时期，但也应注意发育特点所致的不稳定性及不平衡性。在大学阶段，内分泌系统发育活跃，神经系统不平衡生长，思维认识尚未定型，这使得大学生情绪容易激动，神经系统容易疲劳，思维认识易受到他人的影响，因此，应注意学习安排的多样性，避免大学生学习负担过重；教育上应注意适当的启发与引导，培养学生多方面的兴趣，这会对脑发育起促进作用，使脑组织及神经系统功能进一步提升。

四、内分泌系统

人体的内分泌系统是内分泌腺及某些脏器中内分泌组织所形成的一个体液调节系统，其主要功能是在神经支配和物质代谢反馈调节基础上释放激素，从而调节体内代谢过程、脏器功能、生长发育、生殖与衰老等众多生理功能，维持人体内环境相对稳定以适应复杂多变的体内外变化。下丘脑是联系神经和内分泌系统的枢纽，可以在高级神经所释放的神经递质的调节、支配之下，通过释放下丘脑神经激素对内分泌系统中枢——垂体起调节作用。所以，青春期发育的种种变化是以下丘脑—垂体—性腺为中心的内分泌系统变化的结果。该系统有脑垂体、松果体、甲状腺及甲状旁腺、胸腺、胰岛、肾上腺和性腺等，位于人体的不同部位，由有特殊分泌物质的细胞组成，可释放极微量的激素，通过血液和淋巴系统分布到全身每一个组织细胞中并发挥极重要的作用。女孩的月经初潮和男孩的遗精，标志着青春期开始，在内分泌系统的控制及调节之下，人的体格发育完成，第二性征及性发育成熟，同样，内分泌系统及神经系统也趋于完善。

在青春期对生长发育起作用的主要激素有由垂体分泌的生长激素、促性腺激素、促甲状腺素等；甲状腺分泌的甲状腺素；甲状旁腺分泌的甲状旁腺激素；肾上腺分泌的17 - 羟肾上腺皮质醇、皮质酮（商品名称为氢化可的松）及醛固酮；胰岛分泌的胰岛素及胰高血糖素等；卵巢和睾丸分泌的性激素。这些激素分泌过多或过少，都会引起生长发育或代谢功能的异常。常见的因激素分泌异常引起的疾病有甲状腺机能亢进（简称"甲亢"）、柯兴综合征、巨人症、侏儒症及呆小症等。

五、心血管系统

心血管系统是一个闭合性的血液循环系统，由心脏、血管和调节血液循环的神经体液机构组成，分为体循环（大循环）和肺循环（小循环）两部分。心脏是最重要的器官，如同水泵一样，通过收缩与舒张的运动使血液在血管内循环，保证全身组织细胞的新陈代谢。检查心率、脉搏和血压，可以从一个方面了解循环系统的发育程度和机能状况。青春期结束时的心脏重量已接近成年人，心室壁肌肉增厚，心肌纤维更富有弹性，心肌的收缩更有力，每搏输出量为60～70毫升。正常心率为60～100次/分，安静时心率平均为75次/分。一般而言，女生的心率略快于男生，而男生的心脏收缩力强于女生，每搏输出量也多于女生。心血管系统会受到情绪的影响，情绪激动时，心率加快。体育锻炼可增加心脏的重量及心肌的收缩力，使每搏输出量增加，心率减慢，在安静时检查心率可小于60次/分，心音有力，这种现象可见于体育院系的大学生。

六、呼吸系统

随着肺脏与呼吸肌的迅速发育，人的胸腔增大，肺容量增大，每次呼吸量也增大，肺功能也随之增强，具体表现为肺活量增大，呼吸深度加深而呼吸频率相对降低。为了解肺脏的发育情况，常常需要测量肺活量，一般情况下男大学生的肺活量平均是3500～4000毫升，女生约为男生的2/3，平均为2500～3000毫升。女生的呼吸频率略快于男生。男生以腹式呼吸为主，且呼吸较深，而女生以胸式呼吸为主，呼吸较浅。体育锻炼可增加肺活量，增强肺功能。

七、性的发育

性发育包括性腺、性器官、第二性征的发育和性功能的发育。男女之间性区别的根本点，就在于生殖器官的不同。男、女性器官能分别产生精子和卵子，分泌激素，有助于副性器官的发育和生殖，而副性器官发育则有助于完成性行为或保证胎儿的发育。

女性内外生殖器在进入青春期后迅速发育：卵巢皮质内出现发育程度不同的卵泡，表面也因排卵逐渐变得凹凸不平。成熟卵巢一方面具有周期性排卵功能，另一方面不断分泌雌激素、孕激素和少量雄激素。子宫体明显增大，宫颈相对变短，子宫内膜呈周期性改变并出现月经。阴道变长、变宽，黏液腺发育，有分泌物排出。外生殖器从幼稚型发育为成人型，阴阜隆起，大阴唇变肥厚、小阴唇变大，色素沉着。女性第二性征显现，乳房膨大，乳晕出现，乳头突出，腋毛、阴毛生长，骨盆及臀部变宽，皮肤细柔，皮下脂肪增多，声音高而细。这时候女生体态已显现出女性典型的曲线美。月经周期性发生是女性生殖器官发育成熟的标志。正常情况下，18 岁入校的女性大学生均应经过了月经初潮。月经是女性特有的正常生理现象，周期平均在 28 天左右，持续 3 ~ 5 天，最多不应超过 7 天，经量为 50 ~ 100 毫升，血液呈暗红色，无血凝块。

男性内外生殖器官包括睾丸、副睾、输精管、前列腺、精囊、尿道球腺、阴茎和阴囊，在进入青春期后也迅速发育。睾丸容积从发育前的 3 毫升增长到青春期的 12 毫升以上，内部曲细精管发育并产生精子及分泌雄激素。阴茎增长、增粗，龟头增大，阴茎内部三条平行长柱状海绵体易充血挺立。阴囊皮肤伸长下垂呈囊状，出现皱褶及色素沉着，并可随外界温度的变化而反射性地收缩或舒张。男性第二性征发育表现为毛发、胡须、腋毛和阴毛的生长，喉结变大、突出，声音粗而低沉，骨骼粗壮，肌肉发达，体魄健全，皮肤略显粗糙。遗精是男性性发育的生理标志，健康男性在青春期后期均会发生，表现为有时会从尿道口流出乳白色液体，或在睡梦中醒来发现梦遗。在正常发育情况下，18 岁入校的男生应已有首次遗精的发生。正常男子每次射精的精液为 3 ~ 6 毫升，每毫升精液含 0.2 亿 ~ 4 亿个精子。

第二节　大学生心理发育及心理特征

大学阶段的学生正处于个性基本完善及定型的时期，完成了从中学依赖父母照顾、依赖老师直接教育及管理到进入大学后学习及生活一切主要靠自己来独立完成的转变。特别是随着生理发育的成熟，其心理发育也日渐成熟，群体生活意识提高，社会责任感增强，关心政事，思想活跃，观察力、注意力以及概括、理解、分析、记忆、思维等机能进一步发展。知识面迅速扩大，其思维更具有抽象力与逻辑性，更能理解尖端学科知识，并更具想象力及创造性。他们常拥有远大志向，胸怀理想，充满探索及自我牺牲精神，并且情感丰富，有改变周围现实的欲望及冲动；求知欲强，对新理论、新知识、新事物，特别是对计算机及其相关专业快速发展的理论、产业、产品有极强的兴趣，并全身心投入；喜爱各种艺术，热爱文学，爱交流，涉足恋爱，对生活极具激情。然而大学时期毕竟是发育时期，生理及心理发育尚未完全成熟，他们没有真正走入社会，没有真正的生活经历，看待问题较为简单，富有幻想，意见常有片面性及局限性，在现实生活中难以实施时极易引起心理上的冲突。他们心境与行为变化很大，有时表现出过度兴奋、愉快状态，甚至出现不能自制的行为；有时则表现出抑制与萎靡状态，怀疑与动摇，孤居独处。由于大学生的基本心理特征是迅速走向成熟而又没有真正完全达到成熟，这使大学生心理上出现了一些特有的特征。

一、智力发育已趋成熟

大学生智力发育已趋成熟，主要表现在思维能力方面。人的思维发展是一个由低级到高级、由具体到抽象的过程，一般经历直觉思维→形象思维→抽象逻辑思维的变化路径。中小学教育以培养学生的直觉思维、形象思维为主，而大学教育是培养学生理论型的抽象逻辑思维，即在知识量急骤增加、涉及专业、接触社会、参与科研的基础上分析问题，寻找内在联系及因果关系，不但要"知其然"而且要"知其所以然"。所以说，抽象的逻辑思维形式是学生智力发育成熟的标志。

二、情绪趋于稳定，情感逐渐成熟

随着受教育程度的加深，心理素质的进一步发展，独立思考能力的不断提高，大学生的理性感、责任感、爱国主义及集体主义思维、道德感等都有极大的提高，学习上的压力，自尊心、自信心的建立，使之心理素质逐渐成熟，情绪趋于稳定，对许多问题有了自己的独立见解，能思考自己的命运与前途。

讨论情绪不能不谈及情感，因为情感是情绪的本质体现。情感通过情绪表达，并且情绪的变化往往受情感的控制，两者之间有一个十分复杂的心理过程。一个人若具有成熟而又稳定的心理，其情绪必然受到情感的良好调控。情感也称为情操，是人的高级情感，包括理智感、道德感和美感三种类型。理智感是人类在智力活动过程中因认识和追求的需要而产生的体验，表现在对新的发现产生喜悦感，对科研中出现的新现象产生惊讶感及对问题不能作出判断时产生犹豫感等；道德感和美感受社会生活和历史条件的制约，时期、社会环境的不同会使人对社会道德行为准则产生不同的感受体验，对事物美的体验也有很大差别。

以下再谈谈情绪状态的四个概念。

激情：它是猛烈、爆发、短暂的情感。积极的激情对智力活动有促进作用，而消极的激情会使人失去理智和自控力。

热情：它是较强烈、稳定、深厚的情感，是发自内心对某种事物的喜爱和兴趣而表现出的情绪。高涨的热情能极大地鼓舞人们去从事一切工作，并使其在愉快的情感支配下，坚持不懈地完成预定的任务。

心境：它是微弱、宁静、持久的情感，具有一定的感染性。它能使人在一定时期内的一切体验和活动都染上某种特定的情绪色彩。

应激：它是一种因应付出乎意料的紧急事件而引起的情绪反应。

激情、热情及心境均具有双重性，其积极的一面能促进智力、发育，提高认识水平，有利于工作及学习；消极的一面会使人心理受挫、思维受阻，影响工作及学习。由于社会环境的迅速变化，大学生常常处于竞争环境之中，心理压力较大，加之社会阅历与经济能力不足，应激能力可能会受到一定的限制。

三、社会化心理的成熟

大学生的社会化就是指学生个体通过学习社会生活必需的知识、技能、道德行为规范，获得社会生活资格，培养社会角色，不断发展和完善自身社会性的过程。大学阶段是人社会化过程的重要阶段，对个人终身成长与发展将会产生重大影响。

大学生社会化过程中个体的心理发展，是大学生总体心理发展过程的组成部分。大学生的社会化心理从不适应阶段逐渐过渡到社会顺从阶段，最终趋于社会成熟，这是一个必然过程。刚入校，大学生大多生活、学习依赖性较强，自理能力较差，易凭感情用事，理智感较弱，对学校社会化的要求明显不适应。随着时间的推移（约半年），大学生开始熟悉及适应大学学习环境，参与各种社会及集体活动，除学习外，也注意了解现实社会，学习处理人际关系，较多地思考理想与人生，日趋明确未来生活的目标、职业定向等。经过大学阶段的学习，大学生较高层次地掌握了专业知识及技能，社会生活及人际交往也积累了一定的经验，个性基本形成，自我意识趋向同一，自我评价趋于客观，社会化心理趋于成熟，已能完全进入社会角色。

大学生社会化教育特点表现在：教育方法的系统性；教育目标的高级性；教育内容的丰富性；群体生活的互助性；心理的自我控制性。

第三章　心理与健康

第一节　大学生心理发展的特点

大学生精力旺盛、思想活跃、感情丰富、求知欲强。然而由于生活环境单一、社会阅历少和在经济上依赖父母或其他成人，许多大学生的心理成熟水平与生理成熟水平并不一致，他们特殊的社会地位也使他们的心理活动较其他同龄人更为复杂，心理冲突更为频繁。

大学生心理活动的特点主要表现在自我意识、情绪发展和智能发展三个方面。

一、大学生的自我意识特点

自我意识是指人对自己以及自己与周围事物关系的一种认识，包括自我观察、自我评价、自我体验、自我教育、自我监督和自我控制等形式。

进入青年期后，人们十分注重对自己的观察和分析。随着个体新的自我体验的积累和社会对个体要求的提高，本来完整自我意识出现了分化，分解成一个"理想自我"（我希望自己是一个什么样的人）和一个"现实自我"（我现在是一个什么样的人），也就是说青年人学会了使自己既是自我观察者，同时又是被观察的对象。处在观察者地位的是理想自我，被观察到的是现实自我。这种分化是自我意识走向成熟的开始。大学生自我意识的发展正处在这一阶段。理想自我和现实自我之间的不一致常常给大学生带来极大的内心痛苦和激烈的心理冲突。另外，由于当今社会的剧烈变化，成人社会所具有的价值体系和道德规范不断变化，这也使大学生的自我意识不断受到冲击，他们常常为无法确定自己是什么样的人和怎样成为想要成为的那种人而不安。大学生的自我意识主要有以下特点：

①不少大学生在自我观察和自我评价中面临着困惑。尽管多数大学生在进行自我评价时已经逐渐摆脱外界期望的影响，而更多地从是否达到了自我内心的标准来评价自我，但由于他们的个人经历相对简单，失败和挫折的体验比其他同龄人和成年人要少得多，因此他们往往对自己各方面的能力估计过高，也把理想自

我的标准定得过高。面对复杂的现实生活的挑战，他们一旦发现了现实自我与理想自我之间的差距，就很容易对自己的能力产生怀疑，使自信心发生动摇，这种现象在低年级大学生中较为多见。

一年级大学生刚刚在激烈的高考竞争中获胜，骄傲地跨入了"天之骄子"的行列，大有"指点江山"的激扬气概。他们要在新的生活中表现自己的才华，证明自己的价值，因此处处表现出强烈的独立意识。但是这种较高的自我意识并不意味着"自我"的成熟。复杂的现实生活使他们的自我期望不断受到挑战，遇到的挫折更使他们时常面临着理想自我与现实自我的分裂、自我肯定与自我否定的对立所引起的内心冲突。他们不断积累成功和失败的经验，或提高现实自我水平，或降低理想自我标准，逐渐调整着、完善着对自我的认识。只有在这个过程中，他们才开始真正具备客观评价自我的能力。毕业班大部分学生的自我评价更加趋于客观，他们已经从大学生活中获得了稳定的自信心，理想自我和现实自我也逐渐趋于统一，自我发展逐渐走向成熟。

②多数大学生的自尊心十分强烈，这与自我意识开始走向成熟有关。自尊心是一种积极的心理品质，自尊心得到满足会促使人对生活采取一种更加积极的态度。一般来说自尊心是以自信心为基础的，不相信自己的人很难做到尊重自己并设法保持自己的尊严。但是过于强烈的自尊心有时却会成为一种虚荣心，它往往掩饰着一个人内心的自卑感。有些大学生对于批评过分敏感，甚至只要别人持有反对意见，他便觉得自己受到伤害而闷闷不乐或者大动肝火，这实际上也是自信心不足的表现。还有些大学生强烈要求别人尊重他，而他却不注意尊重别人。不懂得尊重别人的人往往并不真正懂得自尊。

③大学生自我意识的另一个重要特点就是他们有强烈的表现欲望。一个人必须通过表现才能获得社会的认可。大学生是一个具有极强进取精神的群体，表现欲格外强烈，这种表现欲使大学生之间充满无形的竞争。学习中的竞争是最常见的，也是最困难的，第一名只能有一个，因此许多人感到获胜无望就自动放弃而转向其他方面竞争，如体育竞赛、文娱表演及其他社会活动等，甚至交朋友、谈恋爱等也都可以作为表现和竞争的内容。竞争获胜可以大大增强他们的自信心，促使他们更加努力生活；竞争失败，会使他们感到失落，挫折感有时会使他们产生自卑感，进而轻视自己，离群独处，甚至导致心理障碍。

二、大学生的情绪发展特点

大学生在各方面的需要迅速增长，包括独立的需要、爱的需要、尊重的需要、成就的需要、交往的需要等。根据这些需要得到满足与否，他们的情绪也更加复杂化和多样化。大学生和其他青年人一样，感情奔放、鲜明、热烈而又丰富多彩，但由于他们独特的社会地位和生活环境，其情绪发展与其他青年人又有所不同。

大学生的应激能力比其他青年人要高些，因为他们的文化素养较高、知识面较广。大学生丰富的想象力使他们的情绪更易于变化，而心境愉快或抑郁、平静或焦虑常常直接影响他们的行为。

多数大学生已经基本上学会控制自己的情绪，不像儿童那样哭笑无常，但是情绪的表达方式仍然保留了一些"儿童式的幼稚"，主要表现为波动性、冲动性和封闭性三个特征。

①波动性：不少大学生的情绪波动明显，外界刺激不论巨细都有可能使他们的情绪大起大落。他们常常为了一封远方来信而欢天喜地或暗自垂泪；为了一场球赛的输赢而捶胸顿足或欣喜若狂；刚刚才为某件事的成功而踌躇满志，转眼就可为了另一件事的受挫而灰心丧气。情绪的不稳定常与人的心理发育尚不成熟有关。

②冲动性：大学生对外界刺激较为敏感，反应迅速，情绪表达的冲动性比成年人要强得多。由于他们还不十分善于控制自己的情绪，因此他们的喜、怒、忧、恐常常表现得极其强烈而充分，其行为也常常受到激烈的情绪支配和影响，有时还可能会造成一些他们自己都不希望出现的不良后果。

③封闭性：有些大学生性格内向，把自己的情感体验深藏在心中，极少向人表露，显示出一种封闭心理。遇事能"镇定自若、不动声色"虽然可以是情绪成熟的表现，但对青年学生来说，若情绪表达过少，多半是由抑郁倾向所引起。

不少有封闭心理的大学生在童年时期就学会被迫隐藏自己的感情，长大后这种做法渐渐成为一种无意识的习惯。实际上他们的心理冲突往往比其他人更尖锐，其也更容易产生心理问题。

三、大学生的智能发展特点

在普通心理学中，智能也称智力，指的是人的一般能力，包括观察力、记忆力、想象力、判断分析能力等。在社会心理学中，人的社会化理论认为个体必须适应所处的社会环境，才能获得生存和发展的可能。专家们认为要做到社会适应，就必须具备一定能力，这种能力就称作社会智能。

大学生以各种方式获得的知识的广度和深度是空前的，他们的智力发展也往往达到了一生中平均智力的最高峰。他们的思维能力明显增强，抽象逻辑思维逐渐形成。他们在思考问题时已经不满足于现象的罗列和现成的结论，而是要求揭露事物的本质和发展规律，要求有理论深度。他们思维的敏捷性、创造性、独立性和批判性也都明显增强，不再愿意被动接受知识灌输，而是已经开始主动、有选择性地吸取自己认为有用的知识。

然而为什么校园中总有那么多需要补考的大学生呢？为什么大学生中会有各种形式的适应不良呢？为什么大学生中的一些优等生，走上工作岗位后却默默无闻，长时间做不出成绩呢？事实上，这些情况中的绝大多数都不是智力性因素导致的，而是与一些非智力性的心理因素有关，其中社会智能发展不完善就是重要原因之一。

社会智能也就是个体处理社会事务的能力。有人认为大学生应具备的社会智能可包括 6 个能力群的 12 种社会智能（表 3 - 1）。

12 种社会智能中的一种或几种能力明显欠缺都会影响大学生的正常发展和才能发挥，即使智商再高也难以弥补。

上海某高校对大学生的社会智能做了调查，以人际协调能力为例，该调查结果显示，11% 的大学生人际协调能力差，与同学和教师关系紧张。如果在大学阶段，他们的人际协调能力仍然得不到提高，那么毕业后也会在这方面遇到更大的困难。

表 3 - 1 大学生应具备的社会智能

能力群	社会智能
人际协调能力（调整自己与他人之间的关系，使之达到和谐的能力）	内聚相处能力（同与本人生活密切相关的人相处的能力） 外展交往能力（同与本人生活无关或有较疏远关系的人交往的能力）
社会参与能力（参加社会活动的能力）	参与介入能力（使自己投入某个环境中去并发挥作用的能力） 角色定位能力（在某一场合中找到自己应处位置的能力）
社会评价能力（对社会中的人和事进行客观评判的能力）	自我评价能力（对自身进行客观评判的能力） 环境评价能力（对外部环境进行客观评判的能力）
计划决策能力（制订计划和统筹安排的能力）	微观计划能力（合理安排具体事务的能力） 宏观决策能力（对重大事件作出决定或完成某项大型工作的能力）
事务操作能力（解决具体问题的能力）	单体执行能力（独立完成某项具体事务的能力） 组织调动能力（从整体上考虑、安排人员去完成某项工作的能力）
言语表达能力（通过言语将自己的思想、观点、感情等表达出来的能力）	劝说能力（用言语说服一个或几个人改变其原有观点的能力） 演讲能力（在公众场合演说并使众人接受自己观点的能力）

第二节　影响大学生心理发展的因素

一个人的心理发展贯穿其一生。随着年龄的增长和经验的积累，人的心理活动逐渐走向成熟。但是这种成熟并非意味着一个人的心理不再发展，也并不代表其一定是健康的和不可改变的。在人的一生中会有许许多多因素对心理发展和变化产生影响，只是在不同心理发展阶段，各种因素所产生的影响会有所不同。

一、遗传和病理性因素对心理发展的影响

大脑的发育状况会对人一生的心理产生决定性的影响。如先天性大脑发育不良可使幼儿心理活动发展停滞；某些精神病有明显的遗传倾向，具有这种遗传基因的人比其他人患精神病和心理失常的可能性要大 6 倍；某些细菌、病毒引起的脑炎，外伤所致的脑损伤，酒精或煤气中毒等均可引起不同程度的脑部功能障碍而使人的心理发展缓慢、迟滞、倒退或失常。另外，某些严重的躯体疾患，如甲状腺功能紊乱亦可使人出现异常的心理表现。

二、早期经历对心理发展的影响

早期经历指人生最初的一段历程，一般指从出生到六七岁，尤其是指 3 岁以内的经历。它的内容广泛，父母的爱、对家庭成员的印象、某个美好或恐怖的场面、某人的一句话、一场电影、一个故事等都可成为具有特定含义的早期经历内容。

心理学家认为，早期生活中的积极经历往往是形成某种健康心理品质的基础，而消极经历则往往会产生难以挽回的不良影响。有研究表明，在许多抑郁症患者或不善于人际交往的人的早期生活中都可找到缺少父母爱抚或类似的经历。

三、家庭环境对心理发展的影响

和谐的家庭氛围和父母的爱是一个人心理健康发展的重要条件。与父母分居或虽与父母生活在一起却得不到父母的爱的孩子在心理上形成的缺陷往往终身都难以纠正。父母的冷漠、忽视，使孩子敏感、多疑或自卑，甚至对他人充满敌意，长大后大多孤僻、内向、不善于交际；父母的专制和管束过严会使孩子丧失自信、缺乏主见；父母的过度保护则会使孩子心理成熟延迟，长大后易在社会生活中出现诸多适应不良现象；而来自于民主、和睦家庭的孩子大多情绪安定、富有同情心且人际关系协调。

四、学校和同龄群体对心理发展的影响

儿童进入学校后不仅要接受科学、文化知识和各种技能教育，而且要受到社会道德、行为规范、价值观念等方面的教育。学校在思想观念、行为方式、性格、能力等方面对学龄期儿童的影响甚至可以胜过家庭。进入大学后，个体的个性心理特征已基本形成，但由于生活、学习环境和学习方法及内容与中小学均有较大不同，因此学校对个体心理发展的影响也有所不同。它主要表现在大学对学生的知识学习和社会智能提出了更高的要求，要求学生为以后真正进入社会及承担社会责任做好心理上的准备。可以说大学阶段是一个人心理活动最复杂的时期，这虽然有利于心理的发展，但也很容易使人出现各种各样的适应不良和心理冲突。

在学校，一个人交往的对象除了教师之外，便是大量的同龄伙伴，他们之间有充分的时间和机会互相了解，互相影响。他们之间很容易找到共同语言，因此可以自由地探讨一切与长辈难以探讨的问题。有些事可以对长辈秘而不宣，但对同龄好友则绝无隐瞒。对许多孩子来说，获得长辈的认可远没有获得同伴的认可重要，他们常将"同学说……"作为一个衡量事物的标准。一位日本心理学家说过："对于儿童后期一直到20多岁的成年人，伙伴和同辈具有重要的作用和效应。对于人格的各个方面，尤其是对所属关系造成的心理稳定、自尊心、自主性和社交性，甚至自我结构的发展和深化都有极大的影响。"

五、生活事件对心理发展的影响

人在生活中会遇到许多变故，如亲人亡故、结婚、夫妻离异、职称晋升、生活和工作环境变迁、患病，甚至一次重大考试的成功或失误等。这些事件无论是正面的还是负面的，都可能带来极大的情绪波动，扰乱原有的生活节奏，破坏原有的心理平衡。为了适应生活事件带来的变化，人们不得不在心理上承受更大的压力。如果个体具有不良心理品质，这些生活事件很可能就会成为其心理障碍的诱因。有些人即使暂时适应了这种变化，但在以后的生活中，这一事件依然有可能对他的心理发展产生影响。例如失恋是青年产生心理失调的常见原因，尽管绝大多数失恋青年不会因此而自杀，但因失恋引起的自卑感或失败感可能会成为一些人长时间的困扰，有的甚至终身都难以消除。

六、心理冲突及其解决方式对心理发展的影响

在人们的日常生活中充满了各式各样的选择：今天早上出门穿什么衣服？有朋友约你去看电影而你想在家看书，怎样选？考试时有一些试题不会做，是交上去算了，还是作弊换个好一点的分数？大学即将毕业，该选择什么样的工作单位……有些选择很容易，有些却不容易。一个人如果对自己作出的选择不满意

或者根本无法作出选择，就会产生心理冲突。大部分冲突可以用补偿的方式获得心理平衡，但是人格上有缺陷的人很难通过自我调节来解决心理上的冲突而恢复心理平衡。如果强烈的心理冲突长久得不到解决就会使人产生心理障碍。

冲突对人的心理成长并不总是起消极作用。心理学家认为必要的心理冲突可以刺激儿童智力和人格发展，使他们更富创造力。没有或较少产生心理冲突的儿童常常很难进步。

七、其他社会因素对心理发展的影响

除了家、学校、工作环境等一些特定的社会环境可以对人的心理发展起决定性的作用外，其他一些社会因素如政治、经济体制的变迁，社会价值体系的变动，以及一个人生活所在地的民族习俗和地域的亚文化氛围也都可以在相当高的程度上影响其心理活动的发展。

第三节 大学生心理健康的基本要求

人的躯体是否健康可以通过对一些生理活动指标的测定来获知，如体温、血压、脉搏、血液成分等。人的心理是否健康却不易找到一个大家公认的标准。

著名心理学家马斯洛和密特尔曼曾提出人的心理是否健康的 10 个标准：①是否有充分的安全感；②是否对自己有充分的了解，并能恰当评价自己的能力；③自己的生活理想和目标是否切合实际；④能否与周围环境保持良好的接触；⑤能否保持自身人格的完整与和谐；⑥是否具备从经验中学习的能力；⑦能否保持适当和良好的人际关系；⑧能否适度表达和控制自己的情绪；⑨能否在集体允许前提下有限度地发挥自己的个性；⑩能否在社会规范的范围内适度满足个人的基本要求。

美国学者坎布斯认为一个心理健康、人格健全的人应具有 4 个特征：①积极的自我概念；②恰当地认同他人；③面对和接受现实；④主观经验丰富，可供取用。

人的心理活动是一个不断发展和变化的过程，因此人们一般认为心理健康是一种保持动态平衡的心理状态。心理健康的人并不是永远不会有痛苦和烦恼，而是在遇到挫折和失败时能表现出积极适应的倾向，使自己保持生命活力，以便能充分发挥心身潜能而给自身带来快乐和成就。

根据我国大学生的心理活动特点和社会对他们的要求，笔者认为心理健康的大学生应具备以下心理品质。

一、智力发育正常，社会智能发展良好

智力正常是心理健康的一个重要标志和先决条件。通过高考进入大学的学生，学历相同，智力相近，智商一般高于平均水平。大学生的学习成绩之所以有优劣之分，多半由非智力性因素引起，包括气质、性格、兴趣、需要以及社会智能的发展水平等。人格发展不健全或社会智能发展不良的大学生对外部环境的适应能力比较差，因此而产生的心理压力和冲突可能会影响他们智力活动的正常发挥。

二、人格发展完整、和谐

人格完整就是有健康的人格。人格健康的大学生有一定的目标和信念，并且不会轻易改变。他们的愿望、要求、行为等能够与社会环境的要求相协调，因而他们的能力能得到发挥，需要也能得到满足。他们关心自己和他人的幸福，对人类和自然界满怀爱心。他们能够积极体验成长过程中的愉快和痛苦经历，把意外事件看作是一种新的学习和成长的机会。

三、情绪稳定，表达适度

情绪健康的大学生在乐观、满意等积极情绪体验上占优势，尽管也会有悲哀、困惑，甚至消沉等消极情绪出现，但一般不会持续长久。他们能够适当表达和控制自己的情绪，使之保持相对稳定。他们有能力在情绪发泄和抑制之间作出合理选择，当没有什么会危及本人的一些有重要价值的东西(如自尊、友谊、名誉)时，他们可以自由自在地表达他们的情感，或纵声大笑，或号啕大哭，或勃然大怒；如果自身的价值因此而受到危害，他们就会及时抑制自己的情绪。

四、悦纳自我

心理健康的大学生自尊、自爱、自重。他们对自己有相当充分的了解，能够清楚地意识到自己存在的价值，对自己的能力抱有充分的信心，为自己所获得的成功感到欢欣鼓舞。他们经常对自己感到满意，并且努力使自己变得更加完善，对于自身某些可能无法补救的缺陷或某些只能做有限改善的短处能够安然接受，而不为此感到羞愧和自卑。他们因为喜爱自己而努力保护自己，重视自己的身体健康，珍惜自己的品德和名誉，不肯陷自己于不义或做出危害自己的行为。

五、接纳他人，人际关系和谐

心理健康的大学生懂得尊重他人，并且认可他人的重要性。他们能够理解他人，不因他人与自己有不同之处而贬低和排斥他人，善于找到他人与自己的相通

之处并用友善、宽容的态度与别人相处。他们能够在别人面前真诚坦率地表露自己，因此更容易获得别人的信任并建立起融洽的人际关系。

六、热爱生活，正视现实

心理健康的大学生热爱生活，能深切感受生活的美好和生活中的乐趣，并能在生活中充分发挥自己各方面的潜能，不会因为遇到挫折和失败就对生活失去信心。他们有勇气正视现实和接受现实生活的挑战，不会对困难采取回避态度，不会用不切实际的幻想去代替现实。他们能够及时调整自己的思维方式和行为策略以适应各种不同的社会环境。

七、积极进取，勇于创新

心理健康的大学生具有敏锐的观察力、独立和流畅的思维能力以及丰富的想象力。他们不满足于现状，敢于向传统观念挑战。他们善于接受新事物、新观念，希望用自己的头脑和双手为自己和全人类创造出一个更美好的世界。

第四节 增进心理健康的原则与途径

心理卫生又称精神卫生或精神保健，它是研究如何做到心身健康的一门科学。大学生的心理健康教育必须根据大学生个人心理活动的一般规律，按照心理卫生的原则，培养健康的心理活动，使大学生形成开朗、健全的性格，发挥个体的积极性，通过自我调节和控制，积极主动地维护心身健康。增进大学生的心理健康主要有以下几个方面的原则与途径。

一、树立正确的人生观

一个人树立了正确的人生观，就能对社会、人生、行为、是非有一个正确的认识，就能科学地分析周围环境发生的变化，防止心理反应的失常。

二、增强社会适应能力

适应是人类为了谋取生存的需要而与环境发生的协调作用，以便适应环境、改造自己，保证个体健康地生存。

人类在社会实践及生产实践过程中，必须从实际出发，面对现实作出正确、有效的适应，积极解决所遇到的各种问题。进入大学后，由于环境的突变，如脱离了父母、学习生活发生变化等，如不正确对待这些问题，就很可能产生心理障碍和心身疾病；一个人如果适应能力强，能积极主动地提高自我管理能力，改进学习方法，主动地适应新的生活环境，就会成为新生活的强者。

三、建立完美的自我

人贵有自知之明，但要做到自知之明是很不容易的，必须做到自我观察、自我认定、自我判断和自我评价。不能自知的人，不愿判断自身能力的真实水平，盲目从事非力所能及的工作，这不仅会影响工作的质量，而且会使自己过度疲劳和产生心理压力，进而罹患疾病。自觉地增强自知，培养自尊、自爱、自强、自信、自控个性是青年大学生提高自我修养的一项重要任务。

四、建立良好的人际关系

在社会生活中，人不可避免地要同他人交往。人通过同他人交往并建立良好的友谊以获得安全感及幸福感。

人类交往的基本动机是希望得到关心和尊重。互相关心、互相帮助、互相谅解、互相尊重、促膝谈心等能促进心身健康。当一个人感受到别人对自己的帮助和关怀时，他的自信、自尊、自强就会增强。如果他与他人交往不多，或者与他人关系紧张，或者谁都不喜欢与他打交道而使其形单影只，那么，对他而言，无论是在事业方面还是在心身健康方面，都将会受到极大的损害。

五、开展社会实践

劳动是社会存在和发展的基本原则。大学生的劳动包括脑力劳动和体力劳动两方面。劳动可以促进德、智、体全面发展，人的心理能力的潜能须通过劳动实践才能充分发挥出来。劳动积极而适当的人可以保持心身健康，没有适当劳动的人难以维持心身健康。通过劳动与周围的人和事建立良好而和谐的关系，对一个人的心身健康是十分重要的。

第五节 大学生心理的自我调适

一般来讲，大学生正处在青年中期，他们在心理和生理发展方面的成熟程度是不同步的，这就产生了生理发展与心理发展的"异时性"。受到"异时性"的影响，他们的心理变化是迅速、深刻而充满矛盾的，一方面随着独立自主需要的加强，发展了自我意识，进入了心理上的"断乳期"，对自己的各种需要和行为进行了独立的选择和思考，在社会活动中形成了自己独特的个性；另一方面由于阅历不深、知识和经验不足以及青年期的心理特点等原因，他们在对环境的适应过程中，往往会感到困难与矛盾重重，从而又有依赖性的特点。现代文明带来了生活方式与价值观念的急剧变化，信息交流手段的高速发展扩大了青年的视野，新的学习、生活与工作环境，新的人际关系，新的学习内容与方式，新的生活方式以及性的要求等方面，均需要他们做心理的适应与调整，使个人抱负与社会期望、个人行为与社会规范相一致：一旦不能统一，就会产生种种心理冲突。他们的需要、行为、评价无不染上情绪的色彩，理想与现实的矛盾引起的心理冲突又与情绪互为因果。情绪的易感性具有冲动、外显及爆发的特点，情绪体验的两极性、隐蔽性及好幻想等特点，又使他们的情绪容易被极化、夸张或延时。王幼平等专家对中学生及医学院三年级学生进行随机抽样对照研究，将 SCL－90 换算成 10 个指标进行分析，因素分析显示他们主要存在自我意识、学习、人际关系、性心理等方面的问题。

一、自我意识矛盾及心理调适

（一）自我意识矛盾

青年期自我意识开始分化为现实自我与理想自我两个部分。但理想和现实总有距离，这就产生了自我意识矛盾，形成了心理冲突。一个人真正认识自己并不容易，其认识水平受阅历、经验的限制及情绪的左右，还受记忆容量及方法、注意容量及选择的水平、语言发展等心理素质的制约。正确地认识自己的条件，并依据社会的规范进行多次修正，才能保证心理反应的适度。由于个人自身的条件、环境、机遇等不同，很难有绝对公平的比较。青年要扬长避短，充分利用自身的条件，若把注意力过分地集中于欲达到的目标，甚至任何事情都想超过别人，就容易失败，结果反而挫伤自尊心，带来心理的不平衡。

（二）自我意识的心理调适

青年要通过参加集体活动来认识自己的潜能，丰富生活经验，增强自尊、自爱、自信、自知、自控，培养高尚的情操，逐步确立正确的人生观。

著名的詹姆士公式：自尊＝成就÷追求。该公式说明追求水平越高，自尊就越难得到满足，故应设立恰当的抱负水平，对自己的能力与价值加以肯定。要有勇气接受超自己能力的现实，要承认理想与现实的差距，随时调整不合理的抱负水平。各人均有长处与短处，一个人不应以某方面高于人为傲，也不以某方面低于人为馁或自暴自弃。不要把自己一事的失败看成全面的失败，而应把它作为有益的教训，用以提高信心，增强意志力。不要掩饰自己的缺点，应做恰当的自我批评。在个性心理发展中，积极面与消极面是以连续体的形式存在的，克服消极面就意味着增加积极面，要学会努力保护自己，爱惜自己，珍惜自己的品德和名誉，不把自己置于危机之中，同时也要喜爱别人，关心别人，以真实的自我取得别人的尊敬、信任，使自身得到充分的发展。

二、人际交往障碍及心理调适

(一)人际交往障碍的原因

人际交往障碍的原因除社会历史因素及客观因素外,主要还是主观因素:首先受一般条件的影响,如交友的欲望、交往的手段、语言表达能力、才能与兴趣等个人内在属性方面,或历史上有交往失败的阴影所致的焦虑、恐惧心理以及自我评价、仪表、人际距离等因素;其次是在个性心理品质方面缺乏人际吸引力,如不尊重别人,缺乏感情,只关心自己的利益而忽视他人的利益,不拘小节,缺乏社会公德,虚荣心强,常炫耀自己,对人不真诚,交往耍手段,容易嫉妒、猜疑、偏激,报复心强,把自己的意志、感情强加于人等。

(二)人际交往的心理调适

人际交往的心理调适应做到如下几条:

①"约哈里窗户"反映了在人际交往心理过程中双向信息反馈的四个不同的作用区域(表3-2),这四个不同的区域均是以语言及非语言的信息传递来进行情感交流的。由于这种交往是双向的,因此,交往双方应建立在相互、对等的权益和责任基础上,互相尊重、信任、关怀、宽容、支持、帮助等。

表3-2 约哈里窗户

	自知	自不知
人知	开放区域	盲目区域
人不知	秘密区域	未知区域

人际交往最主要的是扩大开放区域,缩小盲目区域,首先要适当地了解自己,并尽可能客观地了解别人,不能仅依据一般资料及第一印象或一事、一语、一个表情所捕捉到的信息来推断全貌;其次,不能随意地挖掘别人的秘密区域,要相互尊重个人的隐私。秘密区域的开放与否、开放的大小均由个人自主决定。还应承认目前尚存在着有待开发的未知区域,要理解和保留双方都不能解释的行为。

②要增加人际交往的途径,首先要争取主动交往。个人要有愿望、决心和勇气走出交往的第一步。要有真诚的愿望和态度,有礼而自信,不卑不亢。

③应关心他人的需要,交往要建立在互相尊重的基础上,既不是居高临下的施舍,也不是阿谀奉承。要经常有意识地从心理上与别人互换位置,设身处地地为别人考虑,促进情感交流。

④不过分依赖别人,也不拒绝别人真诚的帮助,对别人的帮助要输出反馈信

息，以巩固友谊，但不一定同步、等量、等价。

⑤要真诚地赞美别人的长处，建设性的意见能增进交往。不以自己的长处去证实别人的短处、缺陷和无知。

⑥要保持自身人格的完整，随和不等于无原则迁就，要尊重别人的人格、习惯、隐私，不干涉别人的自由，不传播别人对自己公开的隐私，不失信于人。

⑦要相互多沟通意见，要平等地讨论与协作，切忌自我意识扩张，强加于人，要耐心地倾听别人的意见，求大同、存小异，要严于律己，宽以待人。

⑧言语风度要幽默大方、真诚，这也是个人自尊、自信及热爱生活的表现。与异性交往应有一定的限度，这牵涉文明道德问题，故不应超出社会道德行为规范。

三、学习障碍与心理调适

学习问题是大学生的主要压力之一，各种心理适应问题均可干扰学习活动而影响到学习质量，并互为因果形成恶性循环，甚至造成严重后果。

（一）学习障碍产生的原因

1. 学习兴趣不足

兴趣是学习的直接动机，它形成一种内驱力，推动学生探求新知识、发展新能力。教学内容、讲授技巧、教师的形象、作业负担等均可影响学生对某一学科的兴趣。独立学习能力差，赶不上进度，体验不到获得知识的愉快感；课外兴趣过广，或朝秦暮楚不断地转移兴趣，从而影响兴趣的分配；家长在选择专业时强加给学生的意志引起学生的逆反心理等均可影响学生的学习兴趣。当学习达不到理想的程度时，学生的自尊心、自信心便会受到打击而形成心理压力，导致焦虑、恐惧、畏难、自卑退缩，对再次成功缺乏信心，进一步失去了学习兴趣，甚至可以引起形形色色的不良后果。

2. 学习的需要

某些学生学习的间接动机是为了获得奖励，得到尊重，满足虚荣心；而有的学生则学习动机过弱，只求过关。前者求成心切，注意力过分集中于欲达到的目标，结果因过分的紧张、焦虑而抑制了大脑的正常活动；后者则没有把精力放在踏实学习上，而是致力投机取巧以应付考试。这些学生缺乏社会责任感，不能将社会的需求内化为自己的学习需要。他们胸无大志，学习无压力、无动力，或想学又不肯认真苦下功夫，上课马虎随便，娱乐动机强烈且缺乏自制力，破坏了学习的习惯，结果产生厌恶学习的心理。

3. 学习的能力

在学习生活中，分析、推理、理解、记忆、想象、独立解决问题能力，学习技巧以及学习方法等因素均起重要作用，而且这些因素与智力高低并不完全成平行关系。例如，非智力因素的个人素质，以及接受教育的态度、自我要求、学习方法也在其中起作用。这些因素使学习在广度，深度，独立能力，批判能力及解决问题的灵活性、逻辑性、敏捷性等方面产生差异。

4. 学习的情绪

对各种困难产生的适应不良会产生负面情绪，从而干扰大脑功能的正常发挥。学习风气的好坏也会直接影响学习的习惯、动机、兴趣等方面。

（二）学习障碍的心理调适

大学生学习障碍的心理调整要做到以下 4 点：

①大学生正处在智力高峰期，要抓紧大好时机发展多种思维，对待知识要在理解的基础上向高难度发展，保持一定的求知欲、成就欲和社会责任感。这有利于提高学习兴趣，增强学习信心，养成良好的学习习惯，保持适度的紧张状态，使大脑发挥最佳功能。个人若有多种兴趣则要找出主导兴趣，合理地进行注意分配。

②要掌握科学的、适合自己的学习方法、记忆方法、思维方法和时间的运筹法，以节约用脑，保证自己的潜能得到最充分的发挥。

③生活要有规律，保证睡眠，劳逸结合（持续学习不超过 5 个小时），每隔 1～2 小时要休息一会儿，各学科的学习应交叉进行。

④加强体育锻炼，积极参加各种集体活动，拓宽知识面。这既锻炼了思维，又有利于消除疲劳、调节情绪。要注意营养平衡，饮食定量，戒除烟酒，经常做指压按摩穴位（百会、太阳、印堂、合谷）及眼保健操。

四、性意识障碍与心理调适

（一）性意识障碍

随着性器官的发育，大学生身体产生了一系列形态和机能变化，从而进入了性意识的觉醒期。大学生对性成熟缺乏思想准备，加上传统旧观念的束缚，使得大学生缺乏正规渠道学习性知识。此外，大学生往往不注意性行为一向都要受到社会道德的约束，加上某些不正确教育的消极作用，导致大学生压力增大，产生自责、自卑、恐惧心理。大学生在性动机问题上遭受的挫折与困扰远比其他方面多。由于无知及对自己健康的关心和疑虑，他们会产生一系列躯体性的暗示症状，干扰生活、学习和工作，影响抱负和理想，甚至陷入强烈的心理冲突的恶性循环之中。

（二）性心理障碍的调适

"性"是一个重要的问题，也是生活中的一个重要方面。大学生对性知识、生育现象有探求的欲望是正常的。这并不是无耻、罪恶的表现，而是性心理发展的必然结果。大学生性心理障碍的调适应做到以下几点：

①大学生应当从家庭、学校中获得系统的、正确的性科学知识来维护心身健康，使性心理正常发展，否则易导致性心理损害。

②关心异性、彼此向往与追求是青年性心理发展的重要和正常的表现，它是在内在激素和社会影响作用下形成的，并且受社会道德的制约。异性交往要相互尊重人格，要建立在共同的社会责任基础上；要分清友情与爱情，认清恋爱的消极作用，要摆正学习和感情之间的位置；要有恰当的爱情标准，要有失恋的精神准备，防止精神空虚或冒险的爱情。

③大学生在青春期有性欲望和性冲动是生理、心理发育中的正常现象，它是在外在刺激、想象与记忆等因素综合作用下的结果，应有意识地冲淡它，避免激发。

④大学生应保持稳定的情绪，把注意力转移到学习上，积极参加集体活动，丰富自己的生活经历，以充实的生活内容冲淡性敏感。应避免早恋，这将能减少对异性的敏感度，同时由于此时心理尚未稳定，故早恋成功率很低，害大于利。

⑤避免电影、电视、书刊中的色情刺激，增加自控力，克服过分的性敏感，树立信心，努力从精神压力下解脱出来。应注意性器官的卫生，及时治疗会阴部湿疹、霉菌病、尿道炎、包皮过长等。异性交往要遵守社会伦理道德，使自己平静地度过从性成熟到结婚这一漫长的青年期。

第六节　压力及缓解的办法

一、什么是压力

什么是压力？压力是精神与身体对内在、外在事件的生理反应与心理反应，具有主观性、评价性和活动性三个特征。同样的事件有人觉得有压力，有人却觉得不怎么样；同样的压力有人认为对自己有帮助，有人却认为对自己有副作用。

当今社会，压力在生活中似乎无处不在，学习的压力、考试的压力、就业的压力、工作的压力、家庭的压力、金钱的压力、社交的压力……每个人都生活在压力的包围圈中。无怪乎专家也疑惑：究竟是人们比以前更脆弱了，还是人们比以前更关注自己的心理健康了？难道生活越现代化、文明化，压力就越不可避免吗？

目前，人们还不能给压力一个合理的解释，但可以确定的是，人们面临挑战时，不仅要正视、克服一切压力，而且要战胜压力障碍带来的一切不良后果。

对当代大学生来说，压力就像自己的影子一样挥之不去，尤其是来自学习、考试和生活之中的压力，有些时候会压得人透不过气来。

二、压力的整体感受

现代人都承受着不同程度的压力折磨，压力是如何不请自来的呢？答案是压力来自自己或外界，因为人总有更高的目标要达到，可完成起来又有一定的困难，压力就是这样形成的。它可能来自自己，也可能来自亲人、朋友、上司、老师、同事，甚至所处的环境。

什么东西在重压之下都会受到损伤，一株小树受压过重会折断，一个鸡蛋一压就破。人也一样，压力大了，若不排解疏导，也会被压垮。

有必要了解一些健康知识，清楚自己的生理和心理状况，在感到压力信号出现的时候，便采取措施。如果自己解决不了，就应该寻求医生的帮助。压力具有以下特点：

①每天都感到紧张和疲惫不堪。

②看见什么好吃的都没有胃口。

③很容易激动，一件小事也会燃起怒火。

④经常受头痛折磨，头痛说来就来。

⑤自己引以为傲的记忆力频频出错，注意力也不容易集中。

⑥经常失眠，有时不得不靠药物帮忙。

⑦觉得别人都比自己强，而自己却毫无用处。

另外，压力加大时，会有一些生理信号和情绪信号。

生理信号：受到压力后表现出来的某些生理反应有可能是致命的，像高血压和心脏病。轻些的生理反应则包括失眠、持续性的疲劳感、头痛、皮疹、肠胃不适、溃疡、结肠炎、食欲下降、暴饮暴食或痉挛性头痛等，这些反应常会在受到某种压力一段时间后才表现出来。另外一些反应会立刻表现出来，诸如恶心、呼吸困难或是口干舌燥。

上面所列的生理信号并不会统统出现在一个人身上，由于个体差异，每个人承受压力导致的生理反应也是不同的。比如有的人在一段时间内压力过大时，会脱发，有的人会患上偏头痛，还有的人则会出现严重失眠。

情绪信号：在矛盾的情形下，情绪变得异常激动或具有攻击性；对个人仪表、其他人或从前感兴趣的活动丧失兴趣；注意力不集中，记忆力下降，无法作出决断；悲哀、内疚、疲乏、冷漠、强烈的不快和失落感；对自己丧失信心，通常伴随自我认同的缺乏。

三、压力对健康的影响

研究和临床病例证实，压力的破坏力很大，会造成人们不同程度的心身损害，比如头痛、记忆力减退、肥胖、婚姻关系紧张等。

西方医学一直抵制单纯的情绪症状会对人体造成伤害的观点。哈佛心身医学研究所创办人哈伯特·本森三四十年前开始研究压力时，他的同事甚至嘲笑他不务正业。直到最近几年，研究人员才发现压力可以具体测量。

（一）影响人体免疫力

学术界直到 1991 年才开始研究压力与人体免疫系统功能失常之间的关系。科学家发现，在压力测试中得分较高（压力大）的人如果注射一种哮喘病毒，出现伤风感冒的比率明显高于其他人。1992 年，他们重复相同实验，发现一些慢性压力，例如和同事、家人之间的长期矛盾，使这种人生病的比率增加了 3 ~ 5 倍。

（二）引起心血管疾病

人们通过对猕猴做实验发现了压力与心脏病之间的关系。因为猕猴与人一样，有社会阶层，且易患动脉硬化。正如科学家预料的，地位低的公猴比地位高的公猴更易患动脉粥样硬化，但当人为改变这种状况——将新的动物放进这个群体中时，地位高的公猴会为巩固它们的地位经常打架，也更易患病。

（三）引起肥胖病

人处于紧张的压力状态中，体内多余的脂肪不会立刻得到新陈代谢，因此仍会存在于血液里，脂肪到了血小板里，能引发心脏病或中风。而且，压力会刺激肾上腺皮质激素的产生，而肾上腺皮质激素会刺激脑部海马状突起，这正是脑中记忆、学习的重要部分。

压力甚至可以改变你的体形，因为压力会使人自动将脂肪储存为热量，脂肪会存在于肝部附近，尤其是腹部，因此长期处于高压状态的人可能身体其他部位都很瘦，唯独臀、腹部肥胖。

（四）引起头痛

头痛是压力导致的最普遍的生理症状之一。头痛又总被视为小毛病，人们一般自己吃药解决。但是，有些头痛症状是严重疾病的信号，所以当头痛发生时，应该及时就医，以免延误最佳治疗时间。治病要从根本上治，也就是说应该治本，治标你可以按照说明书吃药，要治本可就要有医生帮忙了。

压力大除了会引起头痛外，还会引发牙疼，而且工作越忙，疼得越厉害，而牙齿明明没有毛病。半数以上的患有牙病的患者的病源都是高压及疲倦，并不是龋齿、炎症等。

（五）损害记忆力

人们往往会遇到这样的情况，在考试的时候，面对一个非常容易的问题，却怎么也回答不出来，这就是由于压力造成的。据一项研究结果表明，压力可能使人们在回忆脑中所储存的事实和细节的时候变得十分困难。研究结果还指出，除了考试之外，还有几种环境可能影响人的记忆力，如工作面试、法庭作证、战争等。

瑞士苏黎世大学的多米尼克·德·奎温博士和他的同事们根据对 36 位成年

人所做的记忆测试得出了上述结论。参加测试的人被要求记住 60 个德语名词，每个名词在电脑屏幕上显示的时间只有 4 秒钟。之后，参加测试的人再把所能记住的名词尽可能多地写下来。

为了检测压力对人的记忆力的影响，在测试过程中，一部分参加测试的人每隔一段时间就服用一次可的松药片，另一部分则服用安慰剂。前者是为了增加参加测试的人的心理压力，因为可的松药片可以提高血液中醇的含量，而醇是在压力环境下产生的一种激素；后者则可以起到减轻压力的效果。

研究结果表明，服用可的松药片的人所能记住的单词数量明显低于服用安慰剂的人所能记住的单词数量。不过，除了影响记忆力之外，可的松药片似乎对其他脑力活动没有什么大的影响。研究人员最后得出了这样的结论：压力环境中产生的压力将严重影响人的记忆。

四、缓解压力的方法

（一）建立自己的"支持网络"

任何时候，家人和朋友都是帮你缓解压力的最坚强的后盾和最牢靠的庇护伞，朋友们发自内心的关心和问候会让你觉得在这个世界上，不管发生了什么事，你都不孤独。所以平时建立一个自己的"支持网络"系统很重要，当你面临压力的时候，把你的烦恼向他们说说，你就不会独自烦恼了。

（二）运动

运动可以让你忘却烦恼，增强你的抗压能力，所以不管你有多忙碌，也不管你的压力有多大，锻炼都必不可少。游泳、拳击、跆拳道……只要能使自己流汗，压力也会随之流走的。

（三）多吃抗压食物

有的时候，食物能有神奇的作用，含较多维生素 B_1 的食物可以帮助你亢奋精神，如糙米、燕麦、全麦、瘦猪肉、牛肉、蔬菜等；含硒较多的食物可以增强你的抗压能力，如大洋葱、海鲜类、全谷类食物等。

（四）每天补充一粒维生素 C

科学研究证实，维生素 C 能够有效消除压力。大家不要忽略这种消除压力的好方法。

（五）不要故意给自己加压

不少人对社会、家庭、自己都有不同程度的不满。有些人喜欢在压力中生活，在压力中迎接挑战，觉得那是一种惬意、满足。但不是每次都有好运气，压力大了会压得自己喘不过气来，久而久之就会损害自己的心身健康。

（六）以独特的方式适应社会

每个人都有每个人的活法，你走你的阳关道，我过我的独木桥。立足点不一样，闪光点也不一样。要敢于以自己独特的方式适应社会，并为社会发挥自己的光和热。

（七）知足常乐

人不可缺乏进取心和奋斗精神，但一味追名逐利反而会得不偿失。只要曾经努力过，且通过努力得到了进步，有了收获，就不要苛求自己。

（八）学会宣泄

一个人的健康包括身体和精神两方面。如果自己觉得心理压力过大，就可以去看心理医生，寻找解脱的良策。遇到不如意的事情时，可以通过运动、读小说、听音乐、看电影、看电视、找朋友倾诉等方式来宣泄自己不愉快的情绪，也可以找适当的场合大声喊叫或痛哭一场。

（九）求助心理医生

如果压力已经使你焦虑不堪，那么你应该求助心理医生。如今还有人看心理医生时遮遮掩掩，怕别人觉得自己精神有问题，但实际上，在国外，人们看心理医生跟看牙医一样普遍。让心理医生替你解压，不要让压力积少成多，一旦超过你承受的极限，压力就会击垮你。

第七节　心理疾病的疏导方法

一、精神疏导法

（一）保持心胸开阔，维持心理平衡

人们往往对身体脏腑器官的疾病比较重视，去医院、找医生，按时吃药，注意休息，但对其心理疾患常常听之任之，甚至满不在乎，根本不去想办法调整一下自己的心理状态。

在我们的生活中有三种人：一种人离生活太近，不免常常陷于利害的冲突中；一种人离生活太远，往往成为不食人间烟火的隐士；还有一种人与生活总是保持一种恰当的距离，这种人就是人们常说的豁达的人。人生的一大原则是：任何情况，不管是好是坏，都受到我们对它的态度和情绪的影响。豁达的人，潇洒、坦荡、热情、开朗，对人对事总是宽容大度，绝不会被生活中琐碎的小事所困扰。

从健康保健的角度讲，理想能使自己心胸开阔，使心理处于平衡并保持一种年轻的精神状态，它能促进人体各种激素的分泌，提高机体的免疫功能，对身体的衰老有延缓和抵制作用。但现代心理学的研究也证明，人生欲望大抵在满足之前，会感到十分诱人，十分美妙，一旦获得满足之后，就会感到厌倦和虚无。

研究发现，人的理想如果十分坚定，则可以使人的心理经常处于比较平静的状态之中，身体内肾上腺皮质素和催乳素能保持正常的分泌，免疫系统也能维持

正常的功能，这样人也不会因神经化学递质的紊乱而致病。

（二）控制恶劣情绪，善于自我解脱

现代医学研究证明，身体肌肉的放松会导致心神紧张情绪的消逝，舒适的身体可以产生舒适的心境。因为，骨骼肌肉组织的神经从它支配的空间和时间上来说，超过了身体其他生理器官神经支配的总和，所以骨骼肌肉组织能对自身的精神状态产生重大的影响。那么，应如何进行松弛肌肉的锻炼呢？

用自我暗示的方法，除了能直接影响人体氧气的代谢率外，还可以改善心脏的血液供给，明显地调整心搏心律，对人体的心血管系统机能有着立竿见影的效果。对"超觉静思"进行的研究表明，"超觉静忍"仅在15分钟内就可使人体每分钟的血流量下降1/3；同时，还可以观察到大脑皮层所呈现出来的明显的抑制过程。并且，在肌肉放松时，通常伴随有适意的主观感觉，仿佛有一股热流直达手指和脚趾端。这是由于末梢血管扩张的缘故。研究表明，肌肉松弛和暖流的自我暗示感觉，可使锻炼者的机体组织提高吸收、消耗和利用血液中氧的能力，从而更有效地形成万能的能源——三磷酸腺甙。因此，"超觉静思"可以广泛地用于增强健康和治疗不良心理情绪。

要做到尽快使自己的情绪稳定下来，总的原则有四个：一是保持松弛，通过冥想、散步、沐浴等方式促使心身放松；二是保持适当饮食，注意营养均衡；三是增强活力，尽量使自己接触自然、接触人群；四是保证睡眠，使心身得到充分休息。具体做法如下：

①独自坐在椅子上发呆，让脑海有一个短暂的空白，或做几次深呼吸，什么事也不去想，片刻之后，你会感到脑清眼明、精力倍增。

②走在路上时，不要考虑与烦恼有关的一切问题，或幻想自己是一只身轻似燕的小鸟，在天空中自由自在地飞翔；或幻想自己置身于大海之中，劈波斩浪奋击中流；或幻想自己在百花盛开的公园中欣赏着百花仙子的优美舞姿；或幻想自己在柔和动听的乐声中尽情地享受等。通过这一切，调节自己的呼吸及心跳速度，不断提醒自己保持心平气和。

③如果没有听音乐的习惯，应该尝试在精神紧张的时候，打开录音机、收音机，欣赏一下曲中的情怀和美妙的旋律，并试着对所听曲目作出评价。假若自己能放声高歌一首，不管是清唱，还是与他人合唱或用卡拉OK伴唱，都将更加有效地使自己的精神得到放松。

④做几下深呼吸，给自己最知心或最惦记或久不相会的朋友打一个电话；或者到外边去吃点东西，欣赏一下马路"交响曲"；或去干点别的事，把精神集中到自己兴趣浓厚的爱好上；或者洗一个温水澡；或者甚至干脆把自己关到一个不受干扰的屋子里大哭一场。

（三）加强情志锻炼，减少持续应激

由于科学技术的迅猛发展和社会的进步，人的生活节奏不断加快，各种信息像潮水般地涌入人的大脑。对这些信息，人必须很快地进行分析、加工、评价、判断，然后作出应答性反应，这就叫作"应激"。从生理上讲，人体内分泌激素的作用就是调节全身器官，以维持机体内环境的恒定，如调节血压、维持血糖水平稳定等。当人受到外来打击，如疾病、外伤、精神因素等的冲击时，均会经过神经调节的途径引起机体某些内分泌激素的分泌，以对抗这些不利因素对人体的侵害。医学上将这一过程称为"应激状态"，将应激状态下分泌的激素称为应激激素，主要有肾上腺皮质激素、儿茶酚胺、胰高糖素及生长激素等。其中有些激素可使血管收缩、心率加快、心脏血液搏出量增加、血压升高，以维持应激状态下重要器官的血液供应。应激激素还可使体内储存的糖分解进入血液，使血糖升高以供应激时代谢供能之需。这种应激反应过程在一定的范围内对维持机体的正常运转是有利的，但如果反应过度或长久持续则会产生相反的影响，特别是一些患有某种疾病的人，如高血压病、冠心病患者或者中老年人，因为相对正常人而言，他们的血管处于收缩、狭窄及硬化状态。当重大的或持久的应激反应发生时，本来属于机体保护性反应的血管收缩，都可使这些人的血压升高到足以中风的程度，而冠状动脉的收缩过度则可引起致命的心肌梗死。因此，任何超过机体耐受界限的应激反应，都可能会致命。在现代生活中，应激的因素愈来愈多，如学习紧张、工作繁忙、竞争加剧、人际矛盾、理想受挫、心理压抑、精神创伤等。但遇到苦恼和忧愁时，起决定作用的还是自我解脱，为不使各种应激因素影响健康，必须加强情志锻炼。

二、体育疏导法

体育锻炼是治疗心理疾病的重要方法。体育锻炼作为心理纠正内容，不是一般运动训练和娱乐游戏活动，要想达到心理转化目的，必须有一定的强度、质量和时间要求。每次锻炼时间在30分钟左右，运动量从小到大循序渐进，3个月为一个周期，约进行两个周期，可达到一定的治疗效果。此外，要注意运动的适应证和禁忌证，防止发生意外事故。

（一）孤独、怪僻的体育疗法

有些人不习惯与同伴、同学、同事交往，甚至不愿与亲朋好友打交道。为了纠正这种不合群的性格特征，可选择足球、篮球、排球、接力跑、拔河等集体项目。坚持参加这些集体项目的锻炼，会帮助他们慢慢地改变孤僻的习性，逐步适应与同伴的交往。

（二）腼腆、胆怯的体育疗法

如果你觉得自己胆子小，做事怕风险，在人多的场合难为情，容易脸红，那

么就应多参加游泳、溜冰、滑雪、拳击、摔跤、单双杠、跳马、平衡木等项目活动。这些运动要求人们不断地克服害怕、恐惧等各种胆怯心理，以勇敢无畏的精神去战胜困难，越过障碍。经过一段时间的锻炼，你的胆子自然会变大，处事也就老练了。

（三）优柔寡断的体育疗法

如果你认为自己处理事情常犯犹豫不决、不够果断的毛病，那就多参加乒乓球、网球、羽毛球、拳击、跨栏、跳高、跳远、击剑等体育活动。在这些项目面前，任何犹豫、徘徊都将延误良机，导致失败。坚持下去，可让你更加果断。

（四）急躁、易怒的体育疗法

倘若你发现自己遇事容易急躁，感情容易冲动，那就多参加围棋、太极拳、慢跑、长距离的步行、游泳、自行车、射击等项目。这些缓慢、持久的项目能帮助你调节神经活动，增强自我控制的能力，使容易急躁、冲动的弱点得到改善。

（五）缺乏信心的体育疗法

如果你觉得自己老是担心完不成任务，那就先选择一些简单、易做的项目，如跳绳、俯卧撑、广播操、跑步等。坚持锻炼一段时间，信心自然能逐步得到增强。

（六）遇事紧张的体育疗法

如果你遇到考试等重要事情容易紧张，发挥失常，那就多参加公开的、激烈的体育比赛，特别是足球、篮球、排球等项目。因为场上形势多变，且比赛紧张激烈，只有冷静沉着地应对，才能取得优势。若能经常在这种激烈的场合中接受考验，"久经沙场"，遇事就不会过分紧张，更不会惊慌失措，从而给学习、工作带来益处。

（七）自负、逞强的体育疗法

倘若你发现自己有好逞强、易自负的短处，可选择一些难度较大、动作较复杂的体育项目，如跳水、体操、马拉松等，也可找一些实力水平超过自己的对手下棋、打乒乓球或羽毛球等，以不断提醒自己"山外有山"，万万不可自负、骄傲。

三、冥想疏导法

冥想是中医治疗恐惧心理障碍的重要方法。精神学家认为冥想对精神压力所导致的精神功能失调具有强大的治疗能力，这是因为忧愁症及恐惧症往往由一连串消极思想引发，如果患者能转移对消极想法的压力，便可使心理压力得到缓解。现代实验证明：当人们感到威胁或恐惧时，脑部中枢会命令肾上腺分泌肾上腺激素，令心跳加速、血压升高、呼吸短促、肌肉收缩、毛细血管扩张、出汗。而冥想可使这一过程变得和缓，它能分散人体压力、驱动副交感神经系统，让人做好心身准备抵御紧张的心理压力。由于冥想方法对人体无害，不需要服用药物，而且无副作用，因此每天冥想 20 分钟是解决心理压力的重要方法。

（一）凝神冥想目标疗法

该法需要深刻体会心身如何适应不同压力。技巧：端坐在地板或椅子上，留意呼吸进出鼻孔的吐纳，接着观察整个身体和心灵状态，注意身体紧张可能引起疼痛的后果，以及恐惧、愤怒、渴望、自以为是和占有欲等念头如何令人沮丧。结果：这种技巧往往成为一种生活方式，让你对自我和外在世界更敏锐，能使你尽兴地活每一分钟，尝到每一口食物的真滋味。

（二）慢步冥想目标疗法

这种方法与凝神冥想类似。技巧：在约 6 米的直线距离内十分缓慢地来回慢步，同时凝神留意自己的呼吸和双脚抬起、放下的律动，边走边默念"举脚、前进、放下"。结果：可提高自觉度，降低血压，消除焦虑。

（三）禅坐目标疗法

它可让心灵从日复一日的单调活动中解脱。技巧：默念或大声朗诵——单音节、一个字或一句话皆可，每天两次，每次 15～20 分钟。结果：身体运动减缓，一整天都能保持沉着心境。

（四）想象目标疗法

1. 想象法的心理准备

它通过描绘心中图像以改变身体状况，如松弛紧绷肌肉、减肥、缩小纤维瘤或肿瘤。技巧：想象一道温柔白光缓缓从头顶移动到脚趾尖，渐次融入你身体的每一部分。此外，想象压力是一种液体，从指缝与脚底流出；还可将呼吸想象成一种医疗力量，每吸进一口气都能使生病的身体部位恢复健康。

2. 想象法的心理要领

无论采用何种冥想法，切记分心是正常现象，许多冥想人士因分心而半途而废。冥想不表示你能彻底如老僧入定，它是一个在杂念和凝神之间的摆荡过程。神游太虚是很自然的反应，连冥想数年之久的人也会如此，即使你静坐一小时，脑中一直想东想西，这一小时也没有白费。具体操作步骤如下：

①营造舒适环境。盘腿坐在地板或椅子上，腰杆挺直。除非你需要睡眠，否则别躺下。解开紧束的衣物，以便自由呼吸。

②闭上双眼。深呼吸数次提醒自己接下来的 20 分钟左右将完全属于你，是你的专属时间。

③松弛心身。在心中检查身体的每个部分，尤其是胸、颈和脸部肌肉并注意何处最紧绷。每次吐气时，想象肌肉逐渐放松，默默告诉这些肌肉要放松。

④注意周边环境。在某些时刻聆听四周声音，留意身体与椅子接触、双脚踩在地板上和衣服摩擦肌肤的感觉。

⑤集中精神。现在让意念集中于一点，可以通过呼吸或某句禅语实现目标。有助于集中注意力的秘诀之一是：数自己的吐气次数、从一数到十，然后再从一开始，如果发现自己已经数到十九，你便已精神涣散。

⑥端坐如钟。尽量保持身体静止，注意自己的身体感觉，并静待它们平息，如果你正忍受疼痛，觉得再不动一下就会死掉，请慢慢移动。

⑦寻回注意力。一旦发现自己神游太虚时，必须重新集中精神。从事心灵冥想和慢步冥想的人士应默念"冥想，冥想"，承认自己心思不集中。

⑧抵抗睡意。如果开始昏昏欲睡，不妨挺直腰杆，移开椅背之类的支撑物，抵抗蜷缩成一团和入睡的行动。

⑨返回现实。窥视时钟，看打坐时间是否超过。扭动手指和脚趾头，或轻轻伸展四肢，让身体缓缓恢复运动，睁开双眼。

四、转移疏导法

（一）情趣疗法

情趣疗法指培养或发展患者多种情趣爱好，以养神怡情，从而调节心理的方法。情趣疗法范围甚广，如读书写字、养鸟赏鱼、登城观山、弈棋或欣赏音乐戏剧等。

（二）友情疗法

对大多数人来说，与可信赖的朋友谈话，是发泄情绪和治疗创伤的有效办法。也许你不愿向别人倾诉自己的痛苦，宁愿独自忍受，但你必须明白，既然独处只会令情况变得更坏，就不妨以友情治疗心灵创伤，要相信只要努力便能克服伤痛。

（三）活动疗法

1. 从事活动是心理治疗过程中的一个重要环节

鼓励自己开始从事活动。这可能会有困难，因为过去欣然从事的工作和其他活动，这时可能变成无聊的苦事，但是工作有极大的治疗价值。因为如果工作，就必须对别人负责，而这将会帮助自己发现内心的力量。但记住，要根据自身状况确定目标，不要对自己要求过高，工作表现只能逐渐恢复正常水准。

2. 制订一个日常工作程序表并努力遵守，有助于治疗心理创伤

对于心理涣散的患者来说，即使在开始只是洗衣服、买食品杂货或出外散步一段时间，也是有益的。当你意志消沉的时候，也许会提不起劲去从事体力活动，不过体力活动却大大有助于治疗心灵创伤。甚至打扑克牌、听音乐、看电影或者看书，都能对你产生安慰作用。你必须时时督促自己，直到建立起你的日常活动规律为止。

3．做一件自觉有用的事可以帮助心理患者恢复自信

帮助别人做一件自觉有用的事。在自己伤痛的时候，经常从事有利于别人的活动，可以帮助自己建立自尊。小的享受也有助于解痛忘忧。临睡前洗一个热水澡，一个人吃饭也把餐桌布置得漂漂亮亮，天气好时到屋外坐坐，或者买一束花等，这些都能使自己的心情变得好一点。

4．心理伤痛的初期阶段过去后参加集体活动

走出自我封闭，到同学和朋友中去，你会发现外面的世界很精彩。多参加一些团体活动，认识到人类能使悲伤化为有建设性的力量，便可以使我们振作起来。要把心身所受的种种痛苦记住，将它们化成有价值的东西。记住哲学家尼采曾经说过的话："未致我于死的东西，可使我变得更加坚强。"

5．摆脱心灵创伤带来的痛苦是重新康复的关键

一位著名心理学家曾经说道："我们必须摆脱那些以过去和苦痛为中心的问题，例如'为什么发生在我身上'之类的问题，改为提出展望将来的问题，例如'既然这件事已经发生，我该怎样应付？'"我们每个人都有权也有责任重视我们的伤痛。无视伤痛或者否定伤痛，都可能给我们带来数不清的害处。正视伤痛是帮助我们重新得到解脱的一个办法。

（四）信心疗法

1．不良情绪影响人体抗病机制

中医在分析病因时，认为内伤七情（喜、怒、忧、思、悲、恐、惊）和外感六淫（风、寒、暑、湿、燥、火）为致病主要原因。《黄帝内经》就有"百病生于气""怒伤肝，思伤脾，忧伤肺，恐伤肾"的记载。现代医学认为，不良情绪会影响机体的神经、内分泌、免疫系统，使其功能削弱或紊乱，从而使人生病；而充满信心，保持乐观情绪，能调动体内的抗病力量，祛病健身。

2．美好的心情能解除疲惫和痛楚

马克思说："一种美好的心情，比10副良药更能解除生理上的疲惫和痛楚。"目前国外流行用一种生物信息反馈疗法（即精神疗法）来治疗癌症，而且已收到良好的效果。具体做法是：用充满自信心的想象力去勾画一幅体内众多的白细胞在吞噬癌细胞的图像，每天想象2次，每次半小时至1小时，经过一段时间治疗后，让患者安静后进行抽血化验，结果发现白细胞大幅度地上升。相反，如果患者悲观失望，则血液中的白血球就下降。这表明，自信心也是一种战胜顽疾的力量。

3．良好的信心能助患者早日康复

大量科学研究资料表明，人体内蕴藏着很大的潜能。美国著名医生辛德勒在他的《天天都过好日子》一书中告诉人们：每个人身体内部都有人所共知的最有助于身体健康的力量——良好的情绪。他告诫人们，要善于控制自己的情绪，良好的情绪和饱满的精神状态，既能有助于患者早日康复，也能使健康的人延年益寿。

五、生活疏导法

(一)工作及生活的乐趣是医治一切不快的最好药物

事业是人的精神支柱和寄托。对工作感到满意,精神愉快,是有益于健康的。要是一个人不热爱自己的工作,或根本不愿意工作,那他在工作时就会产生一种刻板、重复的不愉快情绪。而热爱工作、具有强烈事业心和上进心的人,就可以领略到工作的乐趣。工作既能让自己对社会有所贡献,也能让自己的才能得到表现和发挥。做好一件重要事情之后的"成功感""满足感"带给人的快乐,是其他任何活动都无法比拟的。工作较多的人,常因事忙而无暇"多愁"。因此,可以说工作是医治一切痛苦、不快的最好药物。

著名女科学家居里夫人,早年丈夫横遭车祸身亡,她忍着失去亲人的巨大悲痛,潜心于镭的研究,取得了辉煌的成就。她从工作中得到了莫大的慰藉并两次获诺贝尔奖。汉代著名文学家司马迁,被处以宫刑。他当时的心情是"肠一日而九回,居则忽忽若有所亡,出则不知其所往。每念斯耻,汗未尝不发背沾衣也"。但他没有因此消沉。他立志著书,以"尝前辱之责",完成了伟大的历史著作《史记》,心理上得到了极大的安慰。因此。可以说潜心于事业,醉心于工作,其乐无穷。

当然乐趣不仅产生于工作之中,更产生于生活之中。生活中获得乐趣的方法很多,如读书写字、养鸟赏鱼、登城观山、寓意弈棋和欣赏音乐戏剧等。选择其中一些手脑并用的活动,如书法绘画、弹琴唱戏、旅游观光等能够直接或通过动作协调间接刺激大脑神经,使脑功能在有序、节奏化的刺激下得到兴奋,从而防止精神心理的进一步退化。临床心理疗法中多注重培养或发展心理病患者多种兴趣爱好,以养神怡情,从而调节心理达到治疗目的。

(二)心胸豁达、全神贯注是心身健康的灵丹妙药

世界上许多杰出的科学家、文学家都是长寿的。科学家能长寿的一个重要原因,是他们热爱自己的事业,心胸豁达平静,有一个专一的奋斗目标,思想高度集中,不受外界环境的干扰。书法家和画家中长寿者极多,古代著名的颜、柳、欧、赵四大书法家和现代的刘海粟、苏局仙、郝世襄等都是长寿的,我国著名画家齐白石活到93岁。其原因很可能是运笔过程中可以抒发自己的思想感情,且可排除杂念,使自己全神贯注;同时,其也能得到艺术享受,陶冶情操,因而能延缓衰老过程。

(三)保持愉快笑容是消除精神紧张的最佳方法

适当的笑,是人心理和生理健康的标志,是心情愉快的表现。笑对整个人体来说是最好的体操。笑,因其程度不同,从微微一笑,只牵动少许几块面部表情肌,到哈哈大笑,前俯后仰,手舞足蹈,使胸部、腹部甚至四肢的肌肉都参与活

动。因此，丹麦学者卡尔·罗达尔说："3 分钟的笑声足以抵得上 15 分钟的体操。"现代科学对笑进行了更深入的研究，发现笑能调节大脑神经，消除精神紧张，使肌肉松弛，头脑清醒；可增加消化液的分泌，帮助消化，增进食欲；可促进血液循环，提高新陈代谢水平；能增强胸部肌肉运动，有利于肺部二氧化碳和氧气的交换；还能驱散各种忧愁情绪，解除烦恼，散发心中郁积，振奋精神。笑之所以能促进健康，给人以活力和朝气，以至延年益寿，主要还是因为它体现着一种积极的情绪。

古今中外有不少名医用笑来治病的故事。英国著名化学家法拉第年轻时，由于长期从事繁忙的科研工作，经常头痛失眠，多方医治也没有效果。有一次，一位著名的医生给他检查后开了一张"处方"，上面写的不是药名，却是一句英国谚语："一个丑角进城，胜过一打医生。"法拉第拿到处方后，细细琢磨，悟出其中奥妙。从此他常利用业余时间去看情景剧、滑稽剧和马戏表演，每次都是大笑而归。久而久之，他的病好了，健康地活到 76 岁，并为人类作出了卓越贡献。

（四）认识自己的性格可以避免遭受应激反应的损害

1974 年美国心脏病学家弗里德曼等著《A 型性格和你的心脏》一书，指出有一种人，称为 A 型性格，特点是动作快、没耐性、好争斗、易激怒，与那些比较轻松、悠闲的 B 型人相比，明显易于发生心脏病。典型 A 型性格的人，其特点往往是：性情急躁，总觉得时间不够用，经常处于紧张状态，不能克制自己的愤怒，喜欢争吵。这种人处于长期的、不间断的斗争中。他们总是将内心的不安和不满表现出来。在这种情况下，感情的应激反应引起机体的生理变化，这就是 A 型性格的人要比其他人容易遭受心脏病突袭的原因。而且 A 型性格的人循环通常比较快，因此冠状动脉更易形成血栓。

A 型性格的某些特性，是人在特定生活环境下形成的，取决于教育和自身的修养，取决于他的思想意识和追求。但是，人的性格在相当多的方面还是可以改变的。

（五）多与知心人交流是获得巨大欣慰的途径

在人生气时，为了不让怒气更加上升，或者强忍怒火而憋出"心病"来，可以找找同学、朋友等知心人尽情地倾诉，以减轻不快情绪，并获得他们的劝解与宽慰，使心情舒畅起来。向心怀善意又明事理的人诉诉衷曲，会使自己得到巨大的解脱。对方的劝告可能没有较大的实际意义，重要的是他的同情、支持和由衷的关注会令人倍感欣慰。这样的"知心人"可能是父亲、母亲、好友，甚至是萍水相逢的陌生人——火车上或飞机上遇到的同路人。同时，自己也应该乐于倾听他人的倾诉，并表达自己的善意和同情。

（六）要尽力使自己从沉重的思绪中解脱出来

一个人在处事过程中，要担得起，放得下。无论遭受的不快如何大，都要尽力不断地使自己从沉重的思绪中解脱出来，例如可以用某项迫切需要完成的事情来分散自己的注意力。任何情况下都应努力不使自己的坏情绪感染周围的人。无论发生了多么不愉快的事，生活照样要进行下去，谁也无权把自己阴郁的思想和情绪强加给他人。要理智，要自重，一个把自己的一切不愉快都搞成轩然大波的人，会给人留下极坏的印象。

（七）要学会发怒前及时克制自己

任何令人生气的事，都是经感官传递到大脑，再通过大脑的想象而使人勃然大怒的。因此，遇到不称心的事时，要姿态高些，心胸宽些，从大处着想，进行自我安慰，头脑自然会冷静下来，怒气也就随之烟消云散。克制的时候要努力认清形势。这样就会及时地想到，爆发不会带来舒畅，反而会引起新的不快。如果有可能，最好的办法是不用激愤的言辞发泄，而是用沉重的体力劳动或体育锻炼排解。疲劳感会熄灭怒火。

（八）理智的退让会使意外的伤害离去

由于固执己见，我们常常像任性的孩子。千万不要任性，要倾听反对者的声音，尊重他们的意见，对自己的观点要有一定的自我批评精神。理智的退让不但对事情有利，而且会受到周围人的尊敬。

（九）对自己的期望值不要太高

俗语说，人贵有自知之明，每个人都应对自我有一个客观的评价，正确地分析自己的优势与不足，据此提出适合自己的合理期望。不要事事想成，也不要每一事都要求完美。你的一生可能不伟大，但却可以活得有价值。各行各业的能手之所以能成功，就因为他们认识到了自我的优势，并根据优势提出合理期望。我们每个人都可以做到这点。

（十）养成宽容习惯

古人说得好：宰相肚里能撑船。只有心胸似海的人，才能有效地控制自己。不应一遇挫折就自怨自艾，或在别人身上泄愤，应学会宽容和宽恕。这样你就能忘却那些不愉快的事，消除产生精神紧张的根源。虽然大事不应糊涂，但小事却可糊涂些，做个"难得糊涂"的人。这样，你会生活得比以前更轻松、愉快。

（十一）充实而健康的精神生活是防治心理病的法宝

人不仅需要身体健康也需要精神健康，如果精神健康状况不好，同样也会患病。因此，精神与健康有着紧密联系。临床实践证明，不良的精神因素不仅可以导致以精神活动障碍为特点的疾病，而且也可以引起身体的某些疾病，如高血压病、溃疡病等。因此除注意饮食卫生、环境卫生、营养卫生外，也要注意心理卫生。

怎样才能保持正常的心理卫生呢？

①要有充实而健康的精神生活，培养对自然、运动、音乐、戏剧、文学的一个

或几个方面的兴趣，适当地参加一些活动，陶冶自己的情操，舒畅心神，净化心灵。

②要有坚定的信念，热爱集体、关心他人，对自己的未来寄予希望，抱有信心。

③饮食起居平稳而有规律，情绪稳定，培养宽宏大度的胸怀，不要计较个人得失。

第八节　大学生常见心理障碍和心理疾病的防治

大学生作为中国社会中文化层次较高的群体，一向被认为是最活跃、最健康的群体之一。然而，面对竞争日益激烈的现代社会，许多大学生开始感到不知所措，产生了心理上的不适应。据统计，大学生中因心理健康问题退学的人数占全部退学人数的30%左右，而且这一数字呈逐年递增趋势。由此可见，大学生的心理健康状况面临着严重威胁，心理健康与否已直接关系到大学生能否全面发展和早日成才。

当面对生活和学习中所遇到的种种问题，且有时某些刺激超出人的承受能力时，有的同学无法适应环境要求，就会引发一些变态行为或心理障碍。

一、心理障碍的概念

心理障碍是对许多不同种类的心理、情绪和行为异常的统称。这些异常现象通常是由心理、社会、生理或药物等多重原因造成的，并以个体无法有效地适应日常为其指征。心理障碍的表现形式多样，既可表现为各种心理过程的异常，也可以表现为明显的行为偏离，还可以表现为严重的精神疾病。但无论表现为什么症状，心理障碍会都严重地损害个人对环境的适应能力。

心理障碍是在实践中形成的概念，目前仍在发展变化中。将其视为一个心理社会概念，较之单纯的生物学概念更为合理，更为全面。对于一种行为的衡量标准，不同文化背景可以截然不同，如裸体，在西方认为没什么，在中国文化传统中却认为是有伤风化的。因此判别心理活动的正常和异常是相当困难的。首先正常的心理活动和心理异常的差别只是相对的，并没有绝对的界限，几乎无法确定一种绝对的标准来度量错综复杂的异常心理现象。心理障碍表现受多种因素的影响，包括心理的、社会的、个体的因素，这些因素直接影响对心理障碍的判别，其中经验标准、社会适应标准、症状和病因学标准及统计学标准和心理测验标准使用较为广泛。

二、心理障碍的判别标准

（一）经验标准

它是以一般人的正常心理与行为作为参照，判断他人的行为属于常态还是变态；或者以自身的经验、体验评价他人的心理活动，鉴别是正常还是异常。这种标准受判别者知识水平、观察角度、情感倾向等因素的影响，具有较大的主观性、局限性和个体差异性。

（二）社会适应标准

它依据是否遵循社会的行为准则，是否遵守伦理道德规范、价值观念和顺应社会风俗等标准来判断心理异常与否。由于社会环境、文化背景的不同，这些标准很难跨地区比较。关键看生活自理能力，遵守社会规则能力，处理人际关系的能力，工作、学习的能力能否与社会环境协调一致。

（三）症状和病因学标准

有些异常心理现象在正常人身上是不存在的。如果出现了，就可判定为异常，例如妄想为药物中毒性心理障碍。这种标准以物理学、化学检查、心理测定及各种新技术方法为客观度量尺度，比较客观，但适用范围很窄。

（四）统计学标准和心理测验标准

这一标准来源于对正常心理特征的测量。绝大多数人的测验值居于测验中间部位的均值附近，居于常态分布两端的小部分人为异常。一般说，有心理障碍者，其对应的心理测量结果大多在异常范围，但也有例外，如低智商可视为异常，高智商虽在均值外，但不能视为异常。这种方法比较规范，易于比较和交流，但其标准不能绝对化。

三、心理障碍的分类

（一）按心理现象分类

1. 认识过程障碍

它包括感觉障碍，如感觉过敏、减退、消失和异常；知觉障碍，如错觉、幻觉；思维障碍，如联想障碍、妄想、强迫症；注意力障碍，如注意力增强、减弱、涣散、狭窄；记忆障碍，如记忆力减退、遗忘症、虚构症；定向力障碍，如时间、地点定向障碍和自我定向障碍。

2. 情感过程障碍

它包括情感高涨、欣快、情感低落、焦虑、情感脆弱、易激怒、情感迟钝、情感淡漠、情感倒错、恐惧、心境恶劣等。

3. 意志行为障碍

它包括意志障碍，如躁狂、忧虑重重；行为障碍，如兴奋状态、木僵状态、动作刻板、强迫性动作。

4. 意识障碍

对周围环境的意识障碍包括意识清晰度降低(嗜睡、昏睡),意识范围改变(意识蒙眬),意识内容改变(谵妄、梦幻状态、精神错乱)。

(二)按病因和症状分类

1. 脑器质性和躯体疾病所致精神障碍

它是由颅内肿瘤、创伤、感染、血管病变和各种原因引起的躯体疾病从而影响脑功能所致的精神障碍。

2. 可影响精神活动的物质所致的精神障碍

常见的可影响精神活动的物质有酒类、鸦片类、大麻、催眠剂、镇静剂、抗焦虑剂、致幻剂、烟草、一氧化碳、某些药物、重金属和有机化合物等。

3. 情感性精神障碍

它包括狂躁症、抑郁症。发作症状轻者,达不到精神病程度,心境表现为高扬或低落,伴有思维和行为改变,有反复发作倾向。

4. 与心理有关的生理障碍

它包括睡眠障碍、性功能障碍、进食障碍、植物神经功能障碍。

5. 人格障碍、意识控制障碍与性变态

人格障碍的显著特点是人格特征偏离正常,对社会适应不良,明显影响其社会和职业功能。人格障碍一般开始于青少年,并一直持续到成年或终生,分偏执型人格、反社会型人格、冲动型人格、表演型人格、强迫性人格等。

意向控制障碍,是一类仅为了获得心理上的满足,而要进行社会规范不允许或给自己造成危害的行为,包括纵火癖、偷窃癖、拔毛癖等。

性变态,指有性行为异常的性心理障碍,包括性偏好障碍、性身份障碍。

6. 神经症及与心理因素有关的精神障碍

神经症为一组精神障碍,包括恐怖症、焦虑症、强迫症、抑郁症、神经衰弱,没有精神病症状。

心理因素有关的性精神障碍,包括心理创伤后应激障碍、与文化相关的精神障碍。

7. 精神分裂症

它是一组病因不明的精神病,多起病于青壮年,常有感知、思维、情感、行为等多方面的障碍和精神活动不协调,一般无意识和智能障碍,病程多迁延。

8. 未特定的精神障碍、心理发育障碍、精神发育迟滞

它起病于童年与少年期的行为与情绪障碍。

四、几种常见的心理障碍

心理障碍是指影响人们正常行为和学习效能的心理状态。心理障碍的原因错

综复杂，往往由多种因素交互作用而引起，常见的表现症状有以下几种：

（一）社交恐惧症

它表现为不敢和陌生人接触，不愿参加公众集体活动，见了陌生人或在社交场合面红耳赤，低头不语，不敢和人对视，过度害羞，对社交活动极为恐惧害怕，深恐在别人面前有失体面或说傻话，因而自我封闭。这是大学生中常见的一种心理障碍，使他们难以在社会活动中增长知识、交流思想、学会处世技巧，对事业、生活、学习造成不利影响。

社交恐惧症随着阅历的丰富和逐步的适应，多能逐步消除，部分同学可辅以抗抑郁药治疗，并接受心理指导，激励自己多参加社交活动，以消除压力。

（二）自卑

它表现为做什么事情都无自信，总觉得自己低人一等，办起事来想竭尽所能。他们仅表现自卑，而无其他明显的神经质症状，在他们眼里自己确实能力比别人差。可是事实上，他们一旦精神振奋，发挥了自己的能力，就足以证明他们的智慧和技能不比别人差。究其原因是因为他的自我期望值过高，一旦受到挫折，便失去自信。他们为自卑而苦恼，正说明他们具有强烈的进取心。其仅有自卑而没有痛苦，一般认为不属于神经症，它的病因是因为心理与社会适应不良。

（三）失眠恐惧

它主要表现是入睡困难，易醒多梦，醒后入睡困难，常伴有疲劳、反应迟钝、注意力不集中、记忆力减退等症状。患者总认为心身疲劳是由失眠引起的，于是更加害怕失眠，认为睡好觉便能解决一切问题，于是睡眠成为患者最关心的事，失眠成为患者最害怕的事。但他们并不是真正的失眠，据测试，他们的实际入睡时间并不比常人少。治疗的关键是养成顺其自然的态度，不可强迫自己快速入睡，或尽量想多睡一会儿以进行弥补。每晚争取按时入睡，每早按时起床，坚持正常的工作和学习，不要依赖安眠药，真正失眠的时候给予药物治疗，这样不知不觉就能克服失眠恐惧。

（四）不良情绪

这是一种暂时性的心理障碍，表现为遇事恼怒、激奋，或抱怨，或悔恨，或焦虑不安，或压抑、痛苦，一般来说可能是人们达不到预想目标，或没有明确的目标所致，情绪时冷时热。这种不良的情绪如不及时宣泄疏导，紧张情绪可能会转化为新的刺激，会消耗人的精力，产生负面影响。长期的不良情绪，会形成恶性循环，抑制大学生的理智。对不良情绪，要注意：①适度发泄出来，比如痛苦时，大哭一场；受委屈时，大吼几声；高兴时，跳几下。但必须理智，注重场合，注意影响，不能由着性子。②有意将不良的消极情绪转移到积极方面去，还可交换环境，以达到某种超脱，如考前非常紧张、焦虑，可适当参加一下文体活动，如唱歌、跳舞、听音乐。③要提高自身修养和情操，能动地消解不良情绪。如确实有可喜、可悲、可忧、可恼、可怒、可怨的缘由，也要冷静分析，顺其自然地解决。分析明白后，你会发现事情并不像自己想象的那样，不必"过分"看重。④用自我激动法，用明智的思想安慰自己，鼓励自己同痛苦和逆境作斗争，适当调整心理活动，使不良情绪缓解。

心理障碍是大学生多发症状，多由社会环境适应不良、人际关系紧张、性困惑、学习紧张、生活挫折、心理矛盾冲突、对生活中的各种刺激反应不适等引起，如表现狂热、冷漠、压抑、焦虑不安、烦恼孤独、自卑自责、失眠、固执等。

本书所说的心理障碍是指心理疾病的一种症状或轻微异常，因此既可分为神经症或精神病患者的症状，也可为正常人的症状。

五、神经症的概念

神经症又名神经官能症，是精神病的一种，虽然也使用了"神经"两个字，但不是神经系统发生了"病"，而是大脑功能暂时失调所造成的。它又区别于精神病，一般精神病指大脑机能紊乱，患者的思维、情感、运动、言语失常，不能适应正常工作和生活。为此大学生在生活中应了解神经病、神经症、精神病的科学概念。

（一）神经症的病因

一般认为其病因和诱发因素分为三类。

①生物学因素。它包括遗传、年龄、性别及躯体状况，如疲劳、中毒、分娩，这些因索构成了神经症的易患倾向。

②社会心理因素。精神紧张、各种社会生活事件的刺激都是神经症的促发因素。据研究，神经症患者发病前，一年内所遭受的精神刺激是正常人的 1.7 倍。神经症患者常见于情绪不稳和内向型性格的人，这类人多愁善感、焦虑紧张、心绪不宁、古板严肃、悲观、保守、孤僻等。

③社会文化因素。总体看来，脑力劳动者神经衰弱患病率要高一些；社会地位高的人群中，易出现焦虑症和抑郁性神经症；头痛等躯体形式障碍的患者的患病率要高一些。不同社会群体，神经症的类型和发病率有所不同。

（二）神经症的临床表现

神经症患者的症状，既有躯体症状，又有心理症状。每一位患者表现各不相同，但也有共同特征。

1. 神经症患者的共同特征

神经症患者的共同特点有：

①焦虑情绪：这是患者的主观体验，表现为紧张、不安、心烦意乱、恐惧害怕，还伴有交感神经的兴奋活动。

②躯体不适感：几乎所有的神经症患者都认为自己是一个不幸的人，常感到

满身是病，需要别人的同情和关心，而且还伴有情绪不稳和心情紧张。

③人际关系紧张：神经症患者放纵自己，又不能容忍别人，不能设身处地为别人着想，以自我为中心，因此很难与人保持良好的关系。

除此之外，神经症患者还有一些共同特征，如有自知力，能主动求医；无器质性病变；有社会环境的适应能力。

2.神经症的常见症状

神经症的常见症状如下：

①精神易兴奋、易疲劳。精神易兴奋常见于神经衰弱、焦虑症。精神易疲劳表现为精力不充沛，工作时间稍长就觉得疲惫不堪，注意力难于集中、不能持久，思维不清晰，记忆力差。精神易兴奋和易疲劳往往同时存在。

②情绪表现为焦虑、恐惧、抑郁、易激怒，是一种不愉快的情绪体验，见于焦虑症、恐怖症、抑郁症。

③强迫症状。可有强迫观念、强迫情绪、强迫动作、强迫行为。这些症状可同时出现在同一个患者身上，在强迫性神经症中表现最为明显。

④疼痛是神经症的普遍症状，以头颈部最多见，其次是腰背、四肢，具有持续性或波动性。神经衰弱多见紧张性头痛，焦虑症患者除头痛外，还伴有腰背痛。

⑤头昏。头昏是一个没有确定界限的模糊概念，患者把"头昏眼花""脑子昏胀"都归属为头昏。头昏、头涨、头痛三者多相伴出现，是神经症的常见症状。

⑥心慌常见于神经症患者主诉。由于精神紧张与个性双重等原因，患者因植物神经功能紊乱而心率加快，感到心慌。

另外还表现为消化功能障碍、睡眠障碍。睡眠障碍表现为失眠、难入睡、易醒、早醒、多梦，以神经衰弱、焦虑症多见。

（六）神经症的治疗

神经症的主要治疗方法如下：

①心理治疗。它包括个体心理治疗、行为治疗、家庭治疗，帮助患者了解和理解他们自己的症状，建立健康的生活态度和掌握更为有效的应付技巧。患者要合理安排作息时间，树立治愈信心，消除相关的心理社会因素，积极参加集体活动。

②药物治疗。患者要在必要时服用安定、利眠宁等镇静催眠药物，辅以针灸、理疗、音乐疗法。

六、大学生中常见的几种神经症

(一)抑郁性神经症

抑郁性神经症(简称抑郁症)是一种以心境低落为主要临床表现的神经症,表现为悲伤、失望、自卑、孤独,对事物缺乏兴趣,整日唉声叹气、哭泣流泪,常伴有躯体不适和睡眠障碍,患者内心痛苦,常主动求医,有自杀意念但不决断,兴趣减退但不消失,并愿意接受表扬和鼓励。其多与生活受到挫折、自尊受到伤害有关。患者一般情绪不稳、内向、多愁善感。治疗以解释、安慰、支持鼓励患者宣泄内心苦闷、增强自信自尊的心理治疗为主。

(二)焦虑性神经症

焦虑性神经症(简称焦虑症)表现为每时每刻都感到高度的恐惧,同时伴有植物神经症状,如心率快、胸闷、呼吸困难、多汗、恶心。临床上把原发的焦虑症视为焦虑性神经症,有惊恐障碍和广泛性焦虑两种形式。

焦虑症是由于生活事件中的各种挫折引起的。治疗以心理治疗和药物相结合,先解释引导,去除病因,同时给予镇静药,如舒乐安定等。

(三)疑病性神经症

疑病性神经症(简称疑病症)指个人对自身的健康状况有强烈的、夸张的关注,对一切不正常信号过于敏感,以持久的担心或相信自己患有一种或多种疾病为主要表现。患者反复检查,不断求医,医生的解释不能消除其疑虑,为此焦虑不安,希望得到社会和家人的关心和同情。疑病症多为医源性疾病,看到周围的人患了某种病,联想自己可能会患某种病。此种病以心理治疗为主,应耐心细致地询问病史,详细解释检查结果,引导患者认识他的躯体确实无病;也可以采取催眠暗示疗法。

(四)恐怖性神经障碍

恐怖性神经障碍(简称恐怖症)是指对特定的人和事物产生与现实根本不对应的恐惧。恐怖发生时有显著的植物神经症状。一般恐怖症女性患者多于男性。其多发于青少年,起病急,如怕过桥,怕见某人,怕坐车、登高,怕蛇、鼠、青蛙等。某一事物引起一次恐惧发作后,遇类似事件,都可能唤起恐怖反应。比如小时候父母说蛇会钻入人体,以后见蛇蠕动就害怕。这类患者一般害羞、懦怯,与早期教育有关。治疗主要采用脱敏疗法等行为疗法。

(五)强迫性神经症

强迫性神经症(简称强迫症)是有意识的自我强迫和自我反强迫同时存在,以强迫观念和强迫动作为特征的神经症,两者冲突使患者很痛苦。如反复没必要地洗手、拖地或不停地思考某观念。强迫症患者往往办事认真,喜欢事事过细,力求尽善尽美,遇事胆小谨慎,明知没有必要,却不能控制自己。治疗多以心理治疗为主，并向患者多作解释，提高其对疾病的认识；还可辅以药物治疗，本病多伴有焦虑和抑郁症，常用抗焦虑药。

（六）神经衰弱

神经衰弱主要表现为与精神兴奋相联系的精神疲劳、心情紧张、感觉敏感、怕声、怕光、情绪易激动、睡眠障碍、头痛、腰背酸痛、食纳差、记忆力差、学习效率低。学生中的神经衰弱，多为意志脆弱、过度思虑、学习时间过长、生活不规律、人际关系紧张所致。治疗以心理治疗为主，合理安排一日生活制度，积极参加文体活动，消除相关的心理社会因素。必要时可给予安定治疗。

（七）癔症

癔症又称歇斯底里，大多起病突然，是大学生中常见的神经症。主要表现形式有两种：一是在转化反应中，心理障碍换成了身体障碍，导致身体上实际生理功能丧失，如手套型、靴子型、半侧型麻木，失明，耳聋，失语。有时痉挛、抽搐、瘫痪，但找不到器质性的病因。二是处离反应，是指在一些情境中，人格的某些部分与另一部分分裂开来，以此方式进行分离性遗忘、漫游等。有时表现为人格交替意识障碍，如情感爆发、哭笑无常、捶胸顿足、撕衣打滚，这种痛苦愤怒体验发作后会部分遗忘。病因：由明显的精神创伤引起，同时与个体性格密切相关。这种患者想象力丰富而生动，感情色彩浓厚，反应强烈。治疗应以心理治疗为主，可使用暗示疗法、催眠疗法、支持疗法。在精神兴奋时可给予冬眠灵或安定治疗。

七、精神分裂症

该病是一种重型精神病，主要是脑功能紊乱而不是脑组织损伤引起的精神病。大学生因精神病住院的，有一半以上患有该病，它是一种严重破坏学习能力和思维能力的疾病。精神分裂症的发病除与遗传因素有关外，还与明显的精神刺激有关。据资料统计，有明显精神因素患者占54%～77.4%。其多起病于青壮年，表现为思维障碍；意志力减退；情感兴奋、激动、紧张或突然情感爆发；可能有伤人或自伤行为；有的有幻觉或离奇想法，自知力受损害；不承认自己有病，总认为别人要加害于他。治疗多以抗精神病药物或电休克治疗为主。

精神分裂症的症状十分复杂多样，一个患者一个样，但患者都有共同的特征：

①语言交流障碍。精神分裂症患者与人交往有戒心、敌意，常语无伦次。

②运动障碍。患者动作明显异常，做鬼脸、吐舌头、无休止地伸手臂、抓头发、咬自己，甚至可能做出一些正常人无法完成的动作，如悬空躺卧，金鸡独立数小时等。

③情感障碍。语言简单，消极应答，面无表情、平淡冷漠，有时又情感反常，

哭笑无常，有时显得恐慌万分等。

④思维障碍。患者常有幻觉，他们可以把不存在的人与事编造得历历在目；感到自己遭人暗算，顽固地认为有人要跟踪、谋害自己，对客观事物往往错误理解，很难分清想象与现实。

八、精神分裂症与神经症的区别

精神分裂症与神经症的主要区别有：

①精神分裂症患者常不承认自己有病，拒绝治疗；而神经症患者一般承认自己有病，主动求医求治。

②神经症的神经机能紊乱是暂时的，治愈后情况良好；而精神分裂症的神经机能紊乱比较持久，治疗后易反复。

③神经症患者生活能自理，有工作能力（癔病除外）；而精神分裂症患者无全部工作能力。

④神经症患者无幻觉、幻味，而有幻视、幻想；认为被人控制、会遭人暗算的妄想只见于精神分裂症。

第九节　自杀行为及其预防

自杀既是医学现象，又是社会现象，更是心理不健康的一种特殊表现，通常被视为"心理急诊"。

一、自杀行为的心理

当一个人自我意识的烦恼和苦闷发展到严重程度时，紧张将刺激推向极端，其心理难以承受，对事态产生恐惧，对生活失去信心，对现实感到绝望，放弃抗争而采取唯一的最后"保护"自己的手段——蓄意终止自己有意识的生命。

虽然自杀者并不像神经症，甚至精神分裂症患者那样普遍，但因其危害及后果严重，故学校各方均应重视预防工作。自杀是当今世界较为常见的社会现象。就自杀而言，女性高于男性，而在自杀成功的案例中，男性却为女性的2~4倍。

二、自杀原因

自杀是由于主观或客观上无法克服的动机冲突或挫折情境造成的自毁行为。一是客观因素，又称环境性挫折。它是由于外界事物或情境阻碍了人们去达到目标或满足需要而产生的挫折，在社会产生重大变革或面临政治危机时期，发生率较高。二是内在个人因素。由于个体体力和智力条件的限制而不能达到目标，如由于个人健康不佳或生理上的缺陷不能胜任学习，或精神的耐受力差而不能承受巨大的心理压力。其中一个重要的原因是动机挫折，即产生了绝望情绪，而自杀本身又成了绝望中的一种追求。如有的人为免受某种处罚或精神上的痛苦，就以死来解脱。抑郁症患者自杀率较高，在自杀人群中有45%～70%患有抑郁症。此外，酒依赖和药物依赖近年来也是自杀率上升的一个重要因素。

三、自杀的线索

自杀通常是一种求救的方式，而且自杀常常不是一时的冲动，而是一个人为逃避现实中难以忍受的生活遭遇所作出的一种迫不得已的选择。即使是易于冲动而常常会很快将自杀念头付诸行动的年轻人，也会在尝试自杀前出现一些反常的行为。据观察，在自杀前的3个月内常可见到"预警综合征"的行为发生，如不合群、易激惹，具有攻击性，有神经症和其他精神症状。因此当遇到下列情况时，应高度警惕其自杀的危险：

①情绪的改变，如抑郁、焦虑、失望、消极。

②行为的变化，如失眠、食欲反常或个人卫生习惯变化等。

③丢弃或毁坏个人平素十分喜爱的物品。

④自杀意图的表露，如谈论自己的死或与死有关的问题，或写下遗嘱一类的东西。

⑤原是自杀未遂者。

⑥重大的负性生活事件，如配偶、子女等亲人死亡，失恋等。

四、自杀的预防

对于有较高自杀危险性的人，学校教师和同学应主动给予支持和关怀，帮助其解决实际困难，并进行情感上的沟通。情感暴发急性期应及时采取果断有效的措施以防止事态进一步恶化：

①尽快与心理卫生工作者或医院急诊医生取得联系，以求帮助。

②不要让其独处，要严密监视。

③要设法解除自杀器具、药物等。

④对他们要非常关心及深切同情，不说一些可能会伤害他们的话。

总之，要慎重对待每一个有自杀念头的人。当他们自杀意志还很不坚决、生的欲念和死的企图还在搏斗时，当当事人向外界发出求助信号时，如果能及时有效地为他们排忧解难，为他们提供必要的救助，那么许多自杀事件是能够防止的。

第十节　心理咨询和心理治疗

心理治疗创立于19世纪，但心理咨询的兴起却是20世纪50年代。自20世纪80年代以来，我国的心理咨询得到迅速发展，1974年，原北京医学院在全国高等医药院校中第一个成立了医学心理学教研室，1988年在上海成立了中国高校心理咨询研究会。目前国内的心理咨询可概括为三大类：一是以医院为基础的临床心理咨询；二是以学校为基础的教育心理咨询；三是独立的综合性心理咨询机构。现代心理咨询包括对正常人的指导和帮助以及对心理疾病患者的心理治疗。

一、心理咨询

（一）心理咨询的概述

"咨询"一词来源于拉丁语，有询问、商讨、商议、建议、忠告、寻求别人帮助等意思，是一种通过人际关系而达到的帮助过程、教育过程和增长过程。

心理咨询指咨询者（即心理咨询师）运用心理学的原理和方法，对来访者（或求助者）提出的问题和要求进行共同分析、研究和讨论，帮助其找出问题的所在，以改变原有的认知结构和行为模式，恢复或提高其对生活的适应性及调节周围环境的能力，维护心身健康，促进心理发展。《美国哲学百科全书》中心理咨询的定义是：①主要着重于正常人；②对人的一生提供有效的帮助；③强调个人的力量与价值；④强调认知因素，尤其是选择和决定的作用；⑤研究个人在制订目标、计划及扮演社会角色方面的个性差异；⑥充分考虑情景、环境因素，强调人对环境资源的利用以及必要时改变环境。心理咨询的对象指有心理困扰的正常人，咨询的目的是助人自助，让求助者增强自己的判断能力，达到自我完善，而不是寻求"救世主"。心理咨询竭力使人们积极地看待个人所经受的挫折与磨难，促使其从危机中看到生机，从困难中看到希望，认真总结教训，增强生活智慧，将不愉快的经历作为自我成长和思想成熟的良机。

（二）心理咨询的形式

心理咨询的形式多种多样，根据咨询对象，可分为直接咨询与间接咨询、个别咨询与团体咨询；根据咨询内容，可分为人际心理咨询、法律心理咨询、教育心理咨询、医学心理咨询等；根据咨询的途径，可分为面对面咨询、信函咨询、电话咨询、专栏咨询（指报纸、期刊、电视台、广播等开辟的心理咨询专栏）、网络咨询等。面对面咨询是最常见的一种，是指心理医生与来访者采取面对面的方式交谈。它有利于医生全面掌握情况，从而深入地为来访者提供有效帮助。电话咨询是指利用电话通话的方式，对来访者给予劝告、安慰及指导。在国外，电话咨询的主要作用是心理危机的干预，故被誉为"生命线"。

（三）心理咨询的范围

心理咨询的范围极为广泛，主要包括两方面：一方面是针对生活、工作、学习、家庭、婚姻、疾病康复等方面所出现的心理问题，以及大学生因环境适应不良，学习困难，人际关系紧张，疾病困扰，恋爱受挫或求职、升学失败等引起的心理困惑，咨询者帮助求助者尽早走出困境，缓解心理压力造成的不良心理反应；另一方面，心理咨询（特别是学校心理咨询）还负责对咨询对象进行心理发展指导，帮助求助者了解自己的心理特点，选择自己发展的方向，提高他们处理学习和工作中各种问题的能力等。

（四）心理咨询应注意的问题

与来访者建立良好的咨询关系是心理咨询工作最基本的条件，必须依靠咨询人员和来访者的共同努力。咨询者的努力，体现为他们的职业责任感、工作能力、知识面以及自身的心理素质。来访者的努力，体现为对咨询者的充分信任和解决自身问题的迫切愿望。来访者在咨询中要注意如下问题：

①首先要勇于开门见山地向咨询者讲出自己的问题所在，不要认为面子上不好看，以至于羞羞答答或含糊其辞。

②要明确心理问题是长期积累的结果，解决心理问题同样需要时间，更需要个人的耐心和努力。切不可急于求成，想要一次解决所有问题是不可能的，在一次咨询中，倾诉时间一般为 20 分钟左右；也不要担心咨询过程中的反复，注意进行阶段性的总结，发现和珍惜自己的每一点进步，从而增强自信心。

③要相信在咨询室里是绝对安全的，咨询者会对你的个人隐私保守秘密，因为保密是他们必须遵守的职业道德。

④要积极配合，主动参与。外因是变化的条件，内因才是变化的真正动力，任何外因都必须通过内因起作用。来访者是心理咨询的主体，而不是被动接受教育者，不要期望咨询者会替你作出决策。咨询者只是帮助你认识问题的所在，从而帮助你改变认知，疏导不良情绪，发挥自己的潜能与优势。因此，来访者必须主动参与商讨，认真听取分析，积极发挥自己的主观能动性。

二、心理治疗

（一）心理治疗的概述

心理治疗也称精神治疗，指心理医生应用心理学方法，通过语言、表情和行为改变患者的认知、情绪和行为，帮助患者消除消极心理引起的躯体症状，以达到治疗疾病的目的。心理治疗还常常包括劝告患者接受和忍耐痛苦，使他们把这种痛苦视为个人成长过程中不可缺少的锻炼。

（二）心理治疗的理论基础

人的心理和生理辩证统一，互相联系、互相影响。心理是大脑的机能，大脑是心理活动的物质基础，大脑的心理活动影响整个躯体的生理和生化功能。科学实验表明，精神因素与人体免疫功能有密切关系。积极的心理能增强大脑皮层的功能和整个神经系统的张力，使人体抗病能力大大增强。心理治疗正是应用心理因素对生理、病理过程的影响，通过良性的心理刺激作用于机体，以调整、改善患者的病态心理、生理功能，使之恢复到最佳状态，从而实现心理疾病的康复。每个人都具有克服困难和适应环境的能力，一旦认识到这种能力的存在，很多问题都能迎刃而解。有心理困扰的人，往往没有发现或不相信自己的这种心理潜能，心理治疗能帮助那些有心理失调或有心理困扰的人发现自己的问题及根源，意识到自身的力量，弄清自己的行为和生活，并对自己的现状和未来作出决定，从而提高对生活的适应性和调节环境的能力。

（三）心理治疗的形式

心理治疗的形式有个别心理治疗、集体心理治疗、家庭心理治疗及社会治疗。

①个别心理治疗指医生与患者间发生的单一治疗性交往。其目的是帮助、解决患者个人的心理问题。它要求医生选择恰当的心理治疗理论，提示患者的内心世界，找出问题的症结，并灵活运用不同的心理治疗方法，最终消除或减轻患者的痛苦。

②集体心理治疗指治疗者将患有同类疾病的多人（一般为7～12人）编为小组，用讲课、讲座或示范形式进行心理治疗。其目的是为那些有共同问题的患者提供有目的、有组织、有计划的指导及交往场所。

③家庭心理治疗指医生根据患者与其家庭成员之间的关系，以解决家庭问题为主要目标的家庭会谈方式。一个人的心理问题，常与不良的家庭环境或紧张的家庭关系有关。家庭治疗在治疗患者本人的同时，还注意影响、改善家庭成员的相互关系，以达到治疗目的。

④社会治疗的特点是将指导观念和着眼点放在所处的整个社会，因为患者作为社会人，他的心身健康一定受到他所处社会的政治、文化、经济以及发展速度等的影响。社会治疗不但要对个体进行指导、帮助，使他们具有适应社会的能力，同时，还要对社会支持系统进行研究。它一方面可以提出一些建设性的意见；另一方面可编制一些预测量表供有关部门使用，使各部门的社会成员都能得到及时的预防性的治疗。

三、几种心理治疗的理论和方法

（一）精神支持疗法

精神支持疗法又称支持性心理治疗，是临床应用广泛且简便的方法。该治疗者通过患者的陈述，在了解疾病的起因和演变后，给予同情、关怀、疏导、解释、安慰，帮助患者面对严重的心理创伤；并提供鼓励、保证、指导等心理支持，提高患者的认识水平，消除对疾病的疑虑、恐惧，改善心境，提高信心，稳定情绪，重新恢复心理生理平衡。

精神支持疗法适用于适应性心理障碍、人际关系紧张、癔症、焦虑症、抑郁症、强迫症、恐怖症、性心理障碍和各种心身疾病。

（二）精神分析疗法

精神分析学派认为，疾病是潜意识压抑的结果。精神分析治疗通过自由联想、梦的阐释等，探索患者被压抑、被遗忘的幼年创伤性经历，帮助患者彻底领悟，启发其重新认识这些经历，使其潜意识的冲突获得释放，人格也更为健全完善。

精神分析疗法适用于癔症、强迫症、恐怖症、抑郁症和心身疾病等。

（三）行为疗法

行为疗法亦称行为治疗，是根据学习心理学理论，对个体进行反复训练，达到矫正不良行为的一种心理治疗。其主要理论是巴甫洛夫的经典条件反射学说和斯金纳的操作条件反射学说。行为治疗学家认为，不良行为是通过学习或条件反射形成的不良习惯。因此，可以通过设计某些特殊的治疗程序和"学习"方法，消除或纠正患者的异常行为和生理功能，以形成某些合理行为。常用行为治疗技术包括系统脱敏疗法、厌恶疗法、冲击（暴露）疗法、生物反馈疗法、示范疗法、消退疗法等。

行为治疗适用于治疗各种神经症、药物依赖、慢性精神分裂症和精神发育迟滞。

（四）认知领悟疗法

认知领悟疗法是心理治疗专家钟友彬根据心理动力学疗法的原理，结合中国社会的具体情况和人们的生活习俗设计的心理治疗方法。它指患者在医生的直接启发和指导下，改变认知，领悟到自己的病态感情和行为中幼年、儿童期留下的痕迹，与其实际年龄、身份不相称，是成人不应再保持的幼年心理行为模式，从而消除或减轻症状，达到治疗目的。因此，认知领悟疗法是患者在医生指导下的自我心理成长教育，是对幼稚心理的改造。

认知领悟用于治疗露阴癖、窥阴癖、恋物癖等性变态及强迫症和恐怖症。

第四章 职业与健康

第一节 劳动者心身健康的重要性

一、身体素质与职业劳动的关系

身体素质是心理素质的物质基础。列宁的夫人、苏联教育家克鲁普斯卡娅说过："我们是唯物主义者，因此知道身体上的东西和心理上的东西是不可分割的，如果用老话来说，就是只有健康的身体才能产生健全的精神。"从业者的身体素质与职业道德素质、职业职能素质、职业审美素质、职业劳动素质密切相关，它们互相渗透、互相促进。

第一，身体素质是个人全面发展所必须具备的条件。1917年4月，毛泽东同志在《新青年》第3卷第2号上发表《体育之研究》，强调"体者，载知识之车寓道德之舍""体强壮而后学问道德之进修勇而收效远""德智皆寄于体，无体是无德智也"。他认为"体育之效"，在于"强筋骨"，进而"增知识""调感情""强意志"，"勤体育……身心可以并完。"

第二，身体素质是从事职业劳动所必须具备的条件。特别是现代社会，工作效率高，生活节奏快，对从业者的身体素质要求越来越高。在人才市场和劳务市场进行双向选择时，身体素质已成为职业选人和人选职业的重要依据。人的身体素质大体可分四种类型：第一种，健康状况良好，体力强；第二种，健康状况良好，体力弱；第三种，健康状况不良，体力较好；第四种，健康状况不良，体力也弱。第一种身体素质，择业范围广；第四种身体素质，择业范围较窄；第二种身体素质不适合从事体力劳动；第三种身体素质要防止超负荷工作。

第三，不同的职业对从业者的身体素质、形态(身高、体重、胸围)和机能(肺活量和身体其他部分的机能)有不同的要求，个人在择业时要自我估量，量力而行。特别是有生理缺陷者要避免一些特定的职业，以免就业后失职。如眼视力任何一眼低于1.2者要避开车船驾驶、测绘、装潢之类的职业；裸眼视力任何一眼低于0.4者要避开金工、纺织、电信、仪表之类的职业和建筑安装中的高空作业；

色弱甚至色盲者要避开美工、刺绣、烹饪、彩色印刷、彩电维修、车船驾驶、自动控制等职业；听觉失灵者要避开话务员、接待员、导游、教师、医师、律师等职业和高空、井下、野外作业；嗅觉失灵者要避开制药、化工、焊接、食品加工和烹饪等职业。

第四，国民的身体素质是国家强盛所必须具备的条件。一个国家的劳动力资源量是数量和质量的统一，质量主要表现在国民的身体素质和智力水平两个方面。以前，我国国民的身体素质很差，被称为"东亚病夫"，有过很长一段被歧视、被欺侮的历史。徐特立曾语重心长地说："一个人的身体，决不是个人的，要把他看作是社会的宝贵财富。凡是有志为社会出力，为国家成大事的青年，一定要十分珍视自己的身体健康。而这必须从年轻时期就打好基础，随时随地去锻炼身体。"1951 年，毛泽东同志针对当时我国学生体质不强的情况，作出了"健康第一"的指示，后来又向全国青年发出了"身体好、学习好、工作好"的号召。随着群众体育活动和爱国卫生运动的开展，以及人民生活的改善，现在国民的平均身体强健程度已显著提高。1993 年 11 月 12 日《华商时报》报道：中国社会科学研究院社会科学研究所一个课题组的调查显示，"在全世界 119 个国家中，我国人口素质居第 56 位，属中等偏上水平。死亡率居第 54 位，与中等国家持平。人均预期寿命 70 岁，高于中等收入国家"。一批批青少年在奥林匹克运动会和其他国际体育竞赛中，不断地夺取了一块块金牌，刷新了一项项世界纪录，为祖国赢得了荣誉，为中华民族洗脱了"东亚病夫"的耻辱。国民身体素质的提高，还为劳动力资源的开发利用、各行各业的兴旺发达、综合国力的不断增强创造了条件。

此外，个人的身体素质也是家庭幸福所必须具备的条件。一个人患重病，全家不安心；长辈有遗传病，往往祸及子孙。1994 年第 2 期《视点》杂志专文披露：目前全国残疾人约 5200 万人，有残疾人的家庭占全国家庭总数的 18.1%；遗传病患者 2200 多万人，每年有近 35 万生理存在缺陷的婴儿出生，他们今后的入学问题和就业问题将成为家庭的包袱。

现代职业中的脑力劳动越来越多于体力劳动。脑力劳动相对于体力劳动而言，具有三大特性：一是复杂性，需要及时更新知识结构，进行技术攻关，解决复杂问题；二是延续性，要继承和发展前人的经验，既有显性劳动，又有隐性劳动，持续时间不受 8 小时工作时间的限制，不受工作岗位的限制；三是相对独立性，主要以分散的形式、通过个人的大脑独立劳动而作出独特贡献，要靠个人的自觉性和独创性才能取得劳动成果。因此，脑力劳动对身体素质的要求更高。身体素质高的人精力充沛，情绪饱满，既能够朝气蓬勃地从事创造性的职业劳动，艰苦创业，建功立业；又能够优生优育，给家庭带来欢乐，给子孙带来幸福。即使在工作或生活中遇到困难，甚至遇到风险，他们也能出大力、流大汗、吃大苦、耐大劳，化难为易，化险为夷。正如斯宾塞所言："精力充沛和它带来的饱满情绪，既然比任何其他事情在幸福中都占更重要的地位，因此教人保持身体健康和情绪饱满就比什么都重要。""长期的身体毛病使最光明的前途蒙上阴暗，而强健的活力使不幸的遭遇也能放金光。"

二、心理素质与职业劳动的关系

心理素质是人的素质结构的核心。心理学的研究表明：人的心理是客观世界的主观印象，是人脑对客观世界的能动反映，客观世界是心理的对象，是人的心理活动内容的源泉。归根结底，在社会实践中产生和发展的职业劳动条件和其他社会生活条件制约着人的心理，人的心理也对职业劳动条件和其他社会生活实践起支配和调节作用。

不同的职业对从业者有不同的心理素质要求，排除了职业群体中每个从业人员的个性差异。如汽车司机在驾驶汽车时需要准确、清晰的感、知觉，注意力集中并能合理分配，动作反应灵敏，能使智力技能与动作技能紧密配合；要对路况观察仔细，记忆力强；在驾驶过程中，要能迅速排除机械故障，临危不乱，处变不惊。这些就是对汽车司机这种职业的心理素质的主要要求，排除了每个司机的不同个性。凡是有志于担任汽车司机的人，就要养成这些心理素质，若心理素质不良就难以适应从业的需要，甚至出事故。美国约翰·霍普金斯大学心理学教授、职业指导专家霍兰应用和发展了瑞士心理学家荣格的"心理类型论"，将职业划分为六大类型，归纳了每类职业对从业者的心理素质的要求，指导求业者选择与自身心理素质相应的职业（称之为"协调"）或者相近的职业（称之为"次协调"），避开与自身心理素质相斥的职业（称之为"不协调"），构建了"人格与职业群匹配"的职业指导模式，成为许多国家在职业选人和人选职业时的依据。据此看来，从业者心理素质十分重要。

在市场经济条件下，从业者之间的竞争日趋激烈，既是思想素质的竞争，又要求从业者有较强的事业心、责任心、进取心、自尊心、自信心等。1989 年 11 月 27 日，联合国教科文组织在北京召开了"面向 21 世纪教育"国际研讨会，据澳大利亚未来委员会主席埃利雅德博士介绍：一位叫柯林·博尔的学者在向经济合作与发展组织提交的论文中指出，未来的人都应掌握三本"教育护照"，第一本是学术性的，第二本是职业性的，"第三本护照"是创业性的。第三本护照可以证明一个人的事业心和开拓能力。博尔对持有"第三本护照"的人作了如下描述：对于变化持积极的、灵活的和适应的态度，视变化为正常、为机会，而不视其为问题，一个如此对待变化的、具有事业心和开拓能力的人，具有一种来自自信的安全感，处理危险、冒险、难题和未知，从容自如，这样的人具有提出新的创造性思想、发展这些思想并坚定不移地使之付诸实际的能力；这样的人有能力并勇于负责，善于交流、谈判、施加影响、规划和组织。他是积极而不是消极的，有信心而不是朝三暮四，有主意而不是依赖着他人。他把心理素质的培养提高到与学术水平、职业技能同等重要的位置，并明确提出心理素质应当包括的内涵，反映了经济、科技发展和产业结构、劳动市场的急剧变化对人才素质的必然要求。"学会生存"和"学会关心"都需要这种素质，无论发达国家还是发展中国家都需要加强这种素质的培养。

第二节 职业与心理健康

绝大多数成年人把睡眠以外的大部分时间都用于工作，因此，工作对于一个人的心身健康起着重要的作用。

一、工作的意义

人们去工作，从客观上来看是为了维持社会系统运转而从事一项活动，从主观上来看不外乎为了满足物质和心理需要。物质需要包括为维持生计所不可缺少的衣、食、住、行等基本需要，心理需要则包括除了温饱外的一些更高层次的需要，如维护和充实自我、体现自身的价值、实现某种理想等。大部分人去工作都是为了同时满足这双重的需要。在经济发达社会中，维持生计常常不过是工作的一个附带(尽管是必不可少的)目的，更重要的往往是为了满足个体心理上的需要。

每一个人都希望能维护自身的尊严，能被他人和社会接受、赞赏和尊重。追求出类拔萃已成为人类的基本心理需要之一。在现代人看来，高成就不仅是提高个人地位的基础，而且是自尊心的核心，因此对许多人而言，工作就成了改善人的地位和自尊的最重要的途径。职业都将它的挑战和奖赏提供给高成就者，如果一个人在日常工作中受到挑战和奖赏，他会感到自己是幸运的，他的职业选择是明智的，并会继续以极大的热情和创造性去完成他的工作；如果一个人在工作中不能获得成就，不能得到奖赏，他会感到精神压抑，希望更换职业，以期充满活力地生活。研究显示从事能够带来乐趣、激奋和尊严的工作有利于人的长寿；而长时间不得不从事毫无乐趣、使人厌倦的工作则很容易导致人的身体和心理出现疾患。

二、职业的选择

择业是整个人生历程中一个至关重要的选择。对一名大学生而言，当受到各种因素的限制(如父母的意愿、所学的专业、身体的条件等)而可供选择的机会不多时，面临的主要问题就是职业上的适应。当选择的余地很大时，则需要考虑影响自己作出选择的众多因素，并充分利用科学所能提供的一切帮助来完成这个抉择。可能影响大学生择业的常见因素有以下几种。

（一）兴趣

对多数大学生来说，对某种职业是否感兴趣往往是择业的一个重要条件。一般说来，只有对自己从事的职业有浓厚的兴趣，才会迷恋其中，发挥自己在这方面的才能，才会具备克服困难的决心和毅力，去努力做出成就，并从中获得满足。但是如果把兴趣作为择业的首要条件，也可能失之偏颇，因为在并不复杂的生活经历中做过的事情不会很多，而人对于自己没有做过的事情并不能准确地判断自己是否对其感兴趣。只要你善于从所从事的工作中找到乐趣，那么就不难获得成功。

（二）能力

它包括智力和一些特殊的能力。一些学术性、技术性强的工作需要较高的智力；一些比较特殊的职业需要一些特殊的能力。如建筑师要有较强的认知能力，会计师要有较强的算数能力；指头灵敏度不强的人不宜做牙科医生，颜色辨别能力较差的人不宜做工艺美术、服装设计等工作。如果选择的职业与你的能力相匹配，那么在日后的工作中就不会有太大的压力，也比较容易出成绩；如果你所选择的职业与你的能力不相匹配，即使再感兴趣也难取得突出的成就。

（三）人格特征

有些职业对心理健康状况的要求比较高，如心理工作者、社会工作者、精神科医生等。有些职业需要特定的气质和性格，如管理人员需要独立性、果断性、支配性较强；外交人员要兴奋性偏低、沉着、反应快；飞行员要灵活性大、耐受性强、勇敢、沉着等。一个人的心理状况与他的成长背景、人格背景有密切的关系，而气质、性格方面的特征又是相当稳定的，人不可能随心所欲地按照客观环境的需要去改变它们。因此，如果在择业的时候忽略了这方面的条件，所选的职业与你的人格特征不相匹配，就将给你的职业适应带来极大的困难。

（四）价值观

每种职业都有其社会价值、经济价值和心理价值，职业的社会价值常随社会环境的发展而改变，职业的经济价值常用收入水平及一些潜在的经济利益来衡量，职业的心理价值则因人而异。职业的这几种价值在每个人心中的权重是不一样的。有人注重职业的社会价值，宁可放弃外资企业中的高薪职位而去做政府公务员；有人只注重职业的经济价值，只要高收入，其他都不重要；有人则更注重职业的心理价值，如某人选择医生这个职业可能仅仅因为它是一个救死扶伤的崇高职业。

在择业过程中，若希望这三种价值都满意，恐怕很困难，我们必须有所取舍。

（五）工作环境

它包括工作场所的条件和有无升职的机会。工作场所的条件已逐渐成为都市人择业的一个重要因素。如大公司的办公室文员，工作内容单调、枯燥，收入水平一般，但工作场所清洁、舒适，因此被许多学文科的女大学生看好；而航海、地质等野外作业的职业则少有人问津。另外，不管是从事技术性工作，还是行政、管理性工作，大家都希望有升职的机会，如获知升职的可能性不大，这个职业就对许多大学生失去了吸引力。

（六）所学专业

在我国过去的大学生就业制度中，所学的专业与从事的职业有直接的关系。随着市场经济的发展，用人单位更加注重人的综合能力，而不再仅仅考虑专业是否对口，跨专业、跨行业就业已不再是新鲜事。

（七）职业信息

随着计算机技术应用的日益广泛，人们在传播和获取信息方面也越来越方便、快捷。在择业过程中，充分了解就业市场供需情况的总体信息和具体职位的分布情况将为大学生自身作出合适的选择提供帮助。

职业的选择是每个人自己的特权，不少大学生在面临择业时会感到茫然、混乱，还会有一种不安全感。择业是大学生面临的一次挑战和必须要做出的决策，出现不安全感是正常的心理反应，重要的是如何解除不安全感。

如果他避免作出任何努力而运用种种心理防御机制来解除不安全感（如对自己说："别着急，车到山前必有路。"），那么这是不健康的做法。如果他求助于他的师长、朋友，让他们来为他作出决定，也就是将解决问题的责任推给他人，那么他是不成熟的，这种解决方式称依赖安全感。如果他就择业问题请教了师长、朋友后再作出了自己的选择，并担负起责任，便表现了独立安全感，这是对人的成长最有帮助的方式。

心理学家认为，一次职业选择可以在任何一种建设性的基础上作出，一旦作出决定，就要虔诚地追求它，无论遇到困难还是感到满足，都应当成分内之事来接受。也就是要坚持把自身的存在和生命的责任感与这一决定的后果联系起来，那么在生活的职业领域中就实现了独立安全感，那么这个决定就是健康的。

三、职业的改变

有意义的工作对人的躯体和心理健康至关重要。常可看到一个人从毕生从事的职业中退休后很快就退化、消沉，甚至死亡。另外，有研究表明，对工作不满和感到压抑的人更容易患心脏疾病、消化道溃疡及其他疾病。

一个人一旦对他的工作失去乐趣，感到厌倦，这项工作对他也就失去了意义，转而成为一种束缚和一种负担。长此以往，他必然发生心理上的危机。此时，更换工作可能是一种最好的选择。心理学家认为对职业的选择并不一定是毕生都要坚持的，只要变动是负责任的，就是有益的。

职业的改变是又一次职业的选择，第二次选择与第一次会有很大的不同，会遇到一些很难逾越的障碍。最常见的障碍是来自于自身的惰性、畏惧以及来自他人的期望。

（一）惰性与畏惧

一个人尽管对自己的工作十分不满，也可能还是会继续干下去，因为他懒得变动、害怕变动。他习惯并熟悉于目前这种环境。如果要重找职业，就将面临许多未知的挑战和困境，这会使他感到畏惧。他还可能害怕更换了工作后，情况不会比现在更好。

（二）他人的期望

一个人常会因为家庭中其他成员的阻拦而放弃或改变工作。未婚时是父母的阻拦，婚后则是配偶的阻拦最具约束力。他们会说："放弃这份工作太傻了，有那么多人羡慕你"；或是"你这份工作挣的钱不少，换个工作未必就称心"等。家人们的愿望是美好的，因为人们常常期望一个人继续像过去他们所了解的那样，这种期望常使一个人继续留在令他感到失望的工作中。

更换工作往往比第一次选择职业需要更多的勇气，因为不仅要面对职业的选择，还要面对自身的畏惧和旁人的不满。

第三节　大学生职业心理的自我调适

一、劳动就业与心理健康

度过四年的大学生活，大学生又面临着一个新的重大抉择——求职择业。在谨慎的权衡中，大学生不可避免地接受着各种矛盾的冲击和考验，如何帮助大学生做好择业前的准备，找到适合自己的工作，同样是心理健康教育的重要内容。

（一）大学生择业过程中的心理问题

大学生的职业选择会受到时代、家庭、个性特征等多方面的影响。但总的来说，工作环境舒适、具有较高的社会地位、能发挥个人特长是大学生们共同的希望。大学生择业中遇到的问题大都也由此引起。从个人主观条件上看，有择业理想和个人能力间的矛盾而造成的困惑、焦虑，激烈竞争和缺乏自信的矛盾而造成的自卑、对竞争对手的嫉妒猜疑。从客观条件上看，有户口问题、当年的就业政策等造成的择业挫折所带来的烦恼等。

职业是人生命的重要组成部分，它决定着一个人的收入、生活水平、社会地位、个人的价值和生活的满足愉快程度。而一个人在事业上成功与否、满足与否，关键在于是否能在所选择的工作中发展和实现自我，享受其选定的生活方式。我们对大学毕业生进行职业辅导，正是帮助他们调整个人的择业心态，引导他们选择适合自己的工作，让他们将来在社会中扮演积极、有意义的角色的同时，使个人的潜能得以发展，拥有一个充实而满足的人生。

（二）建立健康就业心理的策略

1．了解自我

了解自我从职业辅导的角度看，就是帮助大学生了解自己的身体和心理特点。身体方面主要包括对自己身体素质的认识；心理方面则包括对自己的智力、特殊能力、兴趣、态度、理想、价值观的认识。自我了解是职业自我概念形成的基础，也是职业选择的重要依据。辅导教师可以充分运用各种有效的心理测验工具帮助学生了解自我，比如，现在广泛应用的《霍兰德职业偏爱测验量表》《职业能力倾向的自我测定》《气质调查表》《田崎仁性格测验量表》等。

2．了解职业世界

个人对职业的态度乃至职业抉择主要是建立在对职业认识的基础之上的。对职业世界的了解包括宏观和微观两方面：宏观方面是对当年就业基本情况的了解，包括国家的就业政策、劳动力市场的供求状况等；微观方面是对可从事职业的性质、任职资格、报酬、优缺点的认识。了解职业世界，可以通过参观、实习、参加人才招聘会等方式来进行。

3．发展健全的职业自我概念

职业自我概念的发展源于个人对自我的认识以及对工作的认识，并在此基础上形成个人职业态度、劳动态度、职业责任感、职业理想以及职业道德观念和职业价值观。个体一旦发展了健全的职业自我概念，就会根据个人自身的身体和心理特点、个人的能力及职业自我概念作出选择。它既是个人职业成熟的标志，也是职业成功与生活满意的必要条件之一。因此，对大学生进行职业辅导，应当把发展大学生健全的职业自我概念作为指导的目标。

4．掌握求职技巧

求职中的面试，是走向成功择业的关键一步。因此掌握面试技巧是非常必要的。它主要包括：①学会流畅地表达自己。得体的自我表达既能充分表达自己的真才实学，又能让人乐于了解、欣赏并最终接受自己。所以，对大学生进行言语表达训练，提高大学生的言语交流能力是十分必要的。②消除面试紧张。面试中，大学生不免会有些紧张局促，但过于紧张就会影响水平的正常发挥。所以我们要教育大学生以平常的心态对待面试，不要把成败看得太重。同时可将与面试者交谈看成与一个普通老师交谈，这样就会削弱紧张感。③学会面试礼仪，如着装、倾听、应答等。

5．树立求职的自信心

自信心是个性成熟的标志，也是影响求职成败的主要心理品质。如果你认为自己是最优秀的，这种感觉就会从你的表现中自然地流露出来，并传达给对方，从而让对方感受到你的价值。当然,自信还必须有个人的知识能力做后盾。

6. 正确处理择业中的挫折

择业求职往往不是一帆风顺的。由于主、客观原因,大学生们总会遇到一些挫折,如性别歧视、面试表现不佳等。遇到挫折,如果丧失信心,也就失去了开始新生活的勇气。所以,在挫折面前,首先要放下心理包袱,仔细寻找失败的原因,分析自己的优势和劣势,调整好个人目标和心态,充满信心地争取新的机会。

总之,如果在善于发挥个人优势的领域内求职,就一定能在社会需要中找到自己的位置。

二、职业心理的自我调适

大学生毕业就业后,现实的工作单位与原定的择业目标可能不太一致,这种在需要和动机不能得到满足或者不能全部得到满足时产生的情绪反应,在心理学中被称为心理挫折。遭受心理挫折后的行为表现有两种不同的类型:一种类型是攻击(产生怨恨情绪,进而攻击他人,把不满发泄到他人头上)、冷漠(压抑不满情绪,整天闷闷不乐,对周围的人和事显得冷若冰霜,漠不关心)、倒退(失去前进的信心,"破罐子破摔""死老鼠让猫拖");另一种类型是调整(调整原来的需要和动机)、适应(适应现实的就业单位)、升华(认识到择业目标不等于人生目标,在现单位作出大贡献同样能实现职业理想)。前一种类型对挫折缺乏心理承受力,产生消极情绪;后一种类型对挫折有容忍力,产生积极情绪。心理学研究表明,人对挫折的容忍力受遗传因素和生理条件的影响,如胆汁质、多血质、黏液质的人比抑郁质的人耐挫折的能力强些,身强力壮的人比体弱多病的人耐挫折的能力强些,但主要还是受个人过去经受挫折的实践以及对挫折的认知和判断的影响。当现实的工作单位与原定的择业目标不一致时,应该克服晕轮心理和第一印象的负效应。晕轮心理使原定择业目标非常完美,对现实的工作单位求全责备,仅凭上岗后的第一印象作判断。第一印象只能作为考察一个单位的部分印象而不能作为全部印象,只能作为开始的了解而不能作为最终的评价,克服晕轮心理和第一印象的负效应,能增强耐挫折的能力,把消极的心态转化为积极的心态。

经过就业初期的心理调适,大学生由适应期进入稳定期,但这种稳定是相对的、暂时的,不久又会进入分化期:一部分人在原来的单位从业,一部分人却改换单位或改行换业,这在社会学中称为职业流动。在职业流动的人中,不少职业能手,绝不是与现在的职业不适应,而是现在的职业或单位不能满足新的需要和新的动机。一般来说,过多的职业能手流动,对企、事业单位是不利的;就流动者个人而言,能够留在原行业,驾轻就熟地工作,于公于私,都有益无害。这就必须在从业过程中,针对心态变化,进行心理疏导,避免陷入心理误区。心理疏导是群体和个体的共同任务，下面侧重讲五种心理的自我疏导。

（一）补偿心理的疏导

由于种种原因，现实的职业与个人的兴趣不太吻合，或者不能充分发挥自己的才智，或者职业收入难以维持日益增加的家庭生活支出，需要通过业余劳动来补偿。如果通过业余劳动，满足了精神生活和物质生活的新需要，人们就会心安理得，不想改行换业。这里讲的业余劳动，常见的有兼职和第二职业，关键在于处理好主导动机与其他动机、中心兴趣与一般兴趣的关系，保持并加深对本职工作的情感，摆正它与兼职、第二职业的主次位置，否则就会弄得自身筋疲力尽，影响第一职业，受到不务正业的指责，甚至严重失职。

（二）饱和心理的疏导

按照某种固定程式，反复进行内容相同、形式相近的工作，久而久之，人们便会觉得单调、乏味、无聊、寂寞，好像吃油腻食物一样，有一种饱和感。这种情绪体验积累到一定程度，劳动效率就会下降，甚至不想干了，心理学家称之为饱和心理。饱和心理是一种受个体主观因素和工作客观因素交互作用的影响而产生的复杂心理现象。主观因素是劳动者不同的劳动态度和不同的劳动动机产生对劳动进展的不同体验：以主动积极的态度从事职业劳动、动机水平高的人，对劳动的进展体验深，心情舒畅，抑制了饱和心理；以被动消极态度从事职业劳动、动机水平低的人，缺乏明确的目标，或缺乏向目标前进的体验，感到一事无成，导致饱和心理。客观原因是劳动内容和形式单调重复，缺乏创造性，因此，只有端正劳动态度，提高动机水平，才能防止饱和心理的产生。

（三）进取心理的疏导

进取心理是人不断进步、不断取得新成就的内驱力，是十分可贵的，但也可能使人走入心理误区。对进取心理的自我疏导，重点在于合理地确定进取目标的质与量。正确处理国家、集体和个人三者关系的目标是社会性目标，与自私自利的目标有质的差异，人们常说自私自利是蜕化变质的差异，年轻人要有远大的目标，但要防止好高骛远，急于求成，应采取"大目标，小步子"的方法，脚踏实地，循序渐进，不断进取。

（四）嫉妒心理的疏导

嫉妒心理是一种不良的情绪体验，是对别人的品德、才能、名誉、地位、收入等一方面或许多方面超过自己而产生的怨恨、烦恼、愤怒等消极情绪。由于嫉妒的是别人的长处，往往难以直言，于是搜集或制造别人的隐私或"秘闻"，散布流言蜚语，对别人进行人身攻击，当自己没有达到目的，且卑劣的手段被人揭穿时，更容易产生毁灭性灾难。彻底克服嫉妒心理，需要自觉地提高政治思想觉悟，增强法制观念，加强道德修养，端正竞争态度，处理好竞争与协作的关系。竞争的着眼点在于如何使自己做得更好，而不是使别人失败。既要看到自己在某些方面不如人，又要看到自己在某些方面胜过人，这样才能保持心理平稳，取人之长，补己之短，在加强交往的过程中加深感情，彻底克服嫉妒心理。

（五）逆反心理的疏导

这是在特定情境下产生的与认知信息相矛盾并与常态相反的情绪体验和行为意向，其实质上是一种特殊的反对态度，是主客体交互作用的产物，主体的独立意识过强，过分强调自我，受好奇心驱使，偏激、片面地看问题，是产生逆反心理的内部原因。客体硬性灌输的"填鸭式"，限制过多的"管制式"，包办代替的"保姆式"，照本宣科的"教条式"等领导管理方法，违背主体的认识规律，是产生逆反心理的外部原因。一般说来，倔强的人容易产生逆反心理，但在特殊情况下，顺从的人也有逆反的时候，只要这种逆反是合乎情理的，就没有大问题。但是，经常性的逆反心理会养成一种不良习惯，使自己与单位领导、同事难以相处。要分析逆反心理的要素：认知是基础，其规定了逆反的对象；情感是动力，是对逆反对象的内心体验；意向是反应趋向，是逆反心理的行为表现和最终结果。因此，要防止逆反性格化，就要和观点不同的人及时交谈，求同存异，防止认知差异演变成情绪对立。

第四节　职业劳动自我保健

生产劳动是人类活动的重要组成部分。不同的劳动场所、内容、条件、环境，构成不同的职业。安全舒适的劳动环境、良好的作业条件、和谐的人际关系、适应了的工作，可以充分发挥自己聪明才智，有利于心身健康；反之，将损害心身健康。据国际劳工组织统计，全世界每年死于工伤事故和职业病危害的人约为110万，其中25%为职业病引起死亡，主要原因是人的不安全行为。作为高等院校的大学生，必须了解有关职业劳动的卫生安全知识，提高自身的防护意识和能力。

一、消除职业性有害因素，预防职业病

（一）职业性有害因素

生产劳动过程中将劳动者健康和能力可能产生有害作用的因素统称为职业性有害因素，一般包括以下三个方面：

①生产工艺过程中的有害因素，可以分为：化学性因素，如铅、苯、汞、一氧化碳、有机磷农药、粉尘等；物理性因素，如高温、高湿、噪声、振动、紫外线、红外线、激光、X线等；生物性因素，如霉菌、皮革细菌等。

②劳动过程中的有害因素，如劳动强度过大、时间过长、心理紧张、视力紧张、长时间被迫处于某一工作体位、组织不科学、作息不合理等。

③生产环境的有害因素，如太阳辐射、有毒和非毒物没有隔开、厂房布局不合理等。

职业性有害因素对人体健康产生的不良影响，主要取决于职业性有害因素的强度和接触时间长短。当作用强度和时间超过一定限度，人体就会出现相应功能或器质性病理状态，出现相应临床症状，即职业病；此外还可能降低身体抵抗力，主要表现为一般疾病增多。

（二）预防

预防职业病要做到如下几点：

①遵守操作规程，正确选择和使用个人防护用品。

②定期进行健康检查，早期发现疾病，及时治疗。

③定期对作业场所进行卫生安全监测，对不合乎要求的要立刻整改，消除隐患。

④一切生产性基本建设设备、工艺流程都应严格执行劳动保护要求。

二、消除职业精神紧张，预防心身疾病

精神紧张可引起多种心身疾病，如高血压、冠心病、溃疡病、糖尿病、月经不调等。

（一）引起精神紧张的因素

引起精神紧张的因素有：

①长期从事简单重复作业。如司机、流水线工人的工作。

②长期从事与社会、家庭隔离的工作。如海员、地质工作者的工作。

③上班时间经常变动或三班倒。如司机、护士的工作。

④精神必须高度集中的工作。如视频监控人员，屏面的反光、闪烁，长时间注视屏幕和键盘操作，很容易造成视觉疲劳，主要表现眼酸、眼胀痛、视力模糊、流泪发痒等。

⑤工作繁忙，精神压力大的工作。如企业管理者的工作。

⑥其他。如不良人际关系、职业变化等。

（二）预防

预防心身疾病要做到如下几点：

①摆正位置，充分认识自己的价值，建立和谐的人际关系。

②发现心身疾病及早诊治。

③学会先进管理方法，合理组织生产劳动，正确处理各种关系。

三、改变不良作业方式，防治工作致病

（一）引起不良作业方式的因素

引起不良作业方式的因素有：

①长期站立的工作。如售货员、理发师、外科医生等由于重力作用，可引起下肢静脉曲张、内脏下垂等。

②视力紧张的作业。如视频监控作业，可引起视觉疲劳及颈、肩、腕综合征。

③手动作业。如打字，可引起手指或腕关节损伤。

④强迫体位作业。如缝纫，可引起腰背肌损伤。

⑤局部振动作业。如使用电钻、齿岩机等的工作，可引起四肢关节局部损伤。

（二）预防

主要预防措施有：

①采取正确的作业方式。如视频监控人员距屏幕应 50 厘米，桌椅高度要适合身材，光线 500 勒克斯。

②坚持做工间操，经常做一些与固定劳动姿势相反的身体练习。

③合理安排劳动或工作时间。如视频监控人员工作 1～2 小时应休息 5～10 分钟。

四、遵守安全操作规程，加强个人防护

（一）遵守安全操作规程

安全操作规程在集体化、机械化、自动化生产过程中十分重要，是提高劳动生产率、保证产品质量、保证安全生产的重要措施。它可以减少有害因素，保护心身健康。因此，不同劳动职业者必须自觉遵守安全规程。作为高等院校的学生，必须懂得遵守安全规程的重要性和必要性，以便在今后的工作中自觉遵守。

（二）加强个人防护

化学毒物主要通过呼吸道、皮肤和消化道三种途径进入人体，危害人体健康，因此，要从以下几个方面加强个人防护：

①不能在有尘、有毒的危险场所吃、喝。

②不能在工作场所吸烟，严防火灾，注意水、电、煤气的安全。

③下班后要洗手、洗脸或洗澡，这对金融从业人员、售票员、有毒场所工作人员更为重要。

④正确选择和使用防护用品。所谓防护用品是指劳动者在生产过程中为确保人身安全与健康所必备的一种防御性装备，如：接触辐射、有毒物工作者应穿防护工作服和戴手套；接触有毒气体、粉尘工作者，应戴防毒口罩、防毒面具或防

尘口罩;从事有红外线、紫外线、激光、微波工作者,应戴防护眼镜;从事有噪声作业者,应戴护耳器。

要选择符合卫生要求的防护产品,不能错用或将就使用,特别是不能以过滤式呼吸防护器(将空气中有害物质予以过滤、净化)代替隔离式呼吸防护器(本类呼吸防护器的供气不是使用过滤干净的空气,而是依靠呼吸防护器本身的供气或由现场外输入新鲜空气)。前者一般适用于空气中有害物质浓度不高且空气中氧的含量不少于18%的情况;而后者适用于缺氧或毒气浓度过高的场所。防护用品要经常清洗、消毒,妥善保管,定期更换。

第五节　常见现代职业病的预防

一、办公楼综合征

(一)症状及病因

办公楼综合征是工作在全封闭、装有中央空调的现代化办公大楼内的人所患有的一组病症。实际上,所有的大楼都或多或少存在着空气质量的问题,以及温度的平衡、光照、通风状况和清洁程度等问题。建筑物通风系统中感染了有害微生物,可能是导致办公楼综合征的一个重要原因。白天,人们平均有90%以上的时间呆在室内,而且往往是通风不太好的建筑内。

一旦办公室空气中散发有某种东西,就极有可能使职员感染,如果是女性,那这种可能性就是双倍的。由于妇女体内的脂肪含量较高,对温暖舒适度和温度变化更为敏感;环境中的化学物也更容易刺激妇女的眼睛,使之燥热流泪;此外妇女对气味也特别敏感,种种因素都无形中增加了妇女的患病风险。

办公楼综合征的症状是众所周知的:头痛、恶心、疲劳、鼻腔堵塞、目赤喉燥、胸闷气短,还伴有呼吸紊乱和咳嗽气喘。换句话说,它常常类似于办公室内空气短缺所引起的迹象或其他如过敏、流感等病症。

(二)预防措施

要预防办公楼综合征,许多时候取决于是否情愿花钱做环保检查。实际上,所有的大楼都或多或少存在着空气质量的问题,以及温度的平衡、光照、通风状况和清洁程度等问题。通常环保人员可根据以下步骤,防患于未然,杜绝办公楼综合征的肆虐。

第一步,室内空气质量调查。这可以通过与职员交谈来获取有关资料。如收集个人病史、了解过敏情况和症状,询问其有否瘙痒,喉部有无炎症,眼睛有没有不适感,以及对气味是否特殊敏感。

第二步,前期调查。巡察办公场所周边,查找可能存在的污染源。室内则应检查储水箱，潮湿的墙壁和家具，通风、暖气装置，空调系统，观赏植物，甚至职员本人是否使用刺鼻的香水、香皂、除臭剂或喷发胶等。必要时细心观察比邻的建筑物的垃圾清理系统，寻根查源。然后进行评估、现场采样。评估指标包括二氧化碳和一氧化碳含量、温度以及相关湿度指数。二氧化碳过高意味着工作场所需要新鲜空气；而一氧化碳含量则能指示进气消耗量。干燥的空气会刺激静脉；潮湿的空气会引起毒菌。

环保专家认为，根据 3/4 的病例推测，办公楼综合征的病原乃霉菌、真菌等微生物引起的，也有化学性的，如由地毯、家具、花卉植物或者是抽烟、复印机、清洁剂和杀虫剂等引起的。解决的方法也不难，如排放陈水，换装新的蓄水池，降低温度。但有时也得花费精力和成本，如检修通风系统、换地毯等。

研究发现，在建筑物通风系统内安装紫外线辐照设备，对减轻这些症状可能会有帮助。预防办公楼综合征有一种算不上是最好，却十分管用的方法，那就是经常敞开窗户。

第三步，建立绿色办公室。在发展中国家正大力提倡新型建筑材料之时，美国人则因其环保意识的增强与资源回收再利用技术的提高而出现了返朴归真的趋势。美国国立资源保护委员会总部就利用废旧回收物品的再生材料建造了一个"绿色办公室"。该办公室以节能、保护环境及健康为原则。从外表看，它与普通写字楼并无区别，但它的墙壁其实是由麦秸秆压制并经过高科技加工而成，其坚固性并不次于普通木结构房屋。地板由废玻璃制成，办公桌由废旧报纸与黄豆渣制成。最具特色的是墙外环绕爬山虎等多种藤本或蔓生植物。这件绿衣不仅使办公室显得美丽清爽，而且能调节气温，使室内冬暖夏凉。绿色办公室不仅造价低廉，而且有益心身健康，对于崇尚实用、不讲排场的美国人来说，正可谓得其所哉。

二、慢性疲劳综合征

（一）症状及病因

当今，由于激烈的市场竞争、快节奏的生活方式以及脑力劳动者的紧张工作等因素，在生活和工作当中，"懒人"随处可见。他们有的人是因为没有爱整洁的习惯，因而身边无论多么脏乱都不愿去打理；有些人则抱定"各人自扫门前雪"的信念，得过且过；另外还有一些人，却是因疾病缠身、身体疲乏无力而懒。这三种人的懒都是很正常的。而慢性疲劳综合征并不是"懒"所致。

20 世纪 80 年代以来，西方许多医生发现了一个怪现象：不少人变得越来越懒，自诉有无法通过休息而恢复的疲劳，身体软弱无力，而且会时好时坏。经检查，这些人身体健康，没有任何导致该症状的原发疾病。可是，少数患者却会因疲劳而完全丧失劳动能力，因而是用生性懒惰无法解释的。如果长期疲劳却查不出明确的病因，也许就是患有慢性疲劳综合征。在美国、澳大利亚、英国等地，都曾出现过此病的暴发流行，已成为国际上医学研究的热点之一。据估计，美国每年有 600 万人被怀疑患有这种疾病，澳大利亚慢性疲劳综合征流行时发病率达到了总人口的 0.037%。据世界卫生组织统计，慢性疲劳综合征在许多国家和地区的发病率都在增加，并有流行趋势。1988 年，美国疾病控制中心正式将其命名为"慢性疲劳综合征"。

慢性疲劳综合征的病因和发病机制还不完全清楚，有学者认为其由精神过度紧张，长期疲劳所致；也有认为与病毒，如肠道病毒、逆转录病毒、EB 病毒等感染密切相关，因此在国外文献上将其归类为传染病；有的学者发现慢性疲劳综合征患者的免疫系统存在异常，许多患者都有记忆力减退、注意力不集中、抑郁、焦虑等神经精神症状，因而神经精神因素也是不容忽视的病因。慢性疲劳综合征患者的年龄多为 20～45 岁，女性占多数。发病时酷似感冒，最主要的症状是长期（超过 6 个月）疲劳，卧床休息也无法明显缓解，患者平均活动量比健康时减少一半以上，其他伴发症状包括认知障碍、失眠、头痛、咽喉痛、发热、胸痛、肌肉关节痛、夜间盗汗等。虽然患者自我感觉严重疲劳，不能正常生活，但在医院经过全面系统的体格检查、化验甚至昂贵的影像检查后，往往还是不能找出肯定的病因所在，这也是慢性疲劳综合征的另一个特点。

可能导致长期严重疲劳的疾病种类很多，需要先排除这些疾病才能诊断为慢性疲劳综合征。能引起疲劳感的疾病包括恶性肿瘤、慢性感染、内分泌疾病、药物依赖或成瘾、慢性精神病及其他可以确定病因的疾病。对于长期疲劳的患者，必须进行全面细致的检查，既不要将其他疾病误为慢性疲劳综合征，也不要将真正的慢性疲劳综合征遗漏。

（二）预防措施

主要预防措施有：

①养成有规律的生活习惯，合理安排膳食结构。顺应生物钟的运转规律作息，进食、工作与休息时间相对稳定，食物选择多样化，谷类为主，多吃蔬菜、水果、薯类、豆类及其制品，饮酒限量，饮食与体力活动要平衡，保持适宜的体重。这样做有助于新陈代谢，有助于各项生理机能的最佳发挥，是提高效率、增强信心的有效途径。脂肪类食物不可多食亦不可不食，因为脂类营养是大脑运转必需的，缺乏脂类将影响思维；维生素要多吃，当人承受巨大的心理压力时，所消耗的维生素 C 将显著增加；补充钙，可安神，工作中难免与同事、客户产生矛盾，研究资料表明，钙具有镇静、防止攻击性与破坏性行为发生的作用。

②睡眠应占人类生活时间的 1/3，它能提高免疫力。

③劳逸结合，张弛有度。不能一直处于高强度、快节奏的生活中。每天抽出一段时间静坐，可以调整全身的脏器活动。

④每个人的生理周期都不一样，可找出自己精力变化曲线，然后合理安排每日活动。

⑤人在社会生存，难免会有很多烦恼，要想应付各种挑战，重要的是通过心理调节维持心理平衡。

⑥在上午光照半小时对经常萎靡、有忧郁倾向的人很有效。

⑦充分利用紧张工作中的零碎时间。可以找一种简单的锻炼方式，如打球、慢跑、做操，也可以找一种怡情的放松形式，如听音乐、画漫画、练字，循序渐进，持之以恒，这样做收获的不仅是身心放松，还有积累而成的崭新的成就感。时刻告诉自己要努力，我能行。这是一种乐观向上的良好心态，也是一种健康的情绪，它会促进血液循环，有利于肺部气体交换，有利于脑部放松。

三、伏案综合征

（一）症状及病因

长期从事财会、写作、编校、文秘等职业的工作人员，由于长期低头伏案工作，颈椎长时间处于屈曲位或某些特定体位，不仅使颈椎间盘内的压力增高，而且使颈部肌肉长期处于非协调受力状态，颈后部肌肉和韧带易受牵拉劳损，椎体前缘相互磨损、增生，再加上扭转、侧屈过度，更进一步导致损伤，易发生颈椎病。

办公室工作人员首先在坐姿上应尽可能保持自然的端坐位，头部略微前倾，保持头、颈、胸的正常生理曲线；升高或降低桌面与椅子的高度比例以避免头颈部过度后仰或过度前屈；此外，定制一个与桌面呈 $10° \sim 30°$ 的斜面工作板，更有利于坐姿的调整。

对于长期伏案工作者，应在工作 $1 \sim 2$ 小时后，有目的地让头颈部向左、右转动数次，转动时应轻柔、缓慢，以达到该方向的最大运动范围为准；或行夹肩运动，两肩慢慢紧缩 $3 \sim 5$ 秒钟，尔后双肩向上坚持 $3 \sim 5$ 秒钟，重复 $6 \sim 8$ 次；也可利用两张办公桌，两手撑于桌面，两足腾空，头往后仰，坚持 5 秒钟，重复 $3 \sim 5$ 次。

长时间近距离看物，尤其是处于低头状态者，既影响颈椎，又易引起视力疲劳，甚至诱发屈光不正。因此，每当伏案过久后，应抬头向远方眺望半分钟左右。这样既可消除疲劳感，又有利于颈椎的保健。

对于常年坐办公室从事案头工作的人来说，由于其总处于低头伏案的状态，容易发生一种类似于颈椎病，但又与颈椎病或颈部肌肉劳损不完全一样的一组症状，即颈部与肩背酸痛，有局部运动不便、沉重或疼痛，肩部或上肢还会有麻木感，严重者可以有头晕头痛、眼花耳鸣、恶心甚至视力减退等症状。这些症状不是由某种特殊的疾病引起，而是由于伏案（低头）时间过长导致的。因此，称之为

"伏案综合征"。另外，长时间伏案工作，有许多人常会出现紧张性头痛。特点是持续性隐痛、钝痛或胀痛，部位不恒定，大多为两侧，或一侧偏重。病期较长的，可有头部紧箍感、顶部重压感及眉间区收缩感，晨起较轻，逐渐加重，午后工作常感困难，甚至无法坚持。此外，还常伴随焦虑、急躁、头晕、失眠、多梦、倦怠乏力、记忆衰退等多种症状，类似神经衰弱，或为神经衰弱的前驱症状。

伏案综合征的发病原因，主要是长期低头工作，导致了颈、肩、背部肌肉过度紧张，使血液循环受影响。这样，组织就会出现缺氧，而代谢产生的乳酸又不能及时消除。因而，患者会感觉到肌肉疲劳、酸痛和活动不便。低头时间过久，颈部和大脑供血不足，从而引起了头晕、眼花、耳鸣及恶心等症状。

对于白领来说，要清除引起伏案综合征的诱因，就要改变工作的方式，这是不太现实的。因而，应该以运动来调节肌肉的血液循环。

（二）预防措施

主要预防措施有：

①要加强自我保健，养成良好的生活与作息习惯，保持充足的睡眠。睡觉时，不要"高枕无忧"，而应低枕而卧。让头颈部基本处于中立位，利于头颈部血液循环，从而使头颈部组织获得更多的氧和营养物质，促使代谢废物携走排出，以消除头颈部疲劳。

②积极开展有益的体育锻炼，如晨间保健操、深呼吸、散步、打太极拳等，使四肢关节活动，头脑放松。

③伏案工作时须保持颈椎的生理屈度和正确体位，宜取桌高椅低位，避免桌低椅高，注意适当的休息以舒展躯干和四肢，并定时按摩头面部肌肉，转动头颈及后仰。

④药物治疗一般采用安定、利眠宁等抗焦虑药，可收到良好效果，必要时可结合使用镇痛止痛药。

四、久坐综合征

（一）症状及病因

久坐而不注意活动，久而久之可引起许多病症，如头昏、便秘、痔疮、肥胖，严重者还可引起心脑血管疾病等。因久坐引起的疾病，统称为"久座综合征"，其主要症状和病因如下：

①因为久坐消耗少，心脏工作量的需求减少，由此可引起心肌衰弱。心功能减退、血液循环不减慢，血液在动脉中必然沉积，为高血压、冠状动脉血栓征埋下隐患。

②静脉回流受阻，直肠肛管静脉出现扩张，血液淤积，导致静脉曲张而出现痔疮，发生肛门疼痛、滴血或血便等，长期将导致贫血。妇女还会因盆腔静脉回

流受阻淤血而患盆腔炎、附件炎等妇科疾患。

③人体内的亿万细胞要靠血液运输来完成其新陈代谢功能，久坐可使体内携氧血液量减少，氧分压降低和携二氧化碳血液量增多，二氧化碳分压升高，引起肌肉酸痛、僵硬、萎缩。

④久坐不动可引起颈椎僵硬，使人体的正常生理弯曲"颈曲"被破坏，形成一种酷似驼背样的颈肩隆状，影响颈椎动脉对头部的供血量和推动，而脑血流量的减少会造成大脑的氧和营养物质供应不足。时间长了，就会引起头昏脑涨、乏力、失眠、记忆力减退等症状。

⑤久坐时躯体重量全部压在腰骶部，压力承受面分布不均，会引起腰、腹、背部肌肉下垂、疼痛。脊椎肌肉也因循环欠佳而痉挛。

⑥人体的骨骼中，各关节连接处只有通过运动这个唯一的方法才会产生一种黏液，以防止骨骼间相互磨损。而久坐少动会导致骨连处干燥，继而引发关节病和脊椎病。

⑦人体每日摄入的食物，因久坐少动而长时间聚积于胃肠，使胃肠负荷加重而紧张，蠕动得不到缓和，易致胃及十二指肠部溃疡。

⑧大脑会因身体活动少而供血不足，出现头晕和头、足麻木等不适，长此下去易致慢性眩晕等。

⑨由于身体状况互为影响，久坐会使人的精神压抑、头昏眼花、倦怠乏力，有时还会虚火上升而致耳鸣、衄血等。

⑩久坐不动，机体将摄入的脂类、淀粉过多地转变为脂肪贮存体内，使人肥胖。久而久之，各大、小动脉管内壁将淤积大量脂类，导致全身组织系统供血不足，加速以上疾病的发生，这无疑会形成一种恶性循环。

⑪久坐结肠蠕动减弱，粪便留在肠道，致癌因子过多、过久接触肠黏膜，可使体内免疫功能下降，容易发生结肠癌。

（二）预防措施

为了避免罹患"久坐综合征"，最好的办法是忙中偷闲地经常起来活动活动。因职业关系无法在工作中轻松的人们，可在平时多参加晨跑、散步、健美操等力所能及的运动锻炼，促进新陈代谢，以维持身体健康。

五、空调病

（一）症状及病因

空调环境能使人感到舒适，提高工作效率。据调查，当室温从36℃降到25℃时，人的工作效率可以提高11.2%；当室外气温高达37~42℃时，空调车间可使工人的劳动生产率提高46%。空调的作用不言而喻。然而，当空调设备使用不当，并缺乏必要的卫生防护指导和措施时，也会带来不少新的卫生问题。通常会引起传染病及各种不适，科学家将这些统称为空调病。

1976 年 7 月，美国费城旅馆召开了一次退伍军人代表大会，与会者和因其他原因进入该旅馆的人中，有 221 人得了一种从未见过的肺炎和呼吸道感染。症状多为高热、头痛、恶心、呕吐、胸痛、咳黏液痰或脓性痰，发病急而重，有 34 人死于肺炎和其他并发症。这种暴发流行的传染病，经美国有关部门历时半年，花费 200 万美元和 9 万个工作小时的调查，终于弄清了病原是一种尚未被人们认识的革兰阴性杆菌。接着，发现这种病菌在世界许多国家都存在，并从死亡患者身上检出了致病菌。由于这种病原及疾病是在退伍军人中首次发现的，又是集中发生，故称"军团病"。值得注意的是，从空调机、冷却水塔中也分离出了这种细菌。日本科学家甚至发现，"军团病"杆菌在空调机和冷却水塔中高浓度存在。红霉素、四环素及抗结核药物利福平、乙胺丁醇，对"军团病"有很好的疗效，而青霉素和磺胺制剂则无效。

除发生"军团病"外，长期处在空调环境中的人们，对温、湿度适宜环境产生了越来越多的抱怨。在许多国家进行的调查表明，这些人普遍反映呼吸道干燥、鼻塞、头痛，易患感冒；关节酸痛，易得风湿，思想不集中，容易疲劳；胸闷、憋气等。而一旦离开空调室，经过一两天的休息，这些症状又消失了。这并非是养尊处优者在无病呻吟，而是空调综合征的表现。

德国专家指出，建筑设计不完善、空调本身的缺陷和人们对空调的过分依赖都能导致空调病。据统计，在德国有 250 万人日常在空调房间办公，其中 160 万人感觉不适，其表现为感冒、过敏、风湿痛、黏膜干燥、紧张、烦躁、注意力难以集中、头痛等。据分析，空调对人体健康的影响主要表现在三个方面：第一方面，在有空调的房间里，气流方向经常变换，气流速度增加，空气热量不断变动这些因素干扰了人体的嗅觉，削弱了人体对空气中病菌、过敏原和异味的反应；第二方面，由于空调的存在，房间内湿度太低，会对人体眼、鼻等处的黏膜产生不利作用，导致黏膜病；第三方面，有时因为空调房间里干燥而又温度适宜，病菌和病毒易于在空气中生存。

（二）预防措施

要预防空调病，必须加强对空调系统的卫生管理，具体预防措施有：

①经常开窗换气，确保室内外空气的对流交换，开机 1~3 小时后关机，然后打开窗户将室内空气排出，使室外新鲜气体进入。有条件的话，最好使用开放系统机种的空调机，以保持室内空气新鲜、流通。要多利用自然风降低室内温度，最好使用负离子发生器。

②室温宜恒定在 24℃ 左右，室内外温差不可超过 7℃，否则出汗后入室，将加重体温调节中枢负担。

③使用空调的房间应保持清洁、卫生，减少疾病的污染源。

④室内空气流速应维持在每秒钟 20 厘米左右，办公桌切不可安排在冷风直吹处，因为该处空气流速可将温度骤降3℃～4℃ 。

⑤要是长时间坐办公从事如打字、书写、接线等工作，应增进末梢血液循环。

⑥剧烈运动后一身大汗时，切勿立即进入空调房间，以免张开的毛孔骤然收缩，受凉致病。下班回家，首先应洗个温水澡，自行按摩一番，如能适当运动，当然更好。

⑦使用消毒剂，以杀灭空调机内的微生物。要反复进行消毒，以防微生物再生。

⑧因空调机的湿度调节器是助长细菌扩散的工具，故最好增装除湿器以降低室内相对湿度，防止细菌的滋生。

⑨不宜长时间呆在开空调的冷气室里，应让皮肤有流汗的机会。要多参加运动，多喝开水，让毛孔通畅，加快新陈代谢。

六、腕管综合征

（一）症状及病因

随着因特网的大行其道，现代人使用电脑的时间和机会越来越多，长期使用电脑键盘，会提高罹患腕管综合征的几率；如不注重保健，可能会导致神经受损、手部肌肉萎缩。所谓腕管综合征是指人体的正中神经在手掌部受到压迫所产生的症状，主要会导致食指、中指疼痛、麻木和拇指肌肉无力感。这种病症之所以成为一种日渐普遍的现代文明病，主要原因是现代人的生活方式急剧改变，愈来愈多的人每天长时间接触、使用电脑。这些上网族多数每天重复着在键盘上打字和移动鼠标，手腕关节因长期密集、反复和过度的活动，以致逐渐形成腕关节的麻痹和疼痛。

腕管内压力，在过度屈腕时为中立位的 100 倍；过度伸腕时为中立位的 300 倍。这种压力改变也是正中神经发生慢性损伤的原因。有的人使用鼠标时肘部悬空，此时由于处于过度伸腕状态，且不断有屈指动作，更加重了对正中神经的损伤。

其发病几率女性比男性高 3 倍，其中以 30～60 岁者居多，这是因为女性手腕关节通常比男性小，腕部神经容易受到损伤。右手多于左手，多为一侧，亦有双侧。表现为单手或双手感觉无力，手指或手掌有麻痹或刺激僵硬感，手腕疼痛，伸展拇指时不自如且有疼痛感等。每周若使用鼠标超过 10 小时，前臂、颈部和肩部便开始出现疼痛，越远距离地够着使用鼠标，肩部就越痛。这是由于从事电脑操作是一项静力作业，伴有头、眼、手、指的细小频繁运动，时间长，工作量大，会使操作者肌肉骨骼反复紧张，以致造成紧张性损伤，引起相应的病症。其他比较可能造成类似影响的职业有音乐家、教师、编辑、记者、建筑设计师、矿工等，都和频繁使用双手有关。此外，一些怀孕妇女、风湿性关节炎患者、糖尿病、高血压和甲状腺功能失调的人，也可能患上腕管综合征。

（二）预防措施

预防的重点应放在营造健康的工作环境和正确操作电脑等自我保护方面。如个人座椅要调至适当的高度，使人坐着时有足够的空间伸放腿脚；不要坐或站立太久；坐时背部应挺直并紧靠椅背，而且不要交叉双脚，以免影响血液循环；打字时电脑的键盘应正对人体，如果斜摆在一边，可能会导致手腕过度弯曲紧绷；键盘摆放的高度以及离人体平行距离应调整到一个打字时感觉舒服自如的位置；同时，每操作 30 分钟应暂停一会儿，让双手和眼睛作适当放松或休息。

尽量使用人体功能键盘、4D 鼠标。在上网冲浪时，使用 4D 鼠标可有效地减轻手腕部的疲劳。另外最重要的是肘部一定不能悬空，要平放，以减轻腕部压力。使用电脑时间不宜过长，要劳逸结合。一旦患病，要注意休息。

病情较轻者可服用止痛药加上休息，同时可进行按摩和热敷，采用舒筋活络中药进行熏洗也有一定的效果，或使用腕背屈位夹板疗法治疗。病情较重可在腕管内注射醋酸泼尼松龙（封闭疗法），通常可收到较好效果。严重者可施行腕管切开术。

第五章　生活方式与健康

　　人人都希望健康，但未必人人都知道如何维护自己的健康。人人都有自己的生活方式，但未必人人都知道什么是健康的生活方式。把生活方式与健康联系起来作为一门学科进行研究才刚刚开始。

　　早晨，当你甜美的梦被一阵尖啸而过的喇叭声吵醒时，是别人冒失的行为损害了你的健康；你悠然点上一支香烟，在人流如潮的车站等候班车时，又不知不觉损害了别人的健康；你有一副俊美的脸庞，却配上一口灰黄的羞于见人的牙齿，你可曾知道，这是你无知的父母在你幼时乱使用抗生素的结果；你一杯又一杯地喝下貌似洁净的水，却不知胆囊中有一粒结石正在形成、长大……生活中有许多不幸的事情，当你明白真相，觉悟到铸成大错的正是自己时，挽救往往已经晚了。

　　明智的人，不但能避免不健康的生活方式，还能自主地选择健康的生活方式。环顾周围，许多年逾耄耋而仍心身健康的人，如果仔细询问，会发现他们都奉行一些良好的习惯。每个例子都是一个启示，如果加以研究，能发现许多有用的道理。

　　社会在前进，生活的形式和内容也在不断变化。现代人不会学古人去炼丹和祈求长生不老，古代人也没有蒙受核污染的危险。文明社会有文明社会的新问题，存在着许多等待研究的领域。

　　本章仅就几个最常见的问题，从生活方式与健康关系角度作简短讨论，促使大学生选择健康的生活方式，珍惜自己的健康，珍视自己的生命。

第一节　生活方式与健康的关系

　　生活方式是指人们的"衣、食、住、行"以及工作、生活、娱乐、社交等活动方式。世界卫生组织认为，人们的健康状况主要取决于自己。良好的生活方式使人精力充沛，延年益寿；不良的生活方式会导致各种疾病，严重损害人体健康。资料表明，在全球人类死因中，不良生活方式导致的疾病占60%，其中发达国家高达70%~80%，发展中国家也达到了50%~60%。随着社会的发展与进步，人们如果想在文明社会中保持心身健康，就必须改变和克服不良的生活方式。

一、不良生活方式的危害

就大学生而言，直接影响心身健康的不良生活方式主要表现在以下几个方面。

(一)生活无规律，饮食起居不定时

我国中医早就指出："食欲有节，起居有常。"即一日三餐，定时定量，细嚼慢咽，按时起床、睡觉，养成习惯，有益健康。反之随心所欲，狼吞虎咽，既无定时，又无定量，则使消化系统的工作"无章可循"，失去规律；通宵达旦，不定时起居更会加剧情绪的紧张，破坏人体的正常生理和心理平衡而酿成病患，影响心身健康。

(二)酗酒吸烟

众所周知，烟有害健康，且极易上瘾，在纸烟的烟雾中就含有3000多种物质，其中有害成分有尼古丁、烟焦油、一氧化碳等，可引起多种疾病。如尼古丁可使气管黏膜受损、纤毛失去活力，发生感染，引起慢性支气管炎、肺气肿等；一氧化碳损害红血球的携氧功能，而组织缺氧可产生一系列病理改变；孕妇被动吸烟会影响胎儿发育，引起婴儿智力发育不全。因此，为了个人和他人的健康应控制吸烟。酒对人体的健康危害也很大，特别是酗酒，可造成急性中毒和慢性中毒。急性中毒可抑制呼吸中枢，引起死亡。长期饮酒还可使人的免疫功能降低，肝、咽、食道和口腔的发病率增高，还可加速高血压病、心脏病的恶化，因此，大学生应尽量少饮酒或不饮酒。

(三)不良性行为

不良性行为主要包括异性不良性行为，如卖淫、嫖娼、婚前和婚外性行为，以及同性滥交。不良性行为的产生与社会环境、文化道德密切相关。不良性行为是性传播疾病、艾滋病的主要传播途径。目前社会上出现的卖淫、嫖娼行为则是我国性传播疾病传播的主要温床。性传播疾病是典型的"社会病"，它所涉及的问题不仅是公共卫生危害，而且对整个社会安定、经济发展也会产生不良影响。改革开放后，受西方世界"性解放"的影响，我国性传播疾病目前有不断增加趋势。因此加强自我保健能力，控制和约束不良性行为，对维护社会健康有重要意义。

二、改变不良生活方式的基本途径

(一)加强教育，正确引导

建立一种"物质生活高水平、精神生活高格调、生活规律高节奏、文化知识高结构"的新型生活方式，使我们的生活更加文明、健康、科学。

（二）合理安排

在繁忙的工作学习之暇，合理安排生活节奏和饮食，保证充足的睡眠和营养。

（三）正确认识

吸烟、酗酒、吸毒、不良性行为对个人和他人健康造成危害，要早日与之告别，增强自我保健能力，树立健康的物质、精神、时间消费观念，养成健康的生活习惯。

（四）保持良好的心理状态

心理健康也是保持身体健康的重要因素，遇事应想得开、看得穿、忍得住、放得开，乐观开朗，保持心理平衡。

（五）丰富文化生活，提高艺术修养

可通过参加各种体育、文艺、书法、绘画、演讲等有益的文化活动，不断丰富自己的文化生活，提高自己的艺术修养，改变不良的行为方式，建立健康、有益、文明的生活方式。

第二节 吸烟对健康的危害

一、烟及其烟雾的有害成分

（一）烟草的成分

烟草的成分有 400 多种，其中烟碱（即尼古丁）是主要有害物质之一，占烟草重量的 1.4% ~ 2.5%。

（二）烟雾的有害成分

吸烟时在燃烧带的温度高达 850℃ ~ 900℃，烟草的成分在超高温下发生反应，分解合成 3000 多种新的化合物。其中有害物质 100 多种，致癌物质 40 多种（有 10 种具有促癌作用），如苯、2 - 萘胺、苯[并]蒽等。

二、吸烟对人体各系统器官的危害

（一）对呼吸系统的危害

吸烟时有害物质刺激呼吸道，浆液腺和黏液腺分泌增加，杯状细胞的纤毛运动发生障碍，黏膜损害，加上烟雾中的放射性胶粒对呼吸道的辐射损害，可引起呼吸道炎、肺炎、支气管扩张、肺气肿、肺心病、肺癌等疾病。

（二）对心脏、血管的危害

吸烟使血红蛋白升高，血液黏稠度增加，血小板在血管壁上的黏附力增强，血浆纤维蛋白原增加，纤维蛋白溶解酶的活性降低，可发生肢端动脉痉挛、血栓闭塞性脉管炎等。在尼古丁等有害物质的刺激下，肾上腺素分泌增加，使心率增快，血管痉挛使血压升高，加上血中游离脂肪酸和胆固醇增加，可发生冠心病、脑血管意外等。

（三）对消化系统的危害

吸烟可抑制消化腺的分泌，降低消化道黏膜的抵抗力，易发生胃肠功能紊乱，影响消化和吸收，使胃十二指肠溃疡及消化道癌发病率增加。

（四）对神经系统的危害

吸烟可引起失眠、神经炎、记忆力减退、精神失常等。

（五）对生殖系统的危害

吸烟使孕妇的黄体酮分泌减少，影响子宫内膜的蜕膜反应，引起受精卵着床障碍，即使着床也容易流产。烟中的氰化物与体内的硫氨基酸结合，可使胎儿发生先天缺陷（如先天性心脏病）、胎儿发育障碍、胎盘早剥、早产、死胎等。

（六）对泌尿系统的危害

吸烟容易发生尿结石。烟中的镉是尿道结石形成的重要因素。

（七）使癌症发病率增高

据研究资料，一天吸烟 10 支，癌症发病率比不吸烟高 13 倍；一天吸 40 支烟，癌症发病率比不吸烟高 65 倍。

（八）吸烟缩短寿命

有研究表明，每吸一支烟可缩短 7 分钟寿命，一天吸一包烟，则一年缩短 35 天寿命。

三、如何避免香烟危害

世界卫生组织把吸烟称为"20 世纪的瘟疫"。科学家认为吸烟是"慢性自杀行为"。禁烟运动已在全球开展，1988 年 4 月 17 日定为第一个世界无烟日，西欧国家禁烟成效显著。我国吸烟率却不断上升，中学男生吸烟率从 1982 年的 19.9% 上升为 1988 年的 36%。2001 年，世界银行警告：中国 20 岁以上的男性有 69% 吸烟，至 2020 年，每年将有 200 万人死于与烟草有关的疾病。避免香烟危害实是太重要了。

（一）不吸烟者

不吸烟者应做到：①不学吸烟。不受吸烟者影响，做到不尝试，不凑趣，不向往。②避开烟雾。一支烟燃烧形成 2 升烟雾，约含有 12 亿个微粒和溶胶。吸烟时烟雾分主流（吸烟者吸入）和侧流（香烟燃烧及吐出），实验证明侧流含有的有害物质高于主流，即旁人受害比吸烟者更大，所以不吸烟者遇到吸烟，应尽量避开，免受其害。③宣传香烟危害。动员他人不学吸烟或劝吸烟者戒烟。

（二）吸烟者

吸烟者应做到：①认清香烟危害。吸烟对自身、他人及后代都危害甚大。②克服吸烟的心理因素。如认为吸烟是男子汉标志、提神醒脑、无事消遣。③改变社交手段。很多人认为香烟是社会的"黏合剂"，见面先敬一支烟就亲热，送上一条烟事情就好办，事实上烟酒不分家，都是害人之举。④注意吸烟的场合及时间。不在厕所里吸烟，以免把厕所里的氨气、氮气、二氧化硫等有害气体，同时吸入体内，危害更大；不在饭后吸烟，实验证明饭后吸一支烟的危害比平时吸 10 支还大；不在饮酒时吸烟，因为烟和酒的有害物质，相互作用；不在病中吸烟，病时吸烟则危害增加；不在有人的场合吸烟，危害他人。⑤逐渐消除烟瘾。烟瘾是人对烟产生生理和心理的依赖，是因尼古丁使人产生"愉悦感"。吸烟者血液中尼古丁浓度越低，则烟瘾就越大。酸化尿液可加快尼古丁的排泄，降低血中的浓度，所以吸烟者，不宜进食酸性食物。可采用戒烟茶、戒烟糖等逐渐消除烟瘾，相信有志者事竟成。

第三节　酗酒对健康的危害

一、酒的有害成分

白酒中对人体有害的成分主要是：①甲醇，毒性很大，服 4 克以上可中毒。②甲醛和乙醛，饮用含有 10 克甲醛的酒可致死。③铅，饮用含有 0.04 克铅的酒可急性中毒，含 20 克致死。④氰化物及杂醇油，中毒严重者可死亡。⑤亚硝酸胺，是很强的致癌物质。

二、饮酒不当危害健康

一次饮酒过量（酗酒）和长期嗜酒皆危害健康。

（一）急性中毒

一次饮酒过量可引起急性酒精中毒，表现为三期：早期（兴奋期），血中酒精浓度大约为 100 毫克/100 毫升，表现为语无伦次、情感爆发、哭笑无常等；中期（共济失调期），血中酒精浓度大约为 200 毫克/100 毫升，表现为语言不清、意识模糊、步态蹒跚等；后期（危险期），血中酒精浓度 250 毫克/100 毫升以上，表现为瞳孔散大、大小便失禁、面色苍白。

（二）慢性中毒

长期、经常饮酒可引起酒精中毒，表现为性格改变、精神异常、定向力差、记忆力减退，可能患有末梢神经炎等。

（三）对人体各系统器官危害

饮酒不当对人体各系统器官的危害有：①心脑血管——饮酒可使心肌纤维变性，失去弹性，心脏扩大，胆固醇增高，动脉硬化，发生冠心病、高血压病、脑血管意外等。②消化系统——饮酒可发生口腔溃疡、食道炎、急慢性胃炎、胃溃疡、慢性胰腺炎、急慢性肝炎、肝硬化等。③呼吸系统——饮酒会降低呼吸系统的防御机能，肺结核发病率比不饮酒者高9倍。④神经系统——酒精可使大脑皮层萎缩，大脑功能障碍，出现精神神经症状、意识障碍等。⑤对生育的影响——酒精可使男性血中睾丸酮水平下降，性欲减退，阳痿；可使女性性欲减退，阴冷，月经不调。精子畸形，精子和卵子的基因突变，产生"胎儿酒精综合征"：智能发育差、先天性缺陷、生长缓慢等。⑥酒精可使多个系统器官的癌症发病率增高，还可引起"酒精性贫血"等。

三、适当饮酒对健康有益处

酒对健康是益或害，关键在于饮酒是否适当，包括适度、适量、适时。①适度，指饮的酒度数是低度酒，如葡萄酒、黄酒、啤酒等。②适量，指饮酒量适当，一般白酒每次不宜超过50毫升，啤酒不超过300毫升。③适时，指饮酒的时间要适当。一般以晚餐饮酒为宜。此外，身体患病时不应饮酒，尤其患有胃十二指溃疡、胃炎、肝炎、胰腺炎、脉管炎等。再有如下饮酒"五不宜"：不宜用腌熏肉类食物下酒；不宜在大汗淋漓时饮酒；不宜饮冰镇啤酒；不宜性交前饮酒；不宜酒后服镇静安眠药等。

四、解酒方法

喝酒后，可尝试以下解酒方法：
①喝绿浓茶。
②生吃白萝卜或喝萝卜液。
③吃梨、西瓜、荸荠等水果。
④饮甘蔗汁。
⑤饮酒前取樟脑加葛根各5克开水泡饮，可防醉酒。

第四节 吸毒对健康的危害

在所有不良行为中，吸毒是最臭名昭著和令人深恶痛绝的。20世纪70年代以来，毒品已成为世界公害之一，它的危害严重而且广泛，带来了严重的公共卫生和社会问题。联合国把每年6月26日定为"国际禁毒日"，号召全世界人民都来共同抵御毒品的危害。2001年，全球毒品的年平均成交额已超过5000亿美元，波及世界每个国家和地区。美洲是西方社会的重灾区,秘鲁、玻利维亚、墨西哥、哥伦比亚的情况十分严重;东方社会则首推缅甸、老挝、泰国等国。

我国是最早签署和施行1988年联合国《禁止非法贩运麻醉药品和精神药物公约》的国家之一,并于1990年11月成立了由16个部委领导人组成的禁毒委员会,统一领导全国禁毒工作。

一、什么是毒品

1990年第七届全国人民代表大会通过的《关于禁毒的决定》指出:"毒品是指鸦片、海洛因、吗啡、大麻、可卡因以及国务院规定管制的其他能够使人形成瘾癖的麻醉药品和精神药品。"目前毒品已达200种之多,主要毒品如下。

(一)鸦片

它又称"大烟""烟土""烟膏""阿芙蓉"等,系罂粟科植物,由罂粟的蒴果中白色汁液炼制而成,在空气中变为黑色,凝成固体,含多种生物碱,最多是吗啡。

(二)吗啡

它由鸦片提炼而成,是一种白色结晶粉末,有苦味。

(三)海洛因

它是由吗啡与醋酸酐等合成的二乙酰吗啡,俗称"白面"或"老海",其毒性最大,被称为"世界毒品之王",吸者一般只能活7~8年。

(四)大麻

它是一种生长在温热带的草本植物,含有四氢大麻酚等毒素。

(五)可卡因

它是从灌木古柯叶中提炼出的生物碱,呈白色粉末状。

(六)其他

其他的毒品还有苯丙胺及其衍生物,如甲基苯丙胺(去氧麻黄素),又称冰毒;右旋苯丙胺,又称摇头丸等。

二、吸毒对个人健康的危害

吸毒指持续性并不断加大剂量地自行摄入非医疗用途毒品的行为,这是一种慢性的成瘾过程。吸毒除口吸、鼻吸外,还有口服、注射等形式,对人体危害极大,可以产生急性和慢性中毒。急性中毒多因吸毒量过大而死亡;慢性中毒则使躯体和精神产生对毒品的依赖,摧残人身。

(一)摧残躯体

毒品会毒害大脑和其他器官、系统,破坏免疫系统,极容易传染乙型肝炎、病毒性肺炎、心内膜炎、菌血症和艾滋病,对心血管和呼吸系统的损害也十分明显。如吸入海洛因，可使血压下降，出现低氧血症状，唇紫面青、四肢无力、心悸不安；脑血管扩张会使内压升高，容易致死。毒品对呼吸中枢有抑制作用，使人呼吸浅慢，甚至可使人因呼吸中枢麻痹而死亡。

吸毒者对毒品会产生强烈的躯体（生理）依赖性，毒瘾发作时，全身肌肉疼痛、抽搐、颤抖，眼泪、鼻涕一起流，腹痛、腹泻，呕吐，求生不得，求死不能，有的人甚至自伤或自杀。

（二）摧残精神

毒品能改变大脑内部的化学物质，引起神经错乱、智力衰退、注意力和记忆力下降，使人性情乖僻，丧失事业心、责任感和道德观，产生极大的心理依赖性，时刻都想吸，哪怕犯罪也不在乎。

三、吸毒对家庭、社会的危害

吸毒是无底洞，有多少钱也填不满，它使人家贫如洗、债台高筑、妻离子散、骨肉相残；为牟取毒资，有的人从事盗窃、抢劫、卖淫等违法犯罪活动，极大地危害了社会治安。"烟枪一杆，打得妻离子散；锡纸半张，烧得家当精光"就形象地反映了吸毒对个人、家庭、社会造成的重大危害。

我们必须认识毒品的严重危害，提高反毒品意识，坚决支持国家禁毒委员会提出的"禁贩、禁种、禁吸"的禁毒要求，为做好全国禁毒工作的宣传工作尽一份力。

四、为什么有人愿意吸毒

凡是毒品都对神经系统有明显作用。以鸦片为例，鸦片有止痛、镇静、镇咳、止泻的作用，同时使人产生欣快感。鸦片使人情绪高涨，甚至有万虑全消、飘飘欲仙的幻觉。这就使痛苦、烦恼的人可以获得暂时的精神解脱；而对寻欢作乐的人来说，也是一种妙不可言的享受。这正是毒品的诱惑力。几次吸毒以后，人就产生了生理上的依赖性，或叫"成瘾"，不继续使用就会产生一系列的痛苦症状。这时吸毒者不论愿意不愿意，都已欲罢不能了。

五、"成瘾"的表现

首先是精神上的依赖性，表现为萎靡不振、心情沮丧、坐立不安；其次是躯体上的依赖性，会出现周身不适、厌食、涕泪俱下、肌肉震颤和抽搐等症状。这时吸毒者思毒如狂，几乎达到不择手段的地步，种种堕落和犯罪行为也随之发生。

六、贩毒者们是怎样拖人下水的

吸毒总是从"第一口"开始。贩毒者为使人吸下"第一口"费尽心机,其手法多种多样:一曰"献媚投饵",这类手法的对象大多是男性富商、大款。贩毒者奉承拍马在先,随后以友好体贴的姿态劝其"玩玩",或借助女色诱其落入圈套。二曰"乘人之危",贩毒者瞅准他人痛苦失望之机,故作关心、同情甚至免费赠送第一口毒品,诱他/她下水,待其成瘾后,再步步紧逼,本利全收。三曰"欲擒故纵",贩毒者一面带他人进入吸毒场所,让他耳濡目染,一面假惺惺劝他/她不可吸毒,实质是麻痹其警惕性,更加激发他/她的好奇,让其自觉要求尝试第一口。四曰"暗设陷阱",把毒品预先放入香烟或食品内,待他人不知不觉成瘾后,再揭开谜底。

七、戒毒的方法

戒毒的首要前提是本人要有决心,但是吸毒一旦成瘾,单凭吸毒者的觉悟和毅力往往不够。偶有浪子回头的情况,但毕竟只是少数,因而常用的办法是强制戒毒。将吸毒者收入戒毒所,绝对不让其与毒品接触,即使吸毒者寻死觅活也坚持到底。如有亲属的有力监督,也可在家戒毒。逐步减量也是一种办法。还可用依赖性小的药品替代依赖性强的毒品,如用美沙酮戒除海洛因。以上是对个人戒毒而言,如从社会角度,则需要采取大范围的系统工程,包括控制毒品种植和生产、广泛开展戒毒宣传、查禁和销毁毒品、取缔吸毒场所、惩办贩毒分子等。

第六章　环境与健康

第一节　自然环境与健康

人和自然环境是不可分割的对立统一体。它们既相互对立又相互制约，既相互依存又相互转化。人类在自然界中生存，并通过新陈代谢不断地进行物质和能量的交换。一方面机体从自然环境中摄取空气、水、食物等生命必需物质以维持机体正常生长和发育；另一方面，机体在代谢过程中产生的废物通过多种途径排入自然环境中，并且在自然环境中又进一步转化为其他生物的营养物而被摄取。有人对人体各组织成分的元素含量作了全面分析，结果发现组成人体的 60 多种元素含量与地壳、海水中这些元素的分布有明显的相关性。由此可见人类与自然环境在物质构成方面有密切的联系。自然环境可分为天然形成的未受人活动影响的自然环境以及人为活动影响下的自然环境。前者包括物理因素（如阳光、气候）、化学因素（如空气、水、土壤）、生物因素（如细菌、病菌）；后者为噪声、工业三废等。所有这些因素都与健康密切相关。

一、阳光

太阳是一团炽热的熔融物体，是一个巨大的热核反应器，太阳光光谱主要由红外线、可见光、紫外线组成。阳光作用于机体使机体各系统的机能增强，如刺激机体的造血功能、提高皮肤的防御能力和分泌机能、增强机体的免疫力及新陈代谢等，从而促进机体的生长发育，并且它还可预防眼睛疲劳和近视，使人自觉舒适、精神振奋、工作效率提高。此外阳光中的紫外线有杀菌作用，并可促进机体维生素 D 的合成，从而有预防佝偻病的作用。当然阳光照射过强也会对机体产生不良作用，如引起头痛、头晕、食欲减退、体温升高、精神萎靡甚至中暑等症状。另外，紫外光还可引起光照性皮炎、光照性眼炎等，长期暴晒则还可能诱发皮肤癌等疾病。总之适宜的阳光照射会给人们的生活和健康带来莫大的好处，有目的地进行适当的日光照射即日光浴是增进健康的一种锻炼或治疗方法。

二、气候

气候是对长期天气变化情况的概括，由气温、气湿、气压、气流等气象因素组成。这些因素常常同时作用于人体，影响机体的体温调节等生理机能。机体在气温适宜时，一般感觉良好，生理机能正常，工作效率高。但气温过高可导致体温升高，同时由于机体大量出汗蒸发散热，体内大量水分、无机盐丢失，则可引起脱水和热痉挛等病症；而气温过低则可导致机体局部冻伤。一般情况下人体最适温度为21℃左右，体育活动时则为15℃左右。有研究显示，受试者在11℃环境下骑车可持续94分钟，而21℃环境下同样速度只能维持81分钟，31℃环境下则仅能维持52分钟。气湿可影响水分蒸发，相对湿度越大，水分蒸发越难。气温适宜时，气湿对机体影响不大，但高温或低温时，较高的相对湿度则对机体十分不利，高温时它阻碍人体散热，低温时它又增加体热散失。一般情况下，人体适宜的相对湿度为40%～60%，体育活动时的相对湿度则以20%～30%为宜。另外气流、气压对机体也有一定影响。当然人体具有生理调节功能，对气候的变化有一定的适应能力。体质强的，如青壮年适应力强，而体质弱的，如幼儿、老年人则适应能力差。在不同气候环境下有目的地锻炼，可增加机体对该环境的适应能力，从而有助于健康。

不过，任何一个人对气候的适应能力都是有一定限度的，当气候条件超过了机体的适应能力时，则会对健康造成损害。不良的气候使机体体温调节紧张，长期处于紧张状态就会影响许多系统的功能，如神经系统、呼吸系统、循环系统的功能，降低机体的抵抗力，增加患病率。人们早已观察到疾病与季节、气候的联系。如在冬至与立春之间，常有寒潮大风天气，较大的温差使老年高血压病患者发生中风的几率增加。寒冷的冬天，机体受低温刺激，可诱发心绞痛；而患有慢性支气管炎的患者则可能出现喘息。天气由晴转阴雨时，气压下降，风力变大，可使心脏病患者的心脏病频频发作。春天天气转暖时，可使精神病患者情绪发生变化，易发生异常行为，自杀率比平时显著增高，另外此时的人们也易患咽喉炎、头痛、咳嗽等。在高温、高湿的夏季环境中，机体常感到闷热难忍、疲倦无力、工作效率低下，严重时还会发生中暑甚至导致死亡。

此外气候的变化也可以影响人们的精神状态。如高温、高湿的环境会使人心情焦躁不安，易出现过激行为；潮湿和阴雨易使人情绪忧郁、低落等。总之，气候的变化不仅可以影响人们的生理健康，而且可影响人们的心理健康，利用得当则可以治疗某些疾病，反之则可引发某些疾病。有鉴于此，近年来一些城市已开展了医疗气象预报，根据气象变化提醒人们应注意的事项，做好预防措施。

三、空气

空气是人类赖以生存的重要外界环境因素之一。正常自然状态的大气是无色、无味、无臭的混合气体，其主要成分为：氮，占 78.09 %；氧，占 20.95%；氩，占 0.93%；而二氧化碳，占 0.027%；此外还有少量的稀有气体，如氖、氦、氪等，占 0.001%。机体不断与外界环境进行着气体交换，通常一个成年人每天约呼吸 2.5 万次，吸入空气达 10～12 立方米，机体从中吸入生命活动必需的氧，并将代谢产生的二氧化碳排出体外，以维持生命活动。正常情况下，空气的基本组成成分一般能保持相对恒定，不致影响人类健康，但由于人类活动，许多工业废气等排入空气中，从而引起空气成分的变化而影响健康。如果大气中氧含量低于 15%，人就会感到呼吸困难，低于 8%，就会危及生命；而二氧化碳含量达 2% 时，就会引起头痛、脉搏变缓、血压升高，当含量为 10% 以上时，人就会意识丧失、呼吸肌麻痹而死亡；如果空气中一氧化碳的浓度为 1/100000 时，人就会慢性中毒，患贫血、心脏病、呼吸道疾病的人病情就会恶化，空气中一氧化碳的浓度为 1‰时，人就会发生急性中毒，而浓度为 1% 时，人在 1 小时内就会死亡。

另外，空气中存在许多带正电荷（阳）和负电荷（阴）的离子。组成空气的各种气体的分子或原子，在宇宙射线、紫外线的作用下或在雷电、瀑布、海浪的冲击下，分子失去外层电子而成为带有电荷的正离子，而脱离轨道的电子与其他气体分子结合，便成带负电荷的负离子。在空气中产生离子的同时，正负离子又相互中和，故大气中的离子在不断产生，又不断消失。空气中负离子越多，空气就越清洁。在海滨、森林公园、瀑布处或夏季雷雨之后，人往往感到空气特别新鲜，机体舒适，这与空气中负离子增多有关。一般认为在一定浓度下负离子对机体起镇静、催眠、镇痛、镇咳、止汗、利尿、降压、增进食欲、改善注意力等良好作用，而正离子则相反，对机体可造成失眠、头痛、心烦、疲倦、血压升高、精神萎靡、注意力减退等不良影响。有目的地利用空气的理化特性，裸体或半裸体直接接触空气进行锻炼，便可以增强机体的适应能力，预防或治疗疾病，此即空气浴疗法。值得注意的是，在健身锻炼时选择良好的空气环境是必要的。由于运动时吸入的空气比安静时要多得多，如普通成年人每分钟约吸入空气 9 升，而剧烈运动时则可达 100 升，因此此时如果空气受到污染，则吸入的有害成分也就更多，对健康危害更大。

四、高原

从地理角度讲，凡海拔 500 米以上，平缓起伏，面积又较开阔的高地即称为高原。海拔高度（依苏联苏斯洛夫教授分类标准）可分为低度（600～1300 米）、中度（1300～2500 米）和高度（大于 2500 米）。高原的气候特点是气压低、寒冷、干燥。不同海拔气候特点见表6-1。

表6-1 不同海拔气候特点

海拔高度 （米）	大气压 （毫米汞柱）	空气中氧分压 （毫米汞柱）	血氧饱和度 （%）
0	760	159	98
800	690.6	144	97
1600	626.7	131	
2000	596.3	125	94
2400	567.1	118	
2800	539.4	113	90
3200	512.6	107	
3600	486.9	102	
4000	462.3	97	85

初次上中度以上高原，由于缺氧，可导致机体出现急性高原反应，表现为心率加快、呼吸加快、血压升高、失眠、头昏、头痛、恶心、呕吐等，严重的可引起肺水肿、脑水肿、视网膜出血。经过一段时间后，机体对高原逐渐适应，即高原习服。通常在2300米以下，约2周即可习服，以后每增加610米，约需要增加1周习服时间。不过习服并不能完全弥补高原所带来的不良作用，海拔超过1500米，每增加300米，最大吸氧量下降约2%。另外长期呆在高原可使体重减轻，碱储备减少，从而使酸碱缓冲能力降低，此时相同强度的高原训练，乳酸值下降，出现所谓"乳酸矛盾"现象。有针对性地到高原训练可提高有氧耐力。不过值得注意的是，在低度高原，安静状态下由于氧饱和度无明显改变不会产生缺氧反应，但运动时由于机体体温升高，代谢的乳酸、二氧化碳增多等则可使氧饱和度降低，虽然一方面它有利于运动肌局部的氧供应，但另一方面如下降过多且不足以抵消有利一面时，则会加重运动时缺氧反应，损害运动能力。一般认为高原训练宜安排在1300~2500米的高原，效果较好。

五、水

水是自然界一切生命的物质基础。地球上如果没有水，生命也就不复存在。水是构成人体一切细胞和组织的主要成分，新生婴儿含水量多达85%，成年妇女约为65%，而成年男性约为75%。水也是人体进行新陈代谢的重要介质。水以多种作用使人体保持健康。它在体内把各种营养物输送到机体各部分，同时通过水将代谢产物排出体外。另外水还可起到散失热量、调节体温的作用。一个人一天需要 2~3 升水才能维持正常生存，在体育锻炼时，所需水就更多。如果缺少或失水过多，就会引发疾患。如一般失水 1%~2%，即可损害耐力成绩，研究显示失水 2%，1500 米成绩下降 3.7%，这对于世界级选手来说，也就相当于慢了 6 秒钟；肌肉失去 3% 的水分，则会损失 10% 的力量和 8% 的速度。如人体水分降低 10% 就会使血液浓缩造成休克；降低 15%~20%，常可引起死亡。值得注意的是，人体有意识在一定高温或低温、高原等环境下锻炼可增强对该环境的耐受性，但人体却无法对缺水产生习服，如在缺水情况下运动只会损害健康，同时缺水可加重心脏负担，加剧机体体温升高，影响肌肉营养供应以及代谢废物排泄等。此外水如果受到污染，则也可能给人类健康带来危害。由此可见，保证足量的和符合卫生的饮水对维护人体健康是非常重要的。从另一个角度讲，水也是人们进行锻炼的一种工具，有意识地进行水浴，如温水浴、冷水浴、海水浴等可以增强体质，预防或治疗疾病，从而增进健康。

六、土壤

土壤是地理环境的一个组成要素，是人们赖以生存和进行生产、生活活动的物质基础。土壤是无机质、有机质、水、空气等物质组成的复杂综合体，它构成与人体进行物质和能量交换的物质环境，通过食物、水、空气与人体密切联系在一起。

土壤中的化学元素通过食物、水、空气进入人体，并与参与人体生理功能的生命化学元素保持动态平衡。土壤中一些元素的缺乏或过多可引发人体疾病，如缺碘可引起地方性甲状腺肿，氟过多可引起地方性氟中毒等。

土壤不仅为人类提供了作物的生长环境，而且是城市、工业、家畜禽饲养业废弃物的容纳场所。当土壤接受的含毒废弃物过多，超过了其自净能力时，其内的毒物便可通过食物链在人体中蓄积或通过水、空气直接作用于人体而引起疾病。总之土壤良好的卫生状态对维护人体健康具有重要意义。

第二节 校园环境与健康

校园环境是大学生学习生活的重要环境，绿草遍地，百花盛开、林荫大道的优美环境，给人一种心旷神怡、轻松愉快之感。环境因素也与用脑效率息息相关，良好的环境可使用脑效率提高 15%~35%，且易于消除大脑疲劳。如果校园的环境不良，不但不能高效率完成教与学的任务，而且会直接影响师生的心身健康。绿化校园已成为高校建设中的一项重要任务。

一、教室、宿舍环境与健康

教室、宿舍是学生学习、生活的主要场所，必须符合有关卫生要求。但目前高校一些学生宿舍存在几种环境因素对学生影响较大，即脏、乱和污染。脏是宿舍内及周围环境卫生差，废纸、果皮、杂物满地，给人一种恶性刺激。乱是宿舍内摆设杂乱，缺乏整齐划一，给人一种杂乱无章的不良性刺激。污染指空气污染与噪音污染。香烟烟雾缭绕，肮脏的鞋袜衣服不随时清洗，汗渍臭气污染空气。宿舍内喧闹声、嘈杂音等都是影响学习休息的不良因素。教室和宿舍要通风好，采光照明充足，并定期监测大气及室内空气的污染状况，及时清理各种废弃物，做到走廊、楼梯无垃圾、无蛛网，门窗、地面和墙壁干净无灰；洗脸间地面清洁，大便池、尿池清洁无臭味；桌凳、床铺、衣物整齐，生活学习用品存放有序。

二、绿化校园对健康的作用

（一）净化空气

绿化的环境对空气的净化作用包括：①"换气"作用。绿色植物的光合作用，从空气中吸收二氧化碳，放出氧气，使空气清新。②绿色植物吸收有毒气体。其对空气中的二氧化碳、氟化氢及致癌物质有较强的吸收能力。③减少空气中的细菌量。有些植物能分泌具有挥发性的物质，该类物质有杀死细菌、真菌和原生动物的作用。

（二）减少污染

主要表现为：①减少空气污染。繁茂的树林对灰尘、粉尘等污染有明显的阻挡、过滤和吸收作用。②减少放射性污染。植物不仅能阻隔放射性物质和辐射的传播，还有过滤和吸收作用。③减少噪音污染。茂盛的绿叶对噪音有吸收和反射作用，可减少噪音 5~7 分贝。

（三）减少刺激因素。

主要表现为：绿树成荫，可减少日晒、光辐射、风沙等刺激，使人宁静。

（四）发送小气候

主要表现为：①调节气温。林荫处比空旷处的气温可低 3℃~5℃。②调节湿度。树林中的空气湿度比空旷处高 7%~14%。③调节风速。树林中对气流速度的影响范围相当于树本身高度的 10~20 倍，甚至 40 倍，如树林高 30 米，则防风范围可达 300~600 米，风速平均减少 0.88~2.62 米/秒。

大学生要自觉地培养公德，养成良好的卫生习惯，增加自我保健意识，积极参与绿化校园建设。

第三节　社会环境与健康

社会环境是由人类在长期的社会发展中，为了不断提高自身的物质和文化生活而创造出来的，它包括社会政治、经济、文化、风俗习惯、生活劳动环境、人口、家庭、人际关系、社会地位、就业等诸多方面。人类的健康不仅受自然环境因素的影响，而且也与社会环境息息相关。社会进步、经济发展、劳动卫生条件改善、家庭和睦等可增进健康，反之社会动乱、经济落后、交通拥挤、家庭不和等则可直接或间接损害健康。本节主要从社会政治经济、人口、家庭、社会文化、人际关系五个方面阐述社会环境与健康的关系。

一、社会政治经济

社会政治制度、经济水平是起决定作用的社会因素，对健康可产生直接或间接的深远影响。一般来说，政治稳定、经济发展对健康起促进作用，反之则起损害作用。苏联解体后的俄罗斯是一个很好的例证。解体后由于政治动荡，俄罗斯经济几乎处于崩溃边缘，人民的健康水平急剧下降。据报道，1998 年时，其平均寿命已下降到不足 60 岁。社会制度是通过其民主和自由的程度、资源和收入的分配制度以及它所制定的各种政策、法规对人的健康产生影响；而经济水平则是实施政策法规、影响劳动和生活质量的重要因素，是提高健康水平的物质基础。

在贫穷落后的旧中国，由于独裁统治，经济掌握在少数利益集体手中，广大劳动人民贫困潦倒，缺医少药，各种疾病因而也肆虐横行，严重地危害着人民的健康。新中国成立之后，社会政治、经济发生了翻天覆地的变化，为维护和增进人民的健康提供了基本的保证。国家实行了按劳分配制度，制定了一系列政策法规，实行了公费医疗、劳保、合作医疗，大力开展计划免疫和群众性爱国卫生运动等，使部分严重危害我国人民健康的疾病得到了控制与消灭。这充分说明了政治、经济尤其是社会制度对人民健康有深远影响。

二、人口

一定数量和质量的人口是社会文明的标志。人口数量和质量与人们的健康水平也息息相关。世界卫生组织认为："健康、人口的发展互不可分。发展的成功取决于资源细致的平衡，迅速的人口增长，威胁着这种平衡，因为它使人口与资源的差距加大。人口的规模、年龄结构、区域分布，既取决于生育率、人口流动情况，又对健康工作有重要影响。"当今世界人口问题，面临"激增的人均消耗和迅猛的人口增长"两大难题。世界人口增长速度不断加快，1830 年人口是 10 亿，然后每增长 10 亿间隔是 100 年(1930 年)、30 年(1960 年)、15 年(1975 年)、10

年(1985 年)。人口的过快增长令粮食、能源、住房、教育、医疗、就业等失去保障，人口迅速都市化使环境污染、交通拥挤、水源不足等，这些都给社会发展和人类健康带来了一系列的不良后果。此外人口素质也会影响人类的健康(见社会文化部分)。控制人口的增长是当今世界特别是发展中国家面临的一项紧迫任务。我国是世界上人口最多的国家，计划生育是我国的一项基本国策，这不仅直接关系到我国经济和社会的发展，而且对世界人口发展也有很大的影响。

三、家庭

家庭是社会组成的基本单位，它是以婚姻关系为基础的一种社会生活组织形式，具有生育、教育、经济、消费、赡养等功能。家庭环境的好坏对健康有极大的影响。家庭对健康的影响主要表现在以下几个方面：一是通过遗传对子女健康产生影响。每个人都是基因与环境相互作用的产物。父母基因决定了子女身体素质等许多方面的潜能，而许多先天性素质也都是由于遗传因素或母亲孕期各种因素影响而产生的。二是家庭结构是否完整、关系是否和睦直接影响着个体的情绪状态，从而影响个体的心身健康。生活在破裂的家庭、单亲家庭或父母常争吵的不和睦家庭，儿童的躯体疾病和心理障碍较多；对于父母自身也有重大的影响。一项研究对新近丧偶的 903 名男女进行了长达 6 年的追踪观察，并与年龄、性别相仿的对照组进行比较，发现实验组死亡率第一年为 12 %，第二年为 7%，第三年为 3%，而对照组分别只有 1%、3%、2 %；国外一项持续 10 年排除了吸烟、经济状况等因素的研究也发现丧妻者死亡率比普通者高，而当其再婚后，其死亡率又低于普通对照组。另外家庭的关怀、支持对病后康复也有重大影响。三是家庭尤其是父母的文化、经济条件、性格、行为等因素会影响家庭成员的健康行为，如饮食、运动、吸烟、看医生的次数等，这些行为也会影响个体的健康。父母的行为对儿童影响极大。过于冷淡、忽视家庭者，儿童易出现孤独、冷漠、说谎、离家出走等问题；而过分溺爱，又会使儿童出现无病呻吟、脆弱、任性霸道等心身问题。表 5 - 2 是父母教育态度与儿童性格的关系。总之，努力营造一个健康的家庭环境对家庭成员的健康有重要的促进作用。

表 5 - 2　父母教育态度与儿童性格的关系

父母教育态度	儿童性格
民主型	大胆、独立、善于交际、协作，有思考能力
过于严厉	顽固、冷酷无情、倔强，缺乏自尊和自信
溺爱型	任性、爱发脾气、情绪不稳，缺乏独立性
过于保护	被动、依赖，缺乏社交能力
意见分歧	警惕性高、两面讨好、投机取巧、说谎
支配型	顺从、依赖，缺乏独立性

四、社会文化

文化是指人的一切生活方式和满足这些生活方式所创造的事物。文化由人类活动所创造，而文化观念反过来又支配和制约人类的行为，对人类的心身健康产生重要影响。一般来说，进步、文明的文化有利于心身健康，而反动、消极的文化则阻碍社会的进步，影响社会安定，损害心身健康。文化对健康的影响主要表现在以下几个方面：一是文化素质会影响身体健康。一般文化素质高的人群，其下一代素质也较好。我国一项测试结果显示：母亲为小学文化程度的儿童平均智商为98.3，初中文化程度的为103.3，高中文化程度的为108.1，大学以上文化程度的为109.9。另外文化素质高的人群较易接受健康教育，懂得自我保健，因而其健康水平较高；相反，文化水平低的人群多缺乏卫生知识和保健能力，因而健康水平较低。二是精神文化空虚或缺乏易引起不良行为，如吸烟、酗酒、吸毒、赌博等，并会对健康产生较大影响。我国改革开放后，由于精神文明未完全跟上，封建迷信活动有所抬头。迷信者往往相信"命运安排"而对个人和社会造成极大的危害。三是文化差异会引发心身健康问题。如两代人之间，由于生存环境不同，易引起文化差异，俗称代沟，处理不好，还会产生心理冲突；而当一个人迁入另一个陌生文化地区即"文化迁移"，如移民、留学时，如果不能适应，也常出现行为生理异常，甚至产生自杀或杀人的异常行为等文化不适应综合征；文化、风俗、宗教、道德观念等也影响人们的健康行为。社会交往受习俗、道德等限制时，有时也会产生不良心理反应。而不健康的道德观念，如性放纵则可引发性病的广泛传播，甚至产生暴力、犯罪等，危害社会安定和人民健康。总之，文化渗透到人类的各个方面，对人类健康有重要影响。

五、人际关系

人是社会的人，他/她总是生活在一定的群体之中，与他人交往是人的基本需求。所谓人际关系是指在社会实践过程中，个体所形成的对其他个体的一种心理倾向及其相应行为，它反映了人与人之间心理上的距离。人际关系广泛而复杂，对人的心身健康也会产生深刻而持久的影响。人与人之间的交往是建立人际关系的基础。社会交往缺乏，如个人由于拘禁、坐牢等原因短时间或长时间远离社会，可产生心理行为障碍，即所谓的"社会剥夺综合征"。而在社会交往中，人总是与他人形成形形色色的关系，如亲戚、朋友、同学、同事关系等，所形成的这些关系是否和谐、协调对个人心身健康有重要影响。一是协调融洽的人际关系对个人健康有影响，通过情感交流、宣泄而使人产生乐观、积极向上的情绪；相反则会增加压抑、苦闷感等，导致心身异常。同时良好的人际关系有助于给人带来一种安全感，而不良关系常使人感到不安、无助，甚至失望自卑等。二是社会支援系统是否有效对个人健康也有影响。所谓社会支援系统是指个体所拥有的、可以依靠和信赖的人，包括父母、兄弟、朋友、组织等。如果一个人处于"孤立无援"的境地，就易引发心身问题。国外一些研究认为，有效的社会支援能增强耐受、应付和摆脱紧张处境的能力。而国内一些研究也显示一些心理疾病患者在遭受负性事件增多时，会与正常人不同，他们所获得和利用的社会支持不是相应增加而是减少，从而易陷入精神过度紧张→社会支持利用减少→过度紧张难以缓解的恶性循环中。因此增进人际交往，改善人际关系是一个人生存和发展的必要条件，有利于心身健康。

第四节　环境污染与健康

由于各种人为的或自然的原因，环境组成发生了重大变化，环境质量不断恶化，扰乱了生态平衡，对人类健康造成直接的、间接的或潜在的有害影响，这种现象称为环境污染。环境污染是人类生产和消费活动所造成的。在工业革命之前，人类生产能力很低，所产生的废物较少，影响范围小，但工业革命后，工农业迅速发展，"三废"即废气、废水、废渣明显增多，而且它们没有经过科学处理就任意排放，超过了生态系统的自我调节能力，其结果便是环境污染。

环境污染是多方面的，主要有大气、水、土壤、食物污染，它们通过食物、空气、水、有害物质作用于人体，危害人体健康。大气污染的污染源是废气和粉尘，主要来自工业废气、交通工具燃料废气、生活燃料燃烧废气、生活有机垃圾以及其他有机物产生的恶臭气体等；水污染的污染源是工业废水、生活用水以及降水对土壤的冲刷使污染物流入水体；土壤污染的污染源是农药、化肥、废气、污灌等，其结果可引起农产品的污染；食物污染的污染源有的则是由土壤污染引起的，有的是在加工、运输过程中污染的，有的是食物霉变引起的。

环境污染源中的有害毒物，如废气中的二氧化碳、一氧化碳，废水中的病原体、重金属，食物里积聚的毒物或残留的农药、霉变的黄曲霉素等，这些有害物质通过人们的呼吸、饮食等途径进入机体后与机体组织发生生物化学或物理化学作用，破坏机体正常生理机能。严重的环境污染称作公害，因环境污染造成的地区性中毒性疾病称作公害病，此外环境污染还可引发传染病、职业病、食物中毒等。

环境污染对健康的损害主要有如下几种。

（一）急性中毒

环境中的毒物短期内大量进入机体，可引起急性中毒和死亡，如1952年12月，英国发生的一起严重的公害事件即伦敦烟雾事件。此公害是当时家庭取暖燃烧排出的二氧化硫及烟尘在浓雾中蓄积不散造成的。在严重烟雾发生期间，大批该地居民出现咳嗽、胸闷、喉痛、呕吐，造成了一周内死亡 4730 人的严重事件。此外在 20 世纪还发生了许多起其他公害事件，如 1930 年比利时马斯河谷发生的严重的二氧化硫及氟化物污染大气事件，洛杉矶、纽约、东京等地发生的光化学烟雾事件，1984 年印度博帕尔市发生的联合农药厂泄毒事件等。

（二）慢性中毒

环境中低浓度的毒物长期反复作用于机体产生慢性损害，如 1955 年日本富山骨痛病事件，此公害是由于日本富山县的锌冶炼工厂排出含镉废水，镉在食物链中聚集，通过饮水、食物进入人体，经过若干年长期作用，造成慢性中毒，致使该地方不断出现骨痛病患者。该公害病至 1972 年，患者人数超过 280 人，死亡 34 人；另外在日本发现的水俣病也是环境污染造成慢性中毒的典型例子。

（三）致癌

目前已肯定外界环境中的一些有害物质对肿瘤有诱发和促进作用。如黄曲霉素诱发肝癌，过多的放射线照射可诱发白血病等。

（四）致胎儿畸形

放射线、某些药物与病毒已被证实能干扰胎儿正常发育，造成胎儿先天畸形。日本水俣病流行地区，某些妇女虽无中毒症状，但甲基汞可通过胎盘，使胎儿中枢神经系统畸变，导致胎儿出现小头怪胎、先天性麻痹性痴呆等。

（五）致突变

突变是指机体的遗传物质在一定条件下发生突然的变异。环境污染引起的突变作用往往对身体有害，若突变发生在生殖细胞则可导致不孕、早产、死胎或畸形及遗传疾病；若突变发生在体细胞，则常导致体细胞异常增殖而形成肿瘤。

总之，保护生态环境，防止环境污染对维护人体健康具有重要意义。

第七章　营养与健康

第一节　大学生的营养需要

大学时代，需要学习和掌握很多专业知识，除了脑力劳动以外，还需要参加一定的体力劳动。每天学习和活动在 10 小时以上，消耗能量是很大的。食物是人类赖以生存的物质基础，这些能量的消耗需要从食物中摄取补充，如果食物的各种营养成分含量不足，不注意饮食卫生和食品卫生，不仅对身体的生长发育、体质情况有影响，而且会对学习和工作效能等产生重要的影响。因此，讲究食物营养，注意饮食卫生和食品卫生，对提高大学生的健康水平、增强体质，落实培养德才兼备的社会主义建设者和接班人这一根本任务是很必要的。

一、大学生营养的重要性

大学生的年龄一般在 17 ~ 25 岁，正值青年发育期，生理和心理都将发生一系列的变化，这些变化均受到营养的影响。

大学生时期是人生中长身体、长知识的最重要阶段，在这个阶段中各系统的器官发育趋向成熟，思维能力敏捷，记忆力最强。因此，其生长速度、性成熟程度、学习能力、运动成绩、劳动效率都与营养有极为密切的关系。如果营养不足，将造成严重影响。

大学生的活动量增强，生长发育旺盛，新陈代谢率高，氮热为正平衡状态，因此，其食量也会增大，食物量也是一生中最大的时期。此时不能为减肥而去节食，必须保证营养供给，否则，将会自动消耗体内的氮热来补充这些营养的消耗，造成负氮热平衡，使生长发育受到影响，最常见的症状和体征为疲乏、体重减轻、机体抵抗力下降等。

大学生的营养状况如何，可通过一些基本测定数据同人体正常值相比较。最好、最简单的方法是经常测量体重。

标准体重 = 身高 - 100（男身高 165 厘米以下者为身高 - 105）。在标准体重 ±10% 以内者为正常；±10% ~ 20% 为瘦弱或超体重；±20% 以上为极瘦弱或肥胖。

二、大学生营养的需要量

（一）热能

人和所有动物一样都需要用热能来维持生命活动。人类的热能来源于食物，从食物取得的热能，可用于生命活动的各种过程，包括内脏器官的化学和物理活动、体温的维持、脑力和体力活动以及生长发育等。一般来说，大学生每天的热能需要量男生为 3600 千卡（1 千卡 = 4.814 千焦），女生为 3200 千卡。人若长期热量不足，就会出现疲劳、消瘦、抵抗力降低等症状，影响身体的发育、体力、学习和运动的效能。相反，摄入过量热量时，人体一般会储存起来。热能的主要储存方式是脂肪。有些女学生认为，吃得太多、太好，热能摄取过多会导致发胖，影响体形美。从营养学角度看，一个少年从 10 岁成长至 18～20 岁时，身高平均增加 28～30 厘米，体重平均增加 20～30 公斤，热量的增加与生长速度是相适应的，不会因热量的增加而引起肥胖。另外，发胖与体内的脂肪合成酶密切相关。到 40 岁以后，人体内的脂肪合成酶活性会增加，即使进食量比年轻时减少一半，照样可能发胖。所以，肥胖并不完全取决于进食量。但是一般来说，人在正常的进食量下是不会发胖的。

1. 热能消耗的方式

人体热量的消耗与其热量的需要是一致的。热量消耗的方式有以下三种：

（1）基础代谢

基础代谢是维持生命最基本活动所必需的能量需要。此时的人体基本上是维持循环、呼吸系统的最低活动，保持全身细胞原来的功能与完整性，保持体温和呼吸肌等肌肉的活动，保持全身骨骼肌的紧张度。每个人在同一生理条件下的基础代谢是接近的。基础代谢主要受体型、年龄、性别和一些生理状态的影响。人体的热能消耗与体型，尤其是体表面积有很大的关系，而人的体表面积又与其身高和体重有关。基础代谢不仅与体表面积有密切的关系，而且也和肌体的去脂组织有密切关系。男生的去脂组织，尤其是其中的骨骼肌比女生发达，故基础代谢所需的热能也一般高于女生。一个人基础代谢所需热能约为 1500 千卡。

（2）脑力活动和体力活动

脑力活动和体力活动是影响大学生热能消耗的最主要因素。在这些活动中人体本身的重量就是一种负荷，要消耗机械能。人在活动中需要肌肉和其他组织做功，脑力活动和体力活动越强，其热能消耗也越大。此外，热能消耗还与活动时间的长短有密切的关系。一个人正常活动所需的热能为 1600～2000 千卡。

（3）食物的特殊动力作用

这是指人体由于摄食所引起的一种额外热能消耗。食物不同，所消耗的热量

101

也不同。摄入蛋白质要多消耗相当于该蛋白质所产生热量的 30% ，摄入碳水化合物要多消耗其所产生热量的 5%～6% ，摄入脂肪要多消耗其所产生热量的 4%～5% 。大学生由于摄入一般混合膳食每日多消耗的热能，约为 150 千卡。

2. 热能的食物来源

人体的热能来源于食物中的蛋白质、脂肪和碳水化合物。它们每克的产热量分别为 4 千卡、9 千卡、4 千卡。若按每个大学生每天吃粮 1 斤计算，可提供热能 2000 千卡，其余差额 1200～1600 千卡，就必须从副食中补足。以上三种营养素摄入比例必须适当，不论热量摄入多少，蛋白质、脂肪和碳水化合物的摄入重量比例一般都为 1:1:4。

(1)碳水化合物

碳水化合物按其分子结构可分为单糖(葡萄糖、半乳糖和果糖等)、双糖(蔗糖、麦芽糖和乳糖等)及多糖(淀粉、糊精等)三类。单糖可直接在小肠内被吸收及利用，而双糖及多糖则须经消化，在小肠内分解为单糖后才能被吸收利用。

人体所需的能量，70% 由糖提供，糖类也是细胞组成不可缺少的部分。糖进入体内，以糖原形式贮存于肝脏及肌肉中，除提供能量外，对体内蛋白质的消耗起保护作用。此外，其对某些有害物质起解毒作用。一些不能被体内吸收的多糖，如果胶及纤维素等，有降低肠内憩室和肿瘤的发生率以及防止冠心病的作用。

(2)蛋白质

没有蛋白质就没有生命。它是机体的重要物质基础，人体的组织细胞都是由蛋白质组成的，蛋白质不仅是构成各类细胞原生质的主要物质，而且核蛋白质及其相应的核糖核酸还是遗传的主要物质基础，也是制造红细胞中血红蛋白和生成血浆蛋白的材料，所以要十分注意膳食中蛋白质的供给。大学生每天蛋白质的需要量为男生 90～100 克，女生 80～90 克，每公斤体重为 1.6～1.9 克。蛋白质需要量的增加与热量增加成正比例关系，一旦热量不足，就会造成蛋白质浪费。因此，必须在热量足够的前提下，供给充足的蛋白质，才能发挥其作用。

要学会补充优质蛋白质。在人体内，蛋白质的消化首先是在胃中受胃蛋白酶的作用，然后是在肠道中受胰蛋白酶的作用，最终分解为氨基酸。人体中的各种蛋白质都是由 20 种氨基酸按不同的组合构成的，其中有 8 种是人体营养必需的氨基酸。它们在人体内不能合成。优质蛋白质(动物性蛋白和大豆蛋白)则含有全部所需的氨基酸。因此，每天要从膳食中供给一定数量的优质蛋白质(占蛋白质总摄入量的 30%～50% 以上)，若补充不足，就会影响健康。供给充足的优质蛋白质，对大学生的健康与学习效率的提高都是十分重要的。

供给人体蛋白质的主要食物为畜禽肉类、鱼类、软体动物类、鲜奶类、蛋类、干豆类、硬果类等。稻米一般含蛋白质 7.2%～9.5% ，面粉含 10%～11% ，而薯类含 2%～3%。大学生膳食中蛋白质的供给，可在粮食的基础上，加上一定比例的动物性蛋白质与豆类蛋白质。若每天摄入的总蛋白质在数量上能达到营养供给量标准，而且其中有一半以上来源于动物性蛋白质和豆类蛋白质，则能较好地满足营养需要。

（3）脂肪

脂肪是一种高能营养物质，它和碳水化合物相互配合提供人体所需的热能。大学生每天的脂肪需要量约为 60 克，其所供应给人体的热能应占总热能的 20%～30% 为宜。它的营养价值是：

①为机体提供热能和必要的热能储备；

②提供必需的脂肪酸，如亚油酸对健康具有特殊作用；

③是组织的成分之一，磷脂类有重要的生理意义；

④是多种维生素的溶剂；

⑤增加食物的美味和保护蔬菜等食物中的维生素等物质免于氧化，同时使膳食具有饱腹感。

在人体内，脂肪的吸收在小肠。在小肠内，脂肪首先分解为甘油和脂肪酸。甘油可转变为葡萄糖和肝糖原，脂肪酸通过氧化作用产生热能。另外，甘油和脂肪酸又可合成甘油三酯储藏在体内，它约为体重的 12%，其中储存在皮下的最多，其次分布在内脏以及肌肉的结缔组织内。储藏的脂肪也经常分解以产生热能，每天食物中新摄取的脂肪又不断地被储藏进去。

膳食中脂肪主要来源于各种植物油和炼过的动物脂肪。此外，各种普通食物中也都含有不等量的脂肪。植物性油料以大豆、花生等含油量最丰富，动物性食物如鱼肉类视其部位及其体脂量多少而异。谷物和蔬菜的脂肪含量很少，坚果及果仁的含量有的虽然较高，但在食物中所占的比重很小。

膳食中的脂肪在总热量中的比例应该恰当，若比例过高，会发生热能过剩，以致过多地堆积在体内。成年人发胖会增加患某些疾病（如心血管病、女性乳腺癌等）的危险性，大学生如能每天从混合膳食中摄取约 50 克的脂肪则可基本满足生理需要。

（二）无机盐

除碳、氢、氧、氮主要以有机化合物的形式出现以外，其余各种元素统称为无机盐。无机盐与大学生的营养关系密切，在大学阶段，他们骨骼发育旺盛，肌肉组织细胞数目直线增加，性器官逐渐成熟，因此，无机盐也应相应增加。近 10 年来的调查研究表明，大学生钙、钾、镁等常量元素和锰、铁、锌、铜等微量元素均有不同程度的缺乏。如我省大学生钙的摄入量就不及所需标准量的 60%，摄入量严重不足。

1. 钙

钙、磷和镁三者的营养价值主要有两个方面：一是为骨骼和牙齿生长所必需，三者之中有一种缺乏，就会妨碍骨骼的形成；二是为维护正常的组织兴奋性，特别是神经肌肉的兴奋性所必需。如血钙减少时能引起痉挛。人体含钙总量约为1200 克，男女需要量均为 1000 毫克/日，钙磷比例为 1 : 1.2 或 1 : 1.5。我省以稻米为主食，稻米本身磷高钙低($P : Ca = 110 : 13$)，钙磷比例不适以致失衡。因此，应补充含钙量较多的食物，如虾皮、鸡蛋、鸭蛋、绿叶菜、奶和奶制品等。

2. 铁

铁是组成血红蛋白的主要成分之一，人体含铁量为 3 ~ 5 克，需要量为15 毫克/日，但女学生由于月经失血，所以铁更要保证供给。机体缺铁可使血红蛋白减少，发生营养性贫血，表现为食欲减退、烦躁、乏力、面色苍白、头晕、眼花、免疫功能降低等。湖南省大学生膳食铁是充足的，但以植物中的铁为主，吸收差，利用率低，因此，应注意补充动物性食物铁，如动物肝脏、动物全血、肉类、鱼类等。黑木耳、海带和某些蔬菜，如菠菜、韭菜、白菜苗也含较多的铁。

3. 锌

锌是很多金属酶的组成成分或酶的激活剂，人体含锌量为 1.4 ~ 2.3 克，其每日需要量男性为 8 ~ 15 毫克，女性为 9 ~ 15 毫克。据调查，湖南省大学生缺锌较为普遍。锌缺乏表现症状为食欲不振、生长停滞、性幼稚型、伤口愈合不良等。因此，应补充含锌较高的食物，如高蛋白食物(鱼、肉、蛋等)和海产品(海蛎肉、生蚝等)均是锌的良好来源。

4. 硒

硒是维持人体正常生理的微量元素，主要是以谷胱甘肽过氧化酶的形式发挥抗氧化作用，以保护细胞膜。有资料介绍，硒具有抗癌、防衰老作用。有人建议硒的供给量为每日 50 ~ 200 微克，动物的肝、肾、海产品及肉类是硒的良好来源，蘑菇、桂圆、白果、石花菜、西瓜子、南瓜子、杏以及桑葚也含较多的硒。

5. 碘

碘是组成甲状腺素的主要成分之一，从食物中所摄取的碘，主要为甲状腺所利用。人体正常含碘量为 20 ~ 50 毫克，每日需要量男性为 130 ~ 160 微克，女性为 110 ~ 120 微克。人体中含碘量过高或过低都能导致甲状腺肿。大学生处于青春期，甲状腺机能强，需要更多的碘，应注意在膳食中供应如海带、紫菜等含碘量较高的食物。

(三)维生素

维生素是维护身体健康、促进生长发育和调节生理功能所必需的一类有机营养素，根据其溶解性可分为脂溶性维生素(维生素 A、D、E、K)和水溶性维生素(维生素 B、C)。

1. 维生素 A

维生素 A 是一种比较复杂的不饱和一元醇，它的营养价值主要有三个方面：一是促进生长，二是避免上皮细胞角质化，三是维持正常视觉。人在缺乏维生素 A 时，易患干眼病和夜盲症。此外，维生素 A 还有抗癌作用。大学生维生素 A 需求量为 2200 国际单位/日（相当于 4 毫克胡萝卜素）。湖南省大学生维生素 A 在所需量标准的 60% 以下。因此，应注意补充含维生素 A 较多的食物，如动物肝脏、禽蛋和有色蔬菜（如胡萝卜、菠菜、韭菜、空心菜等）。

2. 维生素 D

它是类固醇的衍生物，其营养价值是维持钙和磷的正常代谢。成年人缺乏维生素 D 时，可引起骨质软化病和骨质疏松症。在钙、磷供给充足的条件下，大学生若每日能获得 400 国际单位的维生素 D 即可满足其生理需要。如果较多接触直射阳光，则以上数量很易通过紫外光的照射而获得，可不考虑从膳食中获取维生素 D。

3. 维生素 E

维生素 E 又称生育酚，它与动物生殖机能的正常发育有关。当生育酚缺乏时，对雄性动物，则妨碍精子的生成；对雌性动物，则影响胚胎的生长。人的正常生殖功能是否也需要它，目前还不能完全肯定，但临床上常用它治疗不育症、习惯性流产及早产婴儿等。维生素 E 还能提高免疫反应，预防衰老。麦胚油、棉子油、菜籽油、芝麻油及莴苣叶等含生育酚都较多。

4. 维生素 K

维生素 K 的化学结构主要部分是 4 - 萘醌。它有促进血液凝固的作用，因为它能促进肝脏合成凝血酶原。当维生素 K 缺乏时，血液中凝血酶原也会减少，以致血液很难凝固。绿色和红色的水果、蔬菜（如菠菜、洋白菜、番茄等）都含有丰富的维生素 K，常吃这类食物一般就不会缺乏维生素 K。

5. 维生素 B

维生素 B 包括好几种 B 组不同的维生素，故称为维生素 B 复合物。这里只说几种重要的。

维生素 B_1，即硫胺素，是人体不可缺少的物质，其主要功效是：① 维护神经，防止多发性末梢神经炎；② 促进身体发育；③ 增进食欲及肠胃的紧张性；④ 保持正常的心脏活动。缺乏时，易患脚气病，胃肠消化也易受到妨碍，使食欲减退，心脏衰弱。我省以白米为主要食粮，这种病较为常见。

维生素 B_2，又称核黄素，具有显著的促进生长的功能。据调查，湖南省大学生的维生素 B_2 严重不足。缺这种维生素时，可发生眼角膜外围血管扩张和口角皲裂。前一种症状是患者感觉眼睛发烧、发痒、流泪和畏光。

维生素 PP，又称尼克酸、烟酸，缺乏时将引起癞皮病，其典型症状是皮炎、腹泻、痴呆，即所谓"三D"症状。

维生素 B_6，即吡哆素，缺乏时可引起小细胞低血色素贫血、神经系统功能障碍(如惊厥)、脂肪肝、脂溢性皮炎等。叶酸具有造血功能，对恶性贫血病有防治作用，对因磺胺类药物中毒引起的颗粒白细胞缺乏症有解除作用。

维生素 B_{12}，因其含钴，故又称钴胺素，是唯一含有金属的维生素。它具有抗脂肪肝的作用，同时还能治疗恶性贫血。

以上各种维生素 B 的主要食物来源是动物肝脏、米麦的外皮、酵母菌及豆类、绿叶蔬菜等。

6. 维生素 C

它又称抗坏血酸，可参与机体的生理氧化还原过程，是机体代谢不可缺少的物质。它还可维持牙齿、骨骼、血管、肌肉的正常功能和促进伤口愈合，增强机体对疾病的抵抗力，缓解某些毒物(如铅、苯、砷化物及细菌毒素)的毒性。

维生素 C 严重缺乏时会引起坏血病，此病的症状是食欲差，精神抑郁，肤色苍白，牙龈炎、牙齿疏松，皮下及黏膜出血，骨关节酸痛等。维生素 C 的需要量标准男性为 90 毫克/日，女性为 75 毫克/日。

维生素 C 的主要食物来源是新鲜蔬菜、水果，特别是胡萝卜、番茄、柿椒、苦瓜、橙子、酸枣等。只要经常吃到足够的蔬菜和水果，并注意烹调方法，人们一般不会缺乏维生素 C。

第二节　大学生的合理膳食

一、合理膳食的原则

首先，应进行营养调查，了解大学生的营养状况。然后，根据营养需要量安排膳食，一般来说，合理膳食应符合如下的几条原则：

①膳食应供给必需的各种营养素和足够的食物量。膳食中各种营养素的含量要适宜，个别营养素不可过多或过少，以期达到平衡膳食的要求，而且要易于消化和吸收。

②膳食中的食物必须多样化。主食和副食都应经常变换花样，这样既不致厌倦又因有新的口味而增进食欲，同时还可以使人从各种主、副食中得到更全面的营养素。

③膳食必须有一定的饱腹感。食物的重量和容积应当适中，过多会使消化道负担过重，引起消化不良，过少又不能吃饱。

④膳食要符合习惯要求。食物的色、香、味可触发条件反射，引起消化腺分泌消化液。此外，膳食还要注意民族特点。如回族、壮族、黎族大学生都有其本

民族的膳食特点，对外国留学生的膳食也应留意。

⑤进餐的环境要轻松、愉快，以便专心就餐，增进食欲。

二、合理膳食的配制

合理膳食应包括：① 主食，如米饭；② 新鲜蔬菜；③ 动物性蛋白食物，如肉、鱼、蛋等；④ 植物性蛋白食物，如黄豆及豆制品；⑤ 烹调用油；⑥调味品，如食盐、酱油、味精、醋、辣椒粉、五香粉等。

应尽量根据食物成分选择营养丰富、适合经济条件且在当地能得到的各种食物。

大学生三餐分量的分配大致如下：

早餐——全日热量的 25% ~ 30%；

中餐——全日热量的 40% ~ 45%；

晚餐——全日热量的 25% ~ 30%。

第三节　大学生的饮食卫生

大学生的饮食卫生包括很多内容，涉及范围很广，本书就日常存在且较普遍的问题进行简述。

一、进食不宜太快

大学生的食量较大，消化力强，进食很快，饥饿时更容易狼吞虎咽，食物在口中停留时间短，咀嚼不充分，牙齿未将食物充分研磨，唾液和食物也不能充分搅拌，起不到在口中消化一部分食物的作用，这必将影响消化，增加胃的负担。同样，有的大学生喜欢加开水、汤下饭，也是不符合饮食要求的。

二、不能暴饮暴食

暴饮暴食，就是指一次吃喝的太多，超过正常饮食量的一倍或几倍。如果暴饮暴食，进食量很大，胃液（胃液中含有促进蛋白质消化的蛋白酶和帮助消化、杀灭细菌的盐酸）不够用，胃里食物过多，将胃撑大，特别是油脂食物使胃的蠕动力降低，使不消化食物停滞不下，就能引起急性胃炎，出现上腹饱胀、腹痛、厌食、恶心和呕吐症状。倘若胃内食物量过大，胃壁绷得过紧，使胃完全丧失蠕动能力，则会成为"急性胃扩张"。如救治不及时，很可能会引起胃穿孔，危及生命。

暴饮暴食还能引起胰腺分泌大量胰液，使短时间内消化酶骤增，引起胰腺自身消化，发生急性胰腺炎，死亡率很高。俗话说得好，"少吃多得味，多吃活受罪"，狂饮伤身，暴食伤胃。

三、不要挑食偏食

挑食就是对食物挑三拣四，凭自己主观爱好，认为好吃的就吃的很多，不好吃的就不吃或少吃，如有个别大学生专吃荤菜，不吃蔬菜、豆制品等。偏食就是偏爱某些食物，或者说是习惯吃某些食物，拒绝吃另一些食物。偏食和挑食有所不同，偏食不一定挑好的吃，如个别大学生不吃肉、不吃鸡，有的不吃鱼、不吃蛋，也有的不吃面食。

挑食和偏食都不好，它和营养原则相违背。需要的营养应从品种众多的食物中摄取，一个人吃的食物越杂，摄取的营养素就越丰富，适应生活环境的能力也越强。例如，豆腐等豆制品是大豆制成的，所含的蛋白质营养价值很高，可和肉类相媲美，而且豆制品含钙量也很高，对人的骨骼很有益。另外，豆制品含有卵磷脂，是构成神经组织和维持脑正常代谢的重要物质。又如，有的学生不吃芹菜，其实芹菜含有丰富的蛋白质、矿物质和芳香油，其中芳香油可增进食欲，促进血液循环，还可起到降低血压和健脑的作用。

四、吃饭时不要看书

有些大学生好像"惜时如金"，经常一边吃饭一边看书或杂志。众所周知，"一心不可两用"，这里的心就是人的大脑，吃饭和学习不能在同一时间内进行，否则两者都做不好，而且有损健康。因为，吃饭时看书，大脑就要进行思考、判断、联想、记忆等脑力活动，分散了吃饭的注意力，无暇顾及食物滋味的品尝，感觉不到吃东西的香甜，嘴里唾液和胃里消化液分泌减少，胃肠蠕动减弱，食欲也随之减弱，久而久之，可能会引起消化不良和肠胃病。而且，看书、学习需要较大量的血液供应大脑的需要，若一边吃饭一边看书，胃肠为了消化食物，也要较多的血液供给胃肠，这样会把供给脑部的血液夺走一部分，造成供脑的血液不充足，稍久人便会感到头晕眼花，对学习也无益。

五、避免进食过多的冷饮、冷食

有些学生外出归来或体育活动后，为了解渴，一次性地喝很多冷饮或吃很多冷食，虽然好像解渴了，却伤害了肠胃。这是因为运动后或身体很热时，肠胃的血管处于收缩状态，大部分血液集中到参与运动的四肢肌肉中，或是到体表扩张的血管里，以利散热；这时进食大量的冷饮、冷食，肠胃道的吸收能力很差，加上胃受到冷饮、冷食的刺激，易引起胃幽门痉挛，结果使水分容易积存在胃内，易引起腹部闷胀不适。同时，胃肠突然受到冷的刺激，易引起胃肠血管痉挛以及胃肠壁的平滑肌强直收缩，发生阵发性腹痛或伴有腹泻和面色苍白，这也就是人们所说的胃肠痉挛。

六、遵从膳食"制度"

一日三餐，是人体摄取营养的"制度"，这个"制度"源远流长，是有科学道理的。可是，有的大学生有时不吃早餐或经常不吃早餐，其主要原因是睡懒觉错过了吃早餐的时间，个别女同学是为了减肥，限制热量摄入，这是不符合身体的生理要求的。脑力劳动主要靠葡萄糖供给能量，大脑消耗的葡萄糖来源于血液中的葡萄糖，血液中的葡萄糖是靠三餐饮食供给的。清晨的血糖本来就较低（每100毫升血液中的葡萄糖80~100毫克），如果不进食，及时补充，血糖会继续下降，出现头晕、四肢无力、手发抖、出冷汗、心慌等症状。这样，学生既不能集中精神听讲或学习，身体抵抗力也容易下降。

第八章　运动与健康

第一节　体育运动对健康的作用

体育运动是生命的一种表现。运动是增进健康、增强体质、塑造健美体态的重要手段，而且还能促进正确姿势、姿态的形成，改善肤色，矫正畸形，调节情绪，锻炼意志，提高人们的心理健康水平。坚持体育运动，能达到"健身、健心、健美"的效果。

一、体育运动可促进人体健康

（一）促进人体健康发展

人类在体质发展的过程中既受制于先天条件，又不可忽视环境、体育锻炼等后天因素的影响。

骨骼的构造随其功能的变化而变异，骨骼的生长决定了身高。通过体育锻炼，可促进骨骼健康地生长发育，这是体育锻炼的重要作用。骨骼的生长发育需要不断地吸收营养物质，体育锻炼能促进血液循环和增加对骨骼的血液供应，同时，体育锻炼中的各种动作，也具有促进骨骼生长的作用。

体育运动是为了保证物质能量供给，运动时肌肉内毛细血管的开放数量可达平时的 15~30 倍，长期锻炼可使肌肉的毛细血管管腔加大，流量增加，肌肉纤维不断变粗，肌肉的重量一般可由占体重的 35%~40% 增加到占体重的一半左右，这类体重的增加可使身体显得丰满而结实。

（二）促进人体功能得到充分发展

体育运动对维持和增强人体活动具有重要意义，人长期从事体育运动，能增强体质并延年益寿。

国内体育科学研究发现，体育运动可以提高人体的运动机能和心脏、循环系统的机能。国外科学家还做过一种试验，让健康青年连续躺在床上 9 天，结果发现他们的心脏循环系统和呼吸系统以及新陈代谢的工作能力平均下降21%，心脏容积也缩小 10%。

二、体育运动可促进人的心理健康发展

(一)培养良好的意志品质

意志是为达到某种目的,自觉地支配自己的行动,克服各种困难,从而实现目的的心理状态。意志是人的意识能动性的集中表现。体育锻炼,无论是有组织的或个人单独进行的,都对培养和锻炼良好的意志品质有着积极的作用。长期从事体育锻炼的人都有体会,如果没有克服困难的毅力和持之以恒的精神,是不可能坚持长久的。在体育锻炼中,需要完成一定的身体练习和达到一定的运动负荷,一个人如果没有自觉性及果断性,是不可能做到的。

(二)调节人的情绪,提高人的精神

健康的身体是一个稳定的统一体,人体的温度、血压、生物化学成分等都处于一种相对稳定状态,其只在一个很有限的范围内变动。而良好的情绪主要是指整个心理状态稳定和平衡,这种状态有利于保持和促进整个有机体的稳定。从事体育锻炼,可以调节情绪,并在中枢神经系统的支配下,对有机体内部的各个方面的关系进行相应的调整和平衡。这对情绪和精神也会有良好的作用,尤其是对爱好体育的人来说,这种作用更为显著。

三、体育运动可提高人适应社会的能力

(一)提高人体适应环境的能力

人体适应环境的能力实质上是人受了外界环境影响,在中枢神经系统支配下,不断调节机体,使之处于正常稳定的功能活动状态的能力。有体育锻炼基础的人对外界环境适应能力强,其原因有两点:一是长期进行体育锻炼,增进了健康,强壮了体格,身体的各个组织系统的能力得到了增强;二是从事体育锻炼,往往是在各种外界环境和条件下进行的,因而使机体也得到了锻炼,适应能力不断提高。

(二)促进社会交往和增进友谊

体育运动是一种社会活动,人们在体育运动过程中,不仅能够锻炼身体,而且也可以在各种锻炼活动中可以促进社会交往、增进友谊。

第二节 体育锻炼的原则

一、自觉积极性原则

自觉积极性原则,主要是指体育锻炼者,必须有明确的锻炼目的,确信"生命在于运动"的科学道理,并自觉积极地进行体育锻炼。此原则亦称意识性原则。

体育锻炼是一个自我锻炼、自我完善并总是伴随着克服自身的惰性、战胜各种困难的过程。同时，还要有一定的作息制度作保证。只有把体育锻炼当作生活中不可缺少的一部分，人们才能从中获得愉悦的情感体验。

怎样才能提高体育锻炼的自觉积极性呢?

(一)了解体育锻炼

体育锻炼是人类生活中一个必不可少的组成部分，要树立正确的锻炼目的，把体育锻炼当作学习、生活的自觉需要，激发锻炼的主动性和自觉性，从而调动锻炼的积极性。

(二)培养兴趣

兴趣是人们认识某种事物或从事某种活动的倾向。当一个人对某项体育活动产生兴趣时，就会对这项体育活动表现出极大的主动性和自觉性，使心身统一。

二、循序渐进原则

循序渐进原则，就是要遵循人体生理特征和人体适应环境的基本规律，从不同的主、客观实际出发，安排适宜的运动负荷，在渐进的基础上提高锻炼水平。在体育锻炼的过程中，运动负荷的大小直接影响人体机能的变化。负荷是否适宜，对锻炼效果的好坏起很大的作用。负荷的大小因人、因时而异。即使同一个人，在不同的机能状态下，其身体的负荷能力也不尽相同。确定运动负荷的大小，要充分考虑锻炼者的年龄、性别、健康状况、体质水平和锻炼目的等诸多因素。因此，锻炼时应循序渐进，随时调整运动负荷的大小。

如何贯彻循序渐进的原则呢?

①必须根据自身的实际情况确定运动负荷的大小，做到量力而行。

②运动负荷应由小到大，逐渐提高。开始从事体育锻炼或中断体育锻炼后恢复锻炼时，强度宜小，时间宜短，密度不要过大，不要急于求成。

③要注意提高人体已经适应的运动负荷，使体能保持不断增强的趋势。随时加强自我监督，密切注意身体机能的不良反应。

④开始锻炼时，要有一个准备适应的过程，然后再逐渐加大运动负荷。锻炼结束后，应做好放松整理活动。

⑤缺乏一定体育锻炼基础或中断锻炼过久的人，不应参加紧张激烈的体育比赛。

⑥要让心身处于适宜状态，使之适应个人的心理负荷，这不仅有利于身体健康，而且也能让人得到心理满足。

三、持之以恒原则

体育锻炼贵在持之以恒，养成良好的锻炼习惯。体育锻炼是对机体给予刺激的过程，每次刺激都会产生一定的作用痕迹。连续不断地刺激，则产生痕迹积累。这种积累使机体结构和机能产生新的适应，体质就会不断增强，动作技能形成的条件反射也会不断得到强化。如果"三天打鱼，两天晒网""一曝十寒"，当上一次的作用痕迹消失时，下一次作用的积累就会变小。长时间停止锻炼，各器官系统的机能和动作能形成的条件反射就会慢慢减退，正是"用进废退"的道理。因此，体育锻炼既不能设想在短时间内一举取得显著成效，也不能寄希望于一劳永逸。

如何才能使体育锻炼持之以恒呢？

①强化体育意识，把体育锻炼列为日常生活内容，每天保证一定的体育锻炼时间，逐步养成生活习惯，使之成为生活的重要组成部分。

②确定一个通过一定时间的努力能够实现的体育锻炼目标（不宜太高），制定一个切实可行的锻炼计划。

③把坚持经常性体育锻炼作为培养毅力、锻炼意志、陶冶情操的手段和过程，排除各种因素的干扰。

四、全面锻炼原则

全面锻炼原则，是要求体育锻炼必须追求心身全面协调发展，使身体形态、机能、身体素质以及心理素质等诸方面得到全面和谐的发展。

应该承认，人体是一个整体，各器官系统是相互影响、相互制约的。任何局部机能的提高，必然促进机体其他部位机能的改善；当某一素质得到发展时，其他素质也会得到不同程度的发展。但是，每项体育活动都有一定的局限性，如果体育锻炼的内容和方法单一，机体就不能获得良好的整体效应。如长期只从事长跑锻炼，虽然耐力素质会有较大的提高，但上肢的发展却会受到一定的影响；长期只从事身体一侧肢体的活动，则整个机体不能得到匀称发展。每个人应以一些功效大而且较有兴趣的运动项目为主，辅之其他项目，进行全面锻炼。

怎样才能做到全面锻炼呢？

①体育锻炼的内容、方法要尽可能考虑身体的全面发展，努力掌握多种运动技能，既不要面面俱到，又不可单一。

②注意全身的活动，不要只限于局部。

③在全面锻炼的基础上，有目的、有意识地加强专业实用性体育锻炼。

第三节 体育锻炼的方法

体育锻炼的方法是根据人体发展规律，运用各种身体练习和自然因素，以发展身体机能的途径和方式。体育锻炼方法是贯彻体育锻炼原则，达到体育锻炼目的的途径。

一、体育锻炼的一般方法

(一)重复锻炼法

重复锻炼法是指按一定负荷标准,多次重复进行某项练习的方法。重复的次数和时间,是决定健身效果的关键。确定和调节重复的次数和时间,应考虑项目特点。运用重复锻炼法时要注意克服厌倦情绪,防止机械呆板。

(二)间歇锻炼法

间歇锻炼法是指进行重复锻炼时两次之间有合理的休整,是提高锻炼效果的一种常用的锻炼方法。

间歇锻炼的间歇时间的长短,主要以运动负荷价值阈为准。一般来说,当负荷超过上限时,间歇时间应长,以防止负荷继续上升,造成过多的体力消耗;当负荷在下限时,间歇时间应短,密度应大。并且后次锻炼应在前次锻炼的效果未减退时进行,倘若间隔时间过长,若在前次锻炼效果消失后才进行锻炼,就失去了间歇的意义。

(三)变换锻炼法

变换锻炼法是指在锻炼过程中,采取变换环境、变换条件、变换要求等手段,提高锻炼效果的一种方法。

采用变换锻炼法,可以有效地调节生理负荷,提高锻炼情绪,强化锻炼意志,克服疲劳和厌倦情绪。

(四)循环锻炼法

循环锻炼法是指把各种类型的动作和具有不同练习效果的手段,组成一组锻炼项目,按一定顺序循环进行锻炼的方法。这种方法具有综合锻炼的效果。

循环锻炼法所安排的各个练习点,内容搭配要选用已经掌握的简单易行的动作,同时应规定好练习的次数、规格和要求。由于各点的动作及使用器械不同,练习时花样翻新,交替进行,可激发兴趣,减轻疲劳,提高密度,有显著的健身效果。采用循环锻炼法要强调动作的质量,防止片面追求运动密度和数量。

二、发展身体素质的方法

身体素质是衡量一个人体质水平的重要标准之一,主要包括速度、力量、耐力、灵敏和柔韧性四个方面的素质。

(一)发展速度素质的方法

速度素质是指人体进行快速运动的一种能力。它的表现形式有反应速度、动作速度、位移速度等三种。

1. 反应速度

它是指人体对各种刺激发生快速反应的能力。如短跑运动员的起跑反应；球类运动员在比赛中对瞬间变化作出的快速反应等。它以神经过程中反应时为基础，反应时短，则反应速度快；反应时长，则反应速度慢。

2. 动作速度

它是指人体快速完成某一动作的能力。如投掷运动员器械出手的速度、跳跃运动员的踏跳速度等。

3. 位移速度

它是指在周期性运动中，单位时间内人体快速移动的能力。如跑步、游泳、速滑等。

发展速度素质的方法很多，如听到突发信号做各种动作，可以发展反应速度；减轻器械重量可以提高投掷出手速度；改变作业条件，下坡跑可以发展位移速度；以最快的动作、最短的时间反复进行练习，都可以提高速度等。在发展速度素质的同时，要注意力量素质与灵敏和柔韧性的发展，还要注意提高肌肉的放松能力。大学生所处的年龄段是发展速度素质的稳定增长期，要抓住这一有利时机，加强速度素质锻炼。

（二）发展力量素质的方法

力量是指在肌肉紧张或收缩时所表现出来的能力。这种能力按肌肉收缩的形式可分为静力性力量和动力性力量。

1. 静力性力量

它是肌肉在等长收缩时所产生的力量，即人体维护或固定一定的位置或姿势，不产生明显的位移运动。如体操中的支撑、平衡、倒立等动作。

2. 动力性力量

它是肌肉在等张收缩时所产生的力量，即人体产生明显的位移，使人体或器械产生加速运动。如跑、跳、投、划船等。动力性力量又分为重量性力量和速度性力量。

①重量性力量是动作的速度基本不变，由肌肉工作时所推动的器械重量来衡量力量的大小。如举重等。

②速度性力量是由器械运动的加速度来评定的。它靠肌肉的快速收缩，使重量恒定的人体或器械获得加速度来衡量速度性力量的大小。如投掷、跳跃、击球、踢球等。

发展力量素质的方法很多，主要有以下几种。

第一种，发展绝对力量。发展绝对力量素质的方法主要是克服阻力，阻力大、重复次数的练习有利于绝对力量的增长。以本人所举最大力量的85%～95%作为练习的重量，连续举起3～5次，重复3～5组，每组间休息1～3分钟，每周练习 3 次，效果最好。

第二种，发展速度力量。发展速度力量要用最快的速度完成动作。用本人所举最大重量的 60% ~80% 作为练习的重量，每组 5 ~10 次，做 4 ~6 组，每组间休息 2 ~5 分钟，效果较好。

第三种，发展力量耐力。一般采用本人所举最大重量的 50% 的作为练习的重量，每组 20 ~30 次，组数随训练水平逐步增加，每组间休息 1 分钟，每次练习要到出现疲劳感为止。用这种练习方法，肌肉力量和肌肉体积都不会增长，只会消耗能量，减少脂肪和增强耐久力。

（三）发展耐力素质的方法

耐力也称耐久力，是指人体在尽可能长的时间内进行肌肉活动的能力，也可视为抵抗疲劳的能力。它是人体各器官系统机能和心理素质的综合表现，也是衡量人体机能水平、体质强弱的重要标志。从生理学角度讲，耐力素质分有氧耐力和无氧耐力。

1. 有氧耐力

它是指长时间进行有氧供能的工作能力。坚持长跑或游泳锻炼是提高有氧耐力的最好方法，如长跑时心率控制在每分钟 150 ~170 次，大约相当于 1000 米跑 5 ~7 分钟的状态，能收到较好的效果。

2. 无氧耐力

它是指人体处于缺氧状态下，能较长时间对肌肉供能的能力。提高无氧耐力的主要方法是采用强度大、负荷时间短的运动项目，如跑 200 ~400 米，每次间歇 1 ~3 分钟，按心率来掌握运动量和间歇时间。

（四）发展灵敏和柔韧素质的方法

1. 灵敏素质

它是指人体的运动技能和各种素质在运动过程中的综合表现。发展灵敏素质，采用体操、技巧、球类、跳高、跳远等非周期项目进行锻炼，效果较好。

2. 柔韧素质

它是由关节的结构，关节周围组织体积的大小，跨过关节的韧带、肌腱、肌肉与皮肤的伸展性三个因素的综合表现决定的。其中第三个因素对柔韧性的影响最大。柔韧性练习要逐渐加大幅度，每个练习连续做 5 ~10 次，才能产生效果，不同部位的柔韧性练习要交替进行。

第四节　体育锻炼效果评价方法与标准

体育锻炼是人们获得健康的重要手段，体育锻炼的效果如何是人们非常关心的问题。对体育锻炼效果进行评价，是指导体育锻炼的关键。

一、遵守体育锻炼的原则，进行体育锻炼效果的评价

体育锻炼效果评价是以自身为主，定期检测运动效果，使自己经常看到锻炼的结果和进步，增强自信心，提高自觉锻炼的积极性，从而遵循自觉积极性的锻炼原则。体育锻炼要按循序渐进的原则，增加（减少）运动负荷，保证心身处于适宜状态；要遵循持之以恒的原则，逐步养成锻炼习惯，使体育锻炼成为生活的组成部分；根据全面锻炼的原则发展身体的全面机能。

人体要运动到什么程度，才能达到最佳的锻炼效果呢？世界各国有关机构和人员，经过十几年的研究证明，当运动使身体达到最大摄氧量和最大心输出量时，健身效果最好。但上述两项指标在人体运动中很难准确测定，为了便于掌握和运用这两项指标，他们又研究了与这两项指标相关的运动负荷量。通过实验分析证明，最佳锻炼效果是自身最大运动负荷的70%，如果用心率来表示的话，就是先测出你的最大心率（如180次/分），再根据最大心率算出你的有效健身负荷（126次/分）。然后，你就可以根据这一指标选择运动项目，进行体育锻炼。

二、体育锻炼效果的评价方法

（一）自我监督法

自我监督法是锻炼者在运动过程中，对自己身体健康和功能状况经常进行观察的一种方法。它是评价方法中最为简便、实用的一种方法，同时也是锻炼者个人评定运动负荷量大小、预防运动伤害、及早发现过度疲劳的有效措施。它一般分为主观感觉和客观检查两个方面。

1. 主观感觉

（1）一般感觉

它是人体功能状况，尤其是中枢神经系统状况的反映。心身健康的人，主观感觉总是精力充沛、活泼愉快、学习工作效率高，运动过度或患病时就会感到精神萎靡不振、软弱无力、行动迟缓、不愿学习和工作、情绪容易激动等。

（2）运动心情

运动心情与精神状况是紧密相关的，一个人在运动前心情愉快、乐意参加锻炼，这是健康的表现。反之，如无疾病、情绪刺激等其他干扰因素，运动前对锻炼缺乏热情，不乐意执行锻炼计划，表现出态度冷淡甚至厌倦，则可能是早期过度疲劳和健康状况不佳的征兆。

（3）不良感觉

一般锻炼后都会产生肌肉酸胀、四肢乏力等现象。若运动负荷安排适当，这些现象经过适当休息便可消失。身体锻炼的水平越高，其消失得越快，有的甚至感觉不到肌肉酸胀。如果在休息和营养保证的情况下，有时在运动中或运动后，

出现头痛、头晕、恶心、气喘、胸闷或腹疼等不良感觉,其原因大多与锻炼的内容、方法、运动量的安排不当有关。这就要注意休息、调整,必要时可到医院检查,以防止运动性伤病的发生。

(4)睡眠

睡眠对消除运动后的疲劳具有重要意义。正常的睡眠表现为睡得快、睡得深、早晨起来感觉轻松。经常锻炼者若出现睡眠难、失眠、惊梦、早晨起来后全身乏力等现象,则应检查锻炼方法和运动负荷量的安排是否恰当、适宜。

(5)食欲

经常锻炼者,机体代谢旺盛,食欲一般较好。在正常情况下,若出现食欲不佳,则应考虑是否与过度疲劳或健康状况不良有关。

2. 客观检查

在主观感觉的基础上,测定脉搏(一般测晨脉)、体重(固定时间,每周测一次)和运动成绩的变化状况(女子还要对月经情况做些记录)。条件允许的话,可以测握力、肺活量、血压等指标,为综合评定提供参考。

(二)运用一般生理指标的评价方法

从运动生理学上讲,体育锻炼效果是指经常参加体育锻炼者在体育锻炼效果影响下,各器官系统在形态、结构和机能等方面所产生的适应性变化和良好反应。评价体育锻炼效果的指标有许多,下面仅就一些较容易测定而又客观的生理指标作简单介绍。

1. 心率指标及评定方法

心率是指心脏每分钟跳动的次数,正常人心率一般为 60 ~ 100 次/分。在体育活动中,心率次数也可以用脉搏次数表示。通过长期体育锻炼取得较明显的效果时,心率的良好变化才能显示出来。长期锻炼后,安静时心率下降是身体机能良好的反映,这是由于体育锻炼增加了心脏的收缩力量,使安静时心脏每次收缩射出的血量增加,在心输出量变化不大的情况下,心脏每分钟收缩的次数就会减少。这种变化对心脏的工作是有利的。

安静状态下,体育锻炼对身体机能的影响并不能很好地显示出来。因此,为了客观、全面地评定体育锻炼效果,应施加一定的运动负荷,而且最好是活动强度不大的定量负荷。用于评定体育锻炼效果的定量负荷形式主要有如下几种。

(1)30 秒 20 次起蹲

预备姿势时,锻炼者身体直立,呈立正姿势;听到开始口令时,以每 1.5 秒钟 1 次的频率做起蹲动作,下蹲时膝关节呈 90°夹角,连续做 20 次后,即刻测受试者的脉搏,以评定受试者的机能。也可在体育锻炼后 5 分钟时间内连续测定,根据恢复时间评定运动效果。

（2）台阶试验

一般台阶高度在 40～50 厘米之间比较合适。这里推荐一种评价心血管机能的哈佛台阶试验，受试者以每分钟 30 次的频率上下 50 厘米高的台阶 5 分钟，运动停止后立即坐下，测量体育锻炼后第 1～1.5 分钟的脉搏，代入下面的公式：

$$身体功能指数 = \frac{运动时间（秒）\times 100}{5.5 \times 脉搏数（30秒）}$$

其结果按下列标准评定身体机能：50 以下为差；50～80 为中；80 以上为良好。

经常参加体育锻炼的人，在完成定量负荷时，心率的增加比不参加体育锻炼的人幅度要小。定量负荷后心率下降是心脏功能提高的表现。

2. 血压指标及评定方法

血压是指流动的血液对血管壁所产生的压力，一般常指动脉血压，血压值随心动周期的变化而有所不同。体育锻炼时，血压的变化较大，但这是血压对运动的应激反应，并不是体育锻炼后血压的适应性变化。体育锻炼对血压变化的良好影响要经过长时间的锻炼才能表现出来。

一般来说，体育锻炼后，安静时收缩压和舒张压下降是生理机能的良好反应，血压下降说明体育锻炼提高了血管弹性，使血管缓冲血压变化的能力增加。同时，体育锻炼对一些人来说，可以使血压增高，这主要是由于体育锻炼增加了心脏的收缩力量。所以，体育锻炼对血压具有双向调节作用。

3. 肌肉力量指标及评定方法

肌肉力量是一项比较敏感的指标，短时间体育锻炼后，特别是针对性的力量练习后，肌肉力量就会明显增强。因此，肌肉力量可作为短时间体育锻炼的运动效果评定指标。

肌肉体积也是评定体育锻炼运动系统的主要指标。经过体育锻炼后，肌纤维增粗，肌肉体积增大，说明体育锻炼对肌肉产生了良好影响。

4. 锻炼时间和恢复时间指标及评定方法

评定体育锻炼的运动时间一般是指在一次性体育锻炼过程中，从活动开始到身体感到疲劳而停止运动的时间。由于这一指标是通过锻炼者自己去感受的，所以在应用这一指标时，要做到前后一致，以保证客观性。在应用这一指标时，也可用同样的锻炼时间而身体的不同感觉来评定体育锻炼效果。如果同样的运动时间，而身体的疲劳反应程度小，说明身体机能有所提高。体育锻炼提高人体生理机能的另一个表现是完成定量的运动负荷后，各项生理指标的恢复速度明显加快。在进行运动效果的生理评定时，可选择部分简单的指标，如心率、血压等。如果经过一段体育锻炼后，恢复时间缩短，则表示体育锻炼提高了人体的生理机能。

（四）运动身体形态指标的评定方法

1. 体重

体重是人体横向发育指标。它反映人体骨骼、肌肉、皮下脂肪及内脏器官重量增长的综合情况和身体充实的程度。体重受年龄、性别、生活条件、体育锻炼和疾病等因素的影响，是衡量健康和体力好坏的重要标志。过于肥胖和消瘦都要引起注意。

2. 胸围

胸围是人体宽度和厚度最有代表性的测量指标。它反映胸廓的大小及胸部、背部肌肉的发育情况，也是反映人体生长发育水平的一个重要指标。

测量胸围可使用夹有尼龙丝的塑料软尺。测量时，被测者必须裸露上体，自然站立，两脚分开同肩宽，两肩放松并自然下垂，呼吸均匀、平静。

第五节　常用体育健身项目的选择

由于每个人的健康、体质状况不同，因此各人的锻炼目的自然有所侧重，锻炼方法也就有所区别。本节介绍一些常用健身方式以供参考。

一、提高心肺功能

（一）运动处方

一般可选择步行、慢跑、骑车、游泳、登山等有氧耐力活动形式，另外辅以柔韧练习。其主项运动强度宜维持在最大心率的60%~85%。青年人及中年人靶心率通常为130~160次/分。每周3~5天，每次20~60分钟。

（二）常用健身方式

健身方式很多，现介绍几种提高心肺功能的常用健身方式。

1. 步行

步行是人的基本活动。步行时人体60%~70%的肌肉都在参与活动，它是锻炼身体、延年益寿的良好途径。

步行方法：每日一次或每周4~5次，每次30~60分钟；步速可用中速80~100次/分或快速100~120步/分，心率大体维持在110~120次/分。具体计划可参照表8-1。一般从上一阶段到下一阶段需要经过2~3周的适应期。

注意事项：健身步行时要选择合脚、轻盈、柔软、富有弹性的胶鞋或旅游鞋；不宜饭后立即进行，应休息30分钟以后再锻炼。

步行是一种安全简便的运动方式。任何时间、任何地点都可进行，且容易掌握运动量。它适合于任何人，尤其是老年人可将其作为首选项目之一。不过步行所需时间较长，并可能发生下肢不同程度的劳损。

表 8 - 1　步行计划

运动阶段	步行距离（米）	时间（分）
1	1200	18
2	1500	20
3	2000	30
4	2500	28
5	3000	38
6	4000	43
7	4800	50

2. 慢跑

慢跑是"有氧代谢运动之王"，也称健身跑。慢跑既可在室外进行，也可在室内的跑台上进行。目前的跑台大多电脑化，功能多样，锻炼者自己很容易掌握运动量，进行科学锻炼。

慢跑方法：靶心率维持在（220 - 年龄）×（60% ~70%）即可；每日或隔日一次，每次 15 ~30 分钟。具体计划可如下：先从 1000 米开始，跑速 100 米/分左右，适应后每 2 ~3 周增加 500 米，跑速不变，直至 3000 ~5000 米即可，以后跑速即按靶心率进行调整。注意事项：要注意运动服装、鞋子的卫生。每次运动都应做好准备活动和整理活动，锻炼初期宜行走和慢跑交替进行或在步行的基础上进行，以后根据体力情况再过渡到常规慢跑。

慢跑适合青少年、中老年健康者。其优点是比较安全省时，健身效果好，运动量易控制且便于终身锻炼；缺点是受伤机率大于步行和游泳，易引起膝关节疼痛、足痛症、疲劳性骨膜炎等。

3. 游泳

游泳是一项全身运动，也是一种良好的有氧运动方式。

游泳方法：有研究显示水中的最大心率比陆地上低 11 次/分，用"220 - 年龄"方法推算的最大心率在水中约低 13 次/分，因此水中靶心率控制为（207 - 年龄）×（60% ~85%）即可；3 次/周，每次 20 ~60 分钟。具体计划可参照表 8 -2。

表8－2　游泳计划

运动阶段	距离(米)	时间(分)	运动阶段	距离(米)	时间(分)
1	50	6	7	500	13
2	100	11	8	600	15
3	200	9	9	700	18
4	300	12	10	800	20
5	300	8	11	900	23
6	400	10			

注意事项：应认真做好准备活动，预防肌肉痉挛。每一阶段需要经过2～3周的适应期，方可进入下一阶段。

游泳适合于任何人，其优点是不易受伤。

二、发展肌肉力量和耐力

（一）运动处方

1. 运动量

健康人提高肌力的运动处方中的负荷强度通常以最大负荷重量的百分比或RM表示。RM表示肌肉疲劳前可重复练习次数的最大重量，1 RM即为只能完成1次练习的最大重量。①等张训练法运动量安排：发展肌肉力量和耐力多采用最大负荷重量的60%～80%或8～12 RM，一组6～10次，重复3～5组，每组间隔30～60秒；发展肌肉体积多采用最大负荷重量的60%～85%，一组6～20次，重复5～6组，每组间隔2～3分钟，采用慢速用力；发展绝对力量则采用最大负荷的80%～100%，一组3次，重复3组，每组间隔5分钟，采用爆发式用力。一般每次训练后需要休息24～36小时，每周3～4次。②等长训练法运动量安排：该方法可用于发展肌肉力量和耐力。一般采用80%～100%最大负荷重量，重复5～10次，每次维持5～7秒；一周3～5次。

2. 运动方式

力量训练的方式有被动运动、助力运动、主动运动、抗阻运动等。健康人的运动形式多为主动运动（包括等张运动，如单杠引体向上；等长运动，如倒立动作；等速运动，需要用等速器练习及抗阻练习，如哑铃操）。

（二）常用健身方式

具体增强肌肉力量和耐力的方法有很多，现简单介绍几种方法。

1．渐进性抗阻训练计划

10 RM 训练法，该方法由 3 组练习构成：①50％10 RM，重复 10 次；②75％10 RM，重复 10 次；③100％10 RM，重复 10 次；每组间隔 40～60 秒。该训练法适用于初学者。

2．短暂最大负荷练习

每次负重要求维持 5 秒，负荷逐次递增，每次增加 0.5 公斤，直到最大负荷，且不能维持 5 秒为止。每个负荷只进行 1 次，不必重复。

3．等长收缩与等张收缩结合法

此方法是找出伸肌最大重量，取其 50％～100％ 为负荷重量，分 3 组练习。以股四头肌为例，其方法是：①50％ 最大负荷重量抗阻伸膝并维持 10 秒，休息 20 秒。②75％ 最大负荷重量抗阻伸膝并维持 10 秒，休息 20 秒。③100％ 最大负荷重量抗阻伸膝，维持至疲劳。

（三）注意事项

运动时，需要注意：

①做好准备活动，加强肌肉牵伸练习。

②两侧同名肌协调发展；原动肌与拮抗肌协调发展；向心收缩力与离心收缩力协调发展；大小肌群协调发展。这对竞技运动尤其重要。

③避免疲劳。

三、减肥健身

（一）运动量

减肥运动中以运动总量支出最为关键。通常对肥胖者而言，运动强度可为最大心率的 50％～70％。每周运动次数及每次时间宜根据减肥要求结合饮食控制来做计划，以确保运动总量的支出。如每周需要减重 0.45 公斤，则需要消耗 3500 千卡。其中要求每周节食 1500 千卡，则需要每周从运动中多支出 2000 千卡热能。可根据各运动项目能耗数量推算出每日或每周所需运动时间。通常每周宜 5～7 次，每次 30～60 分钟。

（二）运动方式

主要采用氧耐力运动，如长距离步行、慢跑、骑车、游泳、登山等，另辅以应力量练习。力量练习应根据脂肪堆积部位选择。脂肪堆积在腹部者可主要进行仰卧起坐、双腿直抬高等运动；脂肪堆积在背肩部者可做拉力器练习、哑铃操练习等。

（三）注意事项

①运动减肥一定要科学制定减肥目标，不要急于求成，一般每周不要超过 0.5～1 公斤。②宜在早晨空腹时进行锻炼，效果较好。有研究表明，在早晨空腹

时能量的 2/3 来源于脂肪，而下午则只有 50% 来源于脂肪。③身体锻炼与节食相结合，热能负平衡应以运动消耗为主，饮食一般可采用低热能平衡膳食，但每日饮食总热量不能低于 1200～1600 千卡，另外饥饿时也应尽可能避免食用吸收速度快的甜食，如蔗糖，而应食用水果、蜂蜜等更健康的、吸收速度慢的低糖食物，且这些能量也应在总量中扣除。④运动应循序渐进，并持之以恒。

四、调节精神，改善情绪

由社会环境因素引起的精神伤害或心身疾病等，单纯用药物治疗其效果往往不佳，与调节精神的运动处方结合运用则效果较好，十分有利于心身健康。

（一）运动处方

主要是采用一些轻松愉快的娱乐体育方式，且最好是群体活动。对于情绪亢奋者可采用平衡、缓慢、柔和的运动方式，如气功、太极拳、散步等；对于情绪抑郁者则多采用节奏快、活动性较大的运动形式，如跳舞、健身舞、骑车、慢跑、登山等。运动强度一般中低强度即可，保持 50%～70% 的最大心率，每日 1～2 次，每次可短至 5 分钟，也可长至 1 小时。

（二）常用方式

具体方式很多，现介绍几种方式供参考。

1. 散步

一般速度不限，可用慢速 60～80 步/分或中速 80～100 步/分，每日早晚各一次，每次时间自定，散步时间可控制在 30～60 分钟。注意散步时最好选择环境幽雅的地方。

2. 气功

其方式有放松功、内养功、强壮功三种，调节心身多用静功。一般每日 2～3 次，每次 20～30 分钟。气功强调意、气、体协调一致，练功前要闭目静养 2～3 分钟，排除杂念。

3. 太极拳

可采用简化或老式太极拳（陈氏太极拳），一般每日 1～2 次，每次 20 分钟左右。太极拳练习时精神要高度集中，做到形意相随、意气相依。

第六节 女大学生体育锻炼与卫生保健

人体在生长发育过程中，由于性别的不同，身体的形态结构和机能等方面的发育变化程度也有所不同。因此，不同的性别对参加体育运动的要求也有所不同。

一、女子的解剖生理特点

(一)运动系统

1. 骨骼

女子骨组织中所含的水分和脂肪的比例均比男子高,因此,女子的柔韧性比男子强。女子骨组织中含的无机盐比男子少,所以女子的骨骼抗弯性比男子差。女子的椎间盘比较厚,脊柱较长,韧性和弹性比较好,腰椎容易弯曲。女子的四肢长骨比男子短而细,尤其小腿明显较短,所以一般女子的上半身长,下半身短,身体重心低,维持身体平衡的能力较男子强。

2. 肌肉

女子肌肉的重量占体重的比例较男子少。女子的肌肉重量占体重的32% ~35%,男子约占40%。女子肌肉中的水分含量比男子多,女子约占74.7%,男子约占59.5%。上述特点决定了女子的肌力比男子差,女子的肌力为男子的70% ~80%。据记载,男子的背力约为160公斤,而女子约为100公斤。女子的运动能力比男子差,据研究资料显示,女子的投掷运动能力为男子的50% ~70%,跳跃运动能力为男子的75% ~85%,中距离跑运动能力为男子的60% ~80%。女子适应动力性工作的能力比男子慢而弱,但是,女子对静力性工作的适应能力比男子强。女子持久性耐力、利用氧的能力及利用体内储备的脂肪转化为能量的能力都不比男子差,甚至超过男子。此外,女子的关节和韧带的弹性好、活动幅度大,适于做柔韧性的运动项目。

(二)血液的循环

女子的血液量和血液中的一些成分都比男子少。女子的血液约占体重的7%,男子约占8%。红细胞数女子为3.8×10^{12} ~ 4.2×10^{12}/升(380万 ~420万/立方毫米),男子为4.5×10^{12}/升 ~ 5.5×10^{12}/升(450万 ~550万/立方毫米)。可见女子的输氧能力及气体交换能力都比男子差。女子的心脏重量约为239克,男子约为272克。心脏容积女子为455 ~500毫升,男子为600 ~700毫升。心脏每搏输出量女子为30 ~50毫升,男子为50 ~70毫升。可见女子的循环系统的功能比男子差。

(三)呼吸系统

女子的肺活量和肺总容量都比男子少,有氧能力和无氧能力也比男子差(有氧能力仅为男子的70%),最大摄氧量比男子低25% ~35%,呼吸频率常常比男子快而浅,这表明女子的呼吸功能比男子差。

(四)月经

绝大多数女子发育到一定年龄就会每月来一次月经,这是女子重要的生理特点。这个生理特点跟体育运动有着密切的关系。

二、女子体育运动的要求

因为女子有许多生理特点与男子不同，所以女子参加体育运动的要求也与男子有所不同。女子的心肺功能、肌力、耐力及速度均比男子差，所以参加运动的项目、运动量、运动强度、运动密度和持续时间等都要比男子少。按同类运动项目来说，女子的运动量应较男子减少10%～50%为宜。女子具有柔韧性好、弹性好、身体重心低、平衡能力强等特点，适于做体操、艺术体操、舞蹈、花样滑冰等运动。

月经期体育运动要求：很多女学生在月经期常常不上体育课或不参加体育锻炼，认为来月经就要休息，其实这是不必要的。月经期参加适当的体育锻炼，不但没有妨碍，而且有好处：体育锻炼可以改善盆腔充血，同时运动时腹肌、盆底肌的收缩与舒张交替进行，可对子宫起到柔和的按摩作用，有助于经血顺利排出。尤其在月经初潮时，更应该照常参加体育锻炼和上体育课。但月经期参加体育运动要注意：①运动量要适当减少。初潮时运动量宜小，以后依适应程度逐渐加大，养成月经期照常参加体育锻炼的习惯。②运动项目要适当调整。月经期一般不宜进行增加腹压、震动盆腔以及剧烈的运动项目，如急跑、长跑、跳高、跳远等。过于剧烈的运动可能引起经血过多、子宫位置改变。同时，由于月经期骨盆周围的韧带受到内分泌的影响，相对松弛，如剧烈运动可能引起腰骶部疼痛。月经期可参加艺术体操、广播操、太极拳等运动。③月经期不宜游泳。

女子在青少年时期，骨盆尚未发育完全，不要过多地进行负担量过大的练习或做过量的负重练习，最好避免采用剧烈震动和引起腹内压升高的身体练习，如举重和憋气的练习。青春发育期后期可多从事一些增强腰背肌、腹肌、盆底肌肉的练习和增强上肢力量的练习。由于女子循环系统和呼吸系统机能较差，在体育锻炼中，要掌握适宜的运动量。倘若运动量过大，不利于女子的健康和心身发展，而运动量过小则达不到锻炼效果。因此，要因人制宜，从个人的身体实际情况出发，制定适合自己的锻炼计划，选择科学锻炼方法。

三、女子月经期的运动卫生

月经是女子正常的生理现象，在月经期间，人体一般不会有明显的生理机能变化。所以，身体健康的女子在月经期间不必完全停止体育锻炼。进行适度的体育锻炼不仅可以改善盆腔的血液循环，减少盆腔充血现象，而且腹肌和盆底肌的收缩与放松活动能对子宫起到柔和的按摩作用，有助于经血的排出。但女子在月经期间参加体育锻炼注意以下几点：

①运动量要适宜。在月经期间参加体育锻炼，运动量应小些，锻炼时间也不宜太长，可在早晨和课外活动时间，做做体操、散步、慢跑等运动量较小的活动。

应避免从事强度大或震动大的跑跳动作，如速度跑、跨跳等，也不要做使腹内明显增压的憋气和静力性动作，如推铅球、俯卧撑、倒立、收腹等，以免子宫受压、受推而引起经血过多或子宫位置改变。

②月经期间不宜游泳。因为经期子宫口开放，子宫内膜破裂出血，如果这时参加游泳活动，病菌容易侵入内生殖器官，引起炎症性病变。

③月经期间要避免寒冷刺激，如冷水浴锻炼，以免发生痛经、闭经或月经淋漓不净等。月经期间也不宜进行日光浴锻炼。

④如发生月经紊乱、痛经等现象，则要暂时停止体育锻炼。

第七节　体育锻炼中常见的生理反应及处理

一、肌肉酸痛

（一）原因和症状

运动后肌肉酸痛的原因是运动时肌肉活动量大，引起局部肌纤维及结缔组织的细微损伤，以及部分肌纤维的痉挛。这种酸痛不是在运动结束后即刻出现，而是发生在运动结束后 1～2 天，因此，也称为延迟性疼痛。由于这种酸痛现象只是局部有纤维损伤和痉挛而不影响整块肌肉的运动功能；所以，酸痛后经过肌肉内部对细微损伤的修复，肌肉组织会变得更加强壮，以后同样负荷将不易再发生酸痛。

（二）处置和预防

1. 处置

当已经出现肌肉酸痛后，可采用以下几种方法减轻和缓解酸痛。

（1）热敷

对酸痛的局部肌肉进行热敷，促进血液循环及代谢，有助于损伤组织的修复及痉挛的缓解。

（2）伸展练习

对酸痛局部进行静力牵张练习，保持伸展状态 2 分钟，休息 1 分钟，重复进行，有助于缓解痉挛。

（3）按摩可使肌肉放松，促进血液循环，缓解肌肉痉挛和损伤修复。

（4）口服维生素 C。维生素 C 可促进结缔组织中的胶元合成，有助于损伤的结缔组织的修复。

（5）针灸、电疗等也有一定作用。

2. 预防

锻炼时，应根据自身的身体状况安排锻炼负荷，尽量避免局部肌肉负担过重；充分做好运动前的准备活动和运动后的整理活动。

二、运动中腹痛

（一）原因

运动中的腹痛多数在中长跑时产生，主要原因是准备活动不充分，开始时运动过于剧烈，或者跑得过快，内脏器官功能尚未达到竞赛状态，致使脏腑功能失调，引起腹痛；也有因运动前吃得过饱，饮水过多，以及腹部受凉，引起胃肠痉挛导致的；少数是因运动时间过长或过于剧烈，使下腔静脉压力上升，引起血液回流受阻或者因肝脾郁血，膈肌运动异常，致使两边肋部胀痛导致的。

（二）处置和预防

1. 处置

如果没有器质性病变迹象，一般可采用减慢跑速、加深呼吸、按摩疼痛部位或弯腰跑一段距离等方法处理，疼痛常可较快减轻或消失。如疼痛仍不减轻，甚至加重，应马上停止运动，并口服十滴水或普鲁苯辛（每次一片），或揉按内关、足三里、大肠俞等穴位。如仍不见效，则应送医院作进一步检查。

2. 预防

饭后一小时才可进行运动：做好准备活动，运动量要循序渐进，并注意呼吸节奏；夏季运动要适当补充盐分；对于各种慢性疾病引起的腹痛应送医检查，病愈之前，应在医生和体育教师的指导下进行体育锻炼。

三、运动性贫血

（一）原因和症状

血液中红细胞数与血红蛋白量低于正常值，称为贫血。而因运动引起的这种血红细胞与血红蛋白量减少，即称为运动性贫血。

运动性贫血的指数是男性的血红蛋白量低于 12%，女性的血红蛋白量低于10.5%。在通常情况下，本病的发病率女性高于男性。由于贫血，常会引起多种不良的生理反应，危及健康。所以这部分学生常常恐惧体育锻炼，特别害怕中长跑锻炼。其发病的主要原因为：

①运动时，肌肉对蛋白质和铁的需求量增加，一旦需求量得不到满足时，即可引起运动性贫血。

②运动时，脾脏释放的溶血卵膦脂能使红细胞的脆性增加，加上剧烈运动时血流加速，易引起红细胞破裂，致使红细胞的新生与衰亡之间的平衡遭到破坏，从而导致运动性贫血。

运动性贫血发病缓慢，其症状表现有头晕、恶心、呕吐、气喘、体力下降，以及运动后心悸、心率加快、脸色苍白等。

（二）处置和预防

1. 处置

如运动中（后）出现头晕、无力、恶心等现象，应适当减少运动量，必要时应暂停运动，并补充富含蛋白质和铁的食物，口服硫酸亚铁，这对缺铁性贫血的治疗有明显效果。

2. 预防

遵循循序渐进和个别对待原则，调整膳食。如运动时经常有头晕现象，应及时诊断医治。

四、运动性昏厥

（一）原因和症状

在运动中，由于脑部突然血液供给不足而发生的一时性知觉丧失现象，称作运动性昏厥。

其原因是剧烈运动或长时间运动，使大量血液积聚在下肢，回心血量减少，它的出现也和剧烈运动后引起的低血糖有关。

运动性昏厥表现为全身无力、头昏耳鸣、眼前发黑、面色苍白、失去知觉、突然昏倒、手足发凉、脉搏慢而弱、血压降低、呼吸缓慢等。

（二）处置和预防

1. 处置

应立即使患者平卧，足略高于头部，并进行由小腿向大腿、心脏方向的推拿或拍击。同时用手指点压人中、和谷等穴位，必要时给氨水闻嗅。如有呕吐，应将患者头偏向一侧。如停止呼吸，应立即进行人工呼吸。对轻度休克者，应由同伴搀扶慢慢走一段时间，帮助其进行深呼吸，即可使症状消失。

2. 预防

平时要经常坚持体育锻炼，以增强体质；久蹲后不要突然起立；不要带病参加剧烈运动；疾跑后不要立即停下来；不要在饥饿状况下参加剧烈运动。只要遵循上述要求，运动性昏厥是可以避免的。

五、肌肉痉挛

（一）原因和症状

在体育锻炼时，肌肉受到寒冷的强烈刺激，即可发生肌肉痉挛，它常在游泳或冬季户外锻炼时发生。有的是因准备活动不够，或肌肉猛力收缩或肌肉收缩与放松不协调所致，也有的是因情绪过分紧张所致。

发生肌肉痉挛时，肌肉会突然变得坚硬、疼痛难忍，而且一时不易缓解。

（二）处置和预防

1．处置

可对痉挛部位的肌肉做牵引。例如腓肠肌痉挛时，即伸直膝关节，并配合按摩、揉捏、叩打以及点压委中、承山、涌泉穴等，以促使痉挛缓解和消失。

2．预防

运动前应做好准备活动，对容易发生痉挛的部位，事先可做适当按摩；夏季进行长时间运动时，要注意补充盐分；冬季锻炼时，要注意保暖；游泳下水前，应先用冷水淋浴；游泳时，不要在水中停留太长时间；疲劳和饥饿时，不要进行剧烈运动。

六、极点和第二次呼吸

（一）极点

在剧烈运动时，特别在中长跑时，能量消耗大，下肢回流血量减少，氧债不断积累，若达到一定程度时，就会出现呼吸急促、胸闷难忍、下肢沉重、动作不协调，甚至有恶心现象，这在运动生理学上被称为"极点"。

（二）第二次呼吸

"极点"出现后，应适当减慢运动速度，并注意加深呼吸，坚持下去，上述生理反应将逐步缓解与消失。随后机能重新得到改善，氧供应增加，运动能力又将提高，动作变得协调和有力。这种现象，标志着"极点"已经有所克服，生理过程出现新的平衡。此种现象，在运动生理学上被称为"第二次呼吸"。其出现后，循环机能将稳定在新的较高的水平上。

"极点"与"第二次呼吸"是长跑运动中常见的生理现象，不需要疑虑和恐惧，只要坚持经常锻炼和处理得当，"极点"现象是可以延缓和减轻的。

七、运动中暑

（一）原因与症状

在高温环境中，长时间进行体育锻炼，易发生中暑，尤其在温度高，通风不良，头部缺乏保护、被烈日直接照射的情况下，最容易发病。

中暑早期可有头晕、头痛、呕吐现象，并会逐步发展为体温升高，皮肤灼热干燥。严重者可出现精神失常、虚脱、抽搐、心率失常、血压下降等现象，甚至昏迷危及生命。

（二）处置和预防

1．处置

首先应将患者扶送到荫凉通风处休息，同时采取降温消暑手段，如解开衣颈、额部冷敷作头部降温，喝些清凉饮料、十滴水，并补充生理盐水或葡萄糖生理盐水等。

严重患者，经临时处理后，应迅速送医院进行进一步治疗。

2. 预防

在高温炎热季节锻炼时，应适当减少运动量和锻炼时间；避免在烈日下长时间锻炼；夏天在室外锻炼时，应戴白色凉帽，穿宽敞薄衣；在室内锻炼时，应保持良好通风并及时补充低糖含盐的饮料。

第八节 常见运动损伤的预防及处置

一、运动损伤的原因

造成运动损伤的原因是多方面的，其既与锻炼者的运动基础、体质水平有关，也与运动项目的特点、技术难度以及运动环境等因素有关。主要包括以下几点：

①思想麻痹大意是所有运动损伤因素中最主要的因素，包括运动前不检查器械、预防措施不得力、好胜、好奇等，人们常在盲目和冒失行动中受伤。

②运动前准备活动不充分，特别是缺乏针对性准备活动，运动器官、内脏器官机能由于没有达到运动状态而易造成损伤。

③运动情绪低下，或在畏难、恐惧、害羞、犹豫以及过分紧张时发生伤害事故。有时因缺乏运动经验、缺乏保护能力而致伤。

④内容组合不科学、方法不合理、纪律松散以及技术上的错误等，都可造成损伤。

⑤运动场地狭窄，地面不平坦，器械安置不当或不坚固，锻炼者拥挤或多种项目混在一起，容易相互冲撞致伤。

⑥空气污浊、噪音、光线暗淡、气温过高或过低，以及运动服装不符合要求等，都可直接或间接造成伤害事故。

二、运动损伤的预防

运动损伤的预防措施有：

①加强运动安全教育，克服麻痹思想，提高预防损伤意识。

②认真做好准备活动，对可能发生运动损伤的环节和易伤部位，要及时做好预防措施。

③合理组织、安排锻炼，合理安排运动量，防止局部运动器官负担过重。

④加强保护与帮助，特别是要提高自我保护能力。如摔倒时，应立即屈肘低

头，团身滚动，切不可直臂或肘部撑地。由高处跳下时，要用前脚掌着地，注意屈膝、弯腰，两臂自然张开，以利缓冲和保持身体平衡。

三、常见运动损伤的处置

(一)软组织损伤

这类损伤可分为开放性损伤和闭合性损伤两类。前者有擦伤、撕裂伤、刺伤等；后者有挫伤、肌肉拉伤、肌腱腱鞘炎等。

1. 擦伤

(1)原因与症状

其原因是运动时皮肤受到摩擦而致伤。如跑步时摔倒和体操运动时身体擦磨器械受伤等。擦伤后皮肤出血或渗出组织液。

(2)处置

小面积擦伤，用红药水涂抹伤口即可。大面积擦伤，应先用生理盐水洗净，后涂抹红药水，再用消毒布覆盖，最后用纱布包扎。

2. 撕裂伤

(1)原因与症状

在剧烈、紧张运动时，或受到突然强烈撞击时，容易造成肌肉撕裂。其包括开放伤和闭合伤两种，常见的有眉际撕裂、跟腱撕裂等。开放伤顿时出血，周围肿胀；闭合伤触及时有凹陷感和剧烈疼痛。

(2)处置

轻度开放伤，用红药水涂抹伤口即可；裂口比较大时，则需要止血和缝合伤口，必要时应注射破伤风抗毒血清，以预防破伤风。如肌腱断裂，则需要进行手术缝合。

3. 挫伤

(1)原因及症状

撞击器械或练习者之间相互碰撞而造成挫伤。单纯挫伤会在损伤处出现红肿，皮下出血，并伴有疼痛。内脏器官损伤时，则会出现头晕、脸色苍白、心慌气短、出虚汗、四肢发凉、烦躁不安等症状，甚至休克。

(2)处置

在24小时内冷敷或加压包扎，抬高患肢或外敷中药。24小时后，可按摩或进行理疗。进入恢复期后可进行一些功能性锻炼。如果怀疑内脏损伤，则要在做临时性处理后，送医院检查和治疗。

4. 肌肉拉伤

(1)原因与症状

通常在外力直接或间接作用下，使肌肉过度主动收缩或被动拉长时引起肌肉拉伤，特别是由于准备活动不充分，动作不协调以及肌肉弹性、伸展性、肌力差者更易拉伤。损伤后伤处会有肿胀、压痛、肌肉痉挛，触诊时可摸到硬块。严重的肌肉拉伤是肌肉撕裂。

（2）处置

轻者可即刻冷敷，局部加压包扎，抬高患肢。24 小时后可施行按摩或理疗。如果肌肉已大部分或完全断裂，在加压包扎急救后，应立即送医院进行手术治疗。

（二）关节、韧带扭伤

1. 肩关节扭伤

（1）原因与症状

一般是因肩关节用力过猛以及反复劳损所致，也有的是因技术错误，违反解剖学原则而造成损伤。如投掷、排球扣球、大力发球时常出现这类损伤。其症状有压痛、疼痛，急性期有肿胀现象，慢性期三角肌可能出现萎缩，肩关节活动也会受限。

（2）处置

单纯韧带扭伤，可采用冷敷，加压包扎。24 小时后可采用理疗、按摩和针灸等方式治疗。出现韧带断裂时，应立即送医院进行缝合固定处理。当肩关节肿胀和疼痛减轻后，可适当进行功能性锻炼，但不宜过早活动，以防转入慢性。

2. 髌骨劳损

（1）原因与症状

髌骨具有保护股骨关节面、维护关节外形、传递股四头肌力量的作用，是维护膝关节正常功能的主要结构。髌骨劳损既可是膝关节长期负担过重或反复损伤累积而成的，也可是一次直接外力撞击致伤。如篮球滑步急停，跳高和跳远时踏跳不合理或摔倒受击，都可导致这种损伤。

（2）处置

采用中药外敷、针灸、按摩等。平时加强膝关节肌群力量练习，如采用高位静力半蹲，每次保持 3～5 分钟即可。病情好转时，可逐渐增加时间，每日进行1～2 次。

3. 踝关节扭伤

（1）原因与症状

其原因是运动中跳起落地时失去平衡，使踝关节过度内翻或外翻致伤。在准备活动不充分、场地不平坦的情况下，更易造成这类损伤。其主要症状为伤处疼痛、肿胀、韧带损伤处有明显压痛、皮下淤血。

（2）处置

受伤后，应立即冷敷，用绷带固定包扎，并抬高伤肢。24 小时后，根据伤情采取综合治疗，如外敷伤药、理疗、按摩等，必要时做封闭疗法。待病情好转后，应施行功能性练习。对严重患者，可用石膏固定。

4．急性腰伤

（1）原因与症状

其原因是运动时，身体重心不稳定或肌肉收缩不协调，引起腰部扭伤。多数情况都是因腰部受力过重，或脊柱运动时超过了正常生理范围。

（2）处置

腰部急性扭伤后，应让患者平卧，一般不立即扶动。如果疼痛剧烈，则应用担架抬送医院诊治。处理后，应卧硬板床或腰后垫一枕头，使肌肉韧带处于放松状态，也可采用针灸、按摩或外敷伤药的方式进行处理。

第九章　大学生性成熟与性健康

现代传播媒介体系极为发达，年轻人吸收性知识较以往容易得多，但他们应付性爱问题的能力普遍不高。其原因是他们虽有一点书本知识，却缺乏这方面的思考、训练，以致个人在性道德和性观念上，不是受各种似是而非论点的影响，就是靠教条、口号的灌输，故而正确开展健康有益的性教育已成为当前时代的需要。性教育的目的是教导和启发学生对自己的性行为有科学的认识，对自己行为的后果切实负责，帮助他们为将来建立美好家庭生活打下基础。所以性教育完全是一种健康人格的教育，绝对不是教导性行为的技巧。

第一节　性生理与性心理

青春期是由儿童发育到成人的过渡时期，是从青春发育征象开始出现到生殖机能发育成熟为止的一段时期，是机体的形态和功能、心理和行为、社会人格等方面全面发育和发展的阶段。世界卫生组织规定，青春期年龄范围从 10 岁开始到 20 岁结束。此期生长发育突飞猛进，是生长发育的第二个高峰期，也是个体生长发育的最后阶段。在这个时期，不但机体的骨骼、肌肉、内脏器官、中枢神经系统等生长发育加速，生殖器官和性功能逐步发育成熟，而且心理和行为变化极大，是决定人全面发育的关键时期。大学生正处于青春发育后期，学习青春期发育与性健康知识，讲究性生理、性心理卫生，树立良好的性道德观念，对于促进个体的心身健康是非常重要的。

一、性生理

（一）男性生殖系统解剖及功能

1. 男性外生殖器

男性外生殖器包括阴阜、阴茎和阴囊：

①阴阜位于耻骨联合部，为一个三角形区域。青春发育后，男性阴阜布满阴毛，阴毛粗硬而弯曲。

②阴茎悬挂于阴阜的下方。阴茎主要由三条平行排列的、具有勃起能力的海

绵体组成。背侧一对为阴茎海绵体，腹侧单独存在的为尿道海绵体。阴茎由前向后分为阴茎头（龟头）、阴茎体和阴茎根三部分，尿道口位于阴茎头。阴茎的皮肤薄、柔软，活动度大，富于伸展性。皮肤至阴茎头与阴茎体的移行部向前延伸，形成双层皮肤的阴茎包皮。成年男性若包皮不能自行向后退缩称为包皮过长。包皮口过小，完全包着龟头，不能使其暴露，称为包茎。包皮过长和包茎容易积聚包皮垢，长期刺激可能诱发阴茎癌。阴茎是具有交配和射精功能的主要性器官，兼有排尿的功能。

③阴囊是悬挂于耻骨联合下部的一个皮肤囊袋，睾丸被包裹其中。阴囊在外部和内部分别被阴囊缝、阴囊隔分成左右两半，一般左半部较右半部位置略低。阴囊对温度特别敏感，它通过收缩和松弛以调节温度，为精子的发育与生存创造适宜的内外环境。

2. 男性内生殖器

男性内生殖器包括睾丸、输精管道和附属腺体：

①睾丸为一对稍扁的卵圆形器官，表面光滑，呈橙白色。我国正常男子的单侧睾丸重为 10～15 克，但左右睾丸并不完全相等，一般右侧睾丸稍大于左侧睾丸。睾丸为男性生殖腺，产生精子，并分泌雄性激素，以维持男性性征和性功能。睾丸内的曲细精管是产生精子的地方，曲细精管之间的间质细胞分泌雄性激素。

有的人出生后，睾丸仍滞留在腹腔或腹股沟深处，即为"隐睾"。隐睾患者应及时行手术治疗，否则，由于腹腔温度过高，不利于精子的发育，会引起不育，成年后可能发生睾丸肿瘤。

②输精管道包括附睾、输精管和射精管。

附睾由附睾管组成，为一对细长的扁平器官，贴于睾丸的后缘。附睾可分为附睾头、附睾体和附睾尾三部分。附睾的主要作用是贮存精子并使其成熟，同时分泌液体，参与精液的组成。

输精管是一对细长的管道，为附睾的直接延续，长约 50～60 厘米，管壁由平滑肌组成，收缩时能排出精子。

射精管为一对仅 2 厘米长的肌性管道，大部分被前列腺包围。射精管只有当性兴奋达到一定阈值时才突然开放，使精液由尿道射出。

③附属腺体包括精囊腺、前列腺和尿道球腺。精囊腺为一对长椭圆形的分泌腺，分泌富含果糖的淡黄色黏稠液体，参与精液的组成，并给精子提供营养。前列腺为单个实质性腺体，其形如一个倒置的栗子。前列腺的分泌物为碱性的乳白色浆液，是精液的组成部分。碱性的前列腺液对促进精子的活动能力和受精性能极为重要。尿道球腺为一对，形如豌豆。它们在性兴奋达到一定阈值时排出黏性分泌物，其功能是润滑尿道，以利精子通过。

（二）女性生殖系统解剖及功能

1. **女性外生殖器**

女性外生殖器包括阴阜、大阴唇、小阴唇、阴蒂、阴道前庭、前庭球、前庭大腺和处女膜：

①阴阜在腹正中下方耻骨联合前，为一皮肤隆起。青春期发育后长有阴毛，阴毛呈倒三角形分布。

②大阴唇是一对纵形隆起的皮肤皱襞。合拢的大阴唇具有保护阴道清洁的功能，并避免阴蒂不易受到刺激。大阴唇的外面亦生有阴毛。

③小阴唇位于大阴唇内侧，也是一对纵行皮肤皱襞。前段围拥阴蒂，形成阴蒂包皮和阴蒂系带。

④阴蒂位于外阴前端两侧小阴唇之间。阴蒂是女性的性感受体和性传感器，对性刺激极为敏感。

⑤阴道前庭为两侧小阴唇间的菱状裂隙。

⑥前庭球为一对海绵体，位于阴道口大阴唇深部，具有勃起作用。

⑦前庭大腺又叫巴氏腺，一对，如黄豆大小。位于阴道口两侧，在性兴奋时，可分泌少量淡黄色碱性黏液，以润滑阴道口。

⑧处女膜为一环形黏膜皱襞。它把阴道前庭和阴道分隔开来。其中有不规则的处女膜孔，以利月经通过。有的个体的处女膜厚而坚实，将阴道口完全封闭，称处女膜闭锁或无孔处女膜，此种现象，在月经来潮时会造成经血潴留，需要手术治疗。

2. **女性内生殖器**

女性内生殖器包括卵巢、输卵管、子宫和阴道：

①卵巢位于盆腔，左右各一个，分列子宫两侧，成年女子单侧卵巢重3～4克。它是女性的生殖腺，外观为灰红色。在童年期，其表面平滑，青春期后，由于卵泡的膨大和排卵后的结瘢，表面凹凸不平，其生理功能是周期性产生卵子，并分泌雌激素和孕激素，以维持女性性征和性功能。

②输卵管为细长、弯曲的喇叭形肌性管道，左右各一个，位于子宫两侧。其外侧端呈漏斗状，游离于腹腔而靠近卵巢，内侧端直接与子宫相通。输卵管长8～14厘米，分为四个部分，即间质部、峡部、壶腹部和漏斗部（伞部）。峡部是输卵管结扎术的优选部位，而壶腹部是卵细胞停留而易受精的部位。

③子宫是一个前后略扁、如倒置的梨的空腔器官。它位于盆腔中央，在膀胱与直肠之间。未产妇的子宫长7～8厘米，宽4厘米，厚2～3厘米，重40～50克，经产妇的子宫明显增大，其重量约增加1倍。子宫可分为子宫颈、子宫体、子宫底和子宫角四个部分。子宫是孕育胎儿和产生月经的场所。

④阴道为前后略扁的肌性管道，位于膀胱、尿道和直肠之间。它上连子宫

颈，向下开口于阴道前庭。阴道极富弹性，能较好地扩张和收缩，是月经排出的通道和胎儿娩出的产道，亦是性交器官。

3. 女性乳房

乳房左右基本对称，主要由结缔组织、脂肪和乳腺组成。每个乳房有 15～20 个乳腺。乳腺又由导管和腺泡两部分构成。在哺乳期腺泡分泌乳汁。女性的乳房在功能上是哺乳器官，又是主要的第二性征器官。乳房的发育与性发育同步，16～18 岁为女性乳房发育的顶峰。

二、性心理

(一)性心理的发展规律

人的性心理的发展变化，取决于性生理的发育变化，以性生理的发育变化为基础。

在人的性心理发展中，通常要经历四个时期，即性潜伏期、性雏形期、性活跃期和性衰退期。弗洛伊德指出，认为性冲动不存在于童年，而是在青春期的那段日子里突然冒出来的，这是一种十分普遍的误解。事实上从婴儿期开始，每个人确实都有了性心理认同，即个体在心理上就已经把自己视为男性或女性了，都会以同性长者的言行举止为楷模，来模仿、培养自己的行为，使自己更像一个男人或女人。因此，性心理的发展经历了从潜伏至活跃再至衰退的整个过程。

1. 性潜伏期

这一时期，发生在人的儿童时期。在心理上的主要表现为对某些人的偏爱现象和心理认同现象。对每个男孩来说，在儿童时期都普遍偏爱自己的母亲，极端者甚至希望独占母亲而不允许父亲靠近母亲。女孩也存在相似的情况，明显的还表现在对于同性的姐妹，她们常常互不相让，而对兄弟则表现出更多的谦让与关爱。性心理认同，是指每个人对自己的性别属性都有明确无误的确认，它是由个体的心理体验产生的。正常情况下，这种心理认同，应该与基因性别和社会性别相一致，而且，对于儿童将来的人格发展和性心理发育成熟，都有着十分重要的作用。

2. 性雏形期

少年时期，孩子进入学校，活动范围扩大，行动有了一定的自由，获得性信息的途径也增多。这一时期的主要特点是同性集团的形成。大多数情况下，男女学生各自活动，男孩做男孩喜欢的事，女孩做女孩喜欢的事。这种现象，其实并非性心理发展的内源性产物，而是环境对行为影响的结果。它在性心理的发展上有着重要意义。首先，它加强了性别意识，使性别角色得以继续发展和完善。其次，同性集团的形成，有利于纯化少年男女的性别行为，形成两性性别角色的差异，进而形成男女心理上的疏远感和陌生感。这些为青春期的两性相吸和对异性的探究及认识兴趣蕴藏了巨大的驱动力量。

3. 性活跃期

它包括整个青年时期。这里仅就大学生的性心理的主要表现作简要介绍。脱离少年期，两性间的性吸引和性兴趣与日俱增，这是性激素水平剧增的结果。其性心理的主要特点是：渴望了解异性，希望引起异性注意及对初恋的心理体验。在这一阶段，渴望了解异性的动机，无论是男性还是女性，都普遍存在，其差异只在于强弱的程度。对方的生理对他/她们来说，都有一种神秘感，特别是男性，他们想要揭开女性性生理神秘的愿望十分强烈，因而常会在这种好奇心的驱动下，做出一些违反我国性道德行为规范的行为。为了引起对方的注意，青春期少女常常以形体外在美吸引异性。她们通过适当的修饰装扮来弥补自己的不尽如人意之处，使自己变得光彩照人，使男孩见了觉得赏心悦目，见之难忘，一见钟情。而男孩在吸引异性的表现中存在一个由低级向高级渐进的过程。在初级阶段，他们常常以标新立异、打闹甚至恶作剧来引起异性对自己的注意。随着审美情趣的提高，他们开始注意发展自己的内在力量，逐渐以自己优雅的谈吐、渊博的知识来吸引对方。他们向异性展现的是个性化的人格美，这是一种性情感和性心理的升华。

大学生对初恋的心理体验，已经是一个普遍现象，即使没有初恋，许多人也有过暗恋或单相思的经历。初恋是一种十分复杂的情感过程，快乐、甜蜜、迷醉、幻想、痛苦、焦灼、羞涩、疑惑、孤独等，几乎人类所有的情绪都会强烈地体现出来，震撼着青春期的心灵。但是，由于大学生正处在求学阶段，而且其社会成熟程度尚不足以应付与恋爱相关的种种问题，所以，不宜过早谈恋爱。虽然恋爱需要是性心理发展中不可避免的现象，但需要用理智来控制自己的情感，正确处理恋爱与学习、工作的关系，走出情感的误区，使自己的性情感上升到一个新的高度。

4. 性衰退期

男性到了 60 岁，女性到了 50 岁，就进入了性衰退期，这是性激素分泌减退的结果。需要注意的是，性机能的减退，并不意味着老年男女对异性兴趣的消失，他们同样需要异性的关爱和体贴，并从中感受到幸福和快乐。

（二）性心理的表现

性心理包括的内容非常丰富，它包括了人与社会活动相伴随的一系列的心理过程，如性爱心理、择偶心理、交往心理、生育心理以及性变态、性犯罪等心理现象。对于大学生来说，在千姿百态的性心理表现中，重点要掌握性生理、性心理和性爱心理的有关知识。

1. 性欲和性冲动

性欲是人本身的一种生理欲望，是人在性成熟后自然而然产生的。当性欲达到一定程度时，就会产生性冲动。每一个性心理成熟的男性和女性，都会出现这种现象。从生物学意义上来讲，性欲是个体为繁衍后代而产生的欲望，更是生命意志的一种强烈表现。但是，性欲、性冲动还要受到诸多因素的影响。情感意志、理智和自制力对性欲的激发和调节十分重要。同时，环境条件、生活水平、社会风俗习惯及个人的文化修养等社会因素，也对性欲、性冲动的产生有重要影响。因此，性欲和性冲动虽然是人的本能，但它们是可以在人的意志下、在适当的环境中进行调节和控制的。

2. 钟情

钟情是青年男女性成熟的最典型的心理特征和表现。这里所说的钟情，与我们平常所说的一见钟情是不相同的。它是一种对异性的渴望和了解，是一种对异性纯洁的、朦胧的爱慕和渴求，是一种在内心汹涌着的热烈和浪漫。不过，在平时，他/她们大多羞于把这种情感表露出来，但只要他/她所喜爱的人在场，他/她就会不由自主地产生一种愉悦和幸福感。这种情感，主要表现在心理上，是一种心灵上的思念和接近，而在行为上则往往拘泥于社会的惯例，保持一定的距离。

3. 希望异性的注意，注意异性的评价

进入青春期的男孩，在钟情心理的促使下，常常会表现出一种希望引起女孩注意的心理和行为，他开始注意修饰仪表，讲究穿着，注重发式，开始揣摩和分析异性的举止言行，并常常在自己喜欢的女孩面前表现出温文尔雅、博学多才，以显示自己的"亮点"，引起她的注意。而青春焕发的女孩，则通常充满了自信，她们相信凭借着自然赋予自己的青春丽质，随时都可以展现出女性特有的魅力。当她成为异性同学中的聚焦点时，往往会泛起一种骄傲和愉悦感。在中国传统文化影响下，很多女孩不会把喜悦之情表露出来，反而会装出一副毫不在意的清高，拒人于千里之外，向他的追求者说一声"讨厌"。

4. 初恋心理

初恋的情感具有单纯性、强烈性和持久性的心理特征。然而，它是不稳定和不协调的。成功的初恋，会使人觉得人世的美好和生命的可贵，激发出巨大的创造热情；而一旦失败，就会导致心理上的强烈反差，如不能正确认识，就会产生失落感、颓废感，甚至发生自杀和他杀等极端事件。初恋一般具有以下几个心理特征：

①痴迷。初恋者常会产生一种幻觉性的思念情绪，陷入一种强烈而又非理性的恍惚之中。其原因就是被恋爱对象的魅力迷住了心灵。

②羞涩。这种心理是痴迷心理的对立面，初恋者内心充满了矛盾和不知所措。因为初恋者既想达到目的又怕达到目的，既有欲求又羞于表露，他/她的热情只能深藏在内心，外表则是吞吞吐吐，欲言又止。

③孤独感。人的感情在初恋时会发生本质的变化，初恋的对象已取代了兄弟

姐妹、朋友在情感上的位置，成为自己最亲近、最可信赖的人。这时候，总有千言万语要向自己的心上人诉说，可往往又没有机会来诉说，于是，一种孤独、寂寞的情感油然而生。

④疑虑。由于初恋者经常处于一种不安的等待之中，因此，他/她对周围的事物非常敏感，对对方的一举一动都会费尽心机去分析、猜想，情绪就会忽好忽坏，心情就会忽阴忽晴。

⑤美化。这就是通常所说的"情人眼里出西施"。在恋人的眼里，只看得见对方优秀的地方，并常常把它夸张化，甚至爱屋及乌，把对方周围的事情都想象得很完美。

（三）性心理卫生

人类的性，虽然是一种天生的本能，但它还受到社会因素、人的情感因素和知识水平等条件的影响和制约，这也是人与动物的根本区别。科学地认识性，正确地对待性，对个人的健康成长和事业的顺利发展，是极其重要的。对于青少年来说，由于性心理的发育成熟总落后于性生理，生理上已处于性的活跃期，而对于有关的性知识却相对缺乏。因此，学习性知识，讲究性心理卫生，更为重要。

1. 认真学习性知识

性知识是人生的一大课题，是人类对性问题的科学总结，是一门严肃的科学。有无性知识，性知识掌握的多寡，直接影响着人对性的态度、对性的处理方法，影响着人生的幸福美满。因此，学好性知识，掌握必需的性知识，是正确对待性问题的基础。

2. 树立健康的性观念和性意识

性观念是个体对性的基本观念，是人在性活动中的基本原则。性意识则是个体对性问题的思维活动。性观念是由长期的社会文化炼造而成的，不同的社会、不同的时代、不同的阶层，其性观念是各不相同的。青年人要树立健康积极的性观念，使自己的性观念符合社会发展的方向，符合时代的道德规范，符合民族的文化心理特征，从而既使自己的性活动得到社会公众的认可，又使自己的心身保持在一种和谐幸福的感受之中。健康积极的性意识，就是我们对性的思维，既有自己的主观愿望、个人追求，又要符合客观实际，遵循社会习俗、法律和道德的准绳，使自己的心态始终处于平衡和稳定之中。

3. 培养健康的性情感

性情感在性活动中占有十分重要的位置。著名哲学家罗素就曾说过："性关系联系着大多数人一生中最动感情的那部分生活。"大学生应该培养起忠诚、热烈、体贴、奉献的性情感，使它像阳光和雨露，照亮和滋润生活，使爱情之花长开不败，生命之树常绿不衰。

第二节　青春期性成熟带来的心身变化特征

一、性生理发育

性生理发育有两个明显的标志：一是功能性的，即男子遗精和女子月经来潮；二是体征性的，即男子体格长得高大，出现胡须和其他体毛、喉结突出等，女子肌肤丰满、乳房发育、臀部和骨盆增宽等。一般来说女子的性发育早于男子。

二、月经

月经是指有规律的、周期性的子宫出血，因成熟的卵子从卵巢出来后，在输卵管内未遇到精子，而不能成为受精卵，于是子宫早已增厚的内膜剥落，随经血经阴道而排出体外的生理现象。妇女由第一次经期到更年期绝经为止的 30 多年中，除妊娠外，在正常情况下，每月都来一次月经。第一次月经来潮称为初潮，初潮年龄一般在 13 ~ 18 岁。如果过了这段年龄仍无月经来潮，就应该到医院咨询就诊。

每次排出的经血量，因人而异，大约有 100 毫升。来潮时间为 3 ~ 10 天，月经周期为 28 ~ 30 天。在初潮之后的五六年可能有月经周期不准的情况，这属于正常现象。有部分女性在月经开始时感到下腹沉重刺痛（约占 10%），多数为原发性痛经，医学上已证明这是因为子宫内膜分泌的前列腺素比正常高；少数痛经可能与子宫位置前屈或后倾有关，从而使经血排出不畅，以致子宫必须加强收缩来排出经血，导致腹痛或者剧烈腹痛。一般痛经可适当做一些伸展腰腹及盆腔的柔软操，以增加盆腔部位的血液循环，减少充血，亦可从饮食着手，多吃含钙食物，如奶类、豆类、绿色蔬菜等，服用止痛片一般亦可奏效。

由于月经周期中卵巢内有雌激素及少量雄激素分泌，这些激素可造成月经前的乳房刺痛、精神和情绪轻度改变（如紧张、易怒或抑郁）、手脚略微水肿、头痛或心跳加速等，一般在 2 ~ 3 天后即可自行消失，无需药物治疗。有专家认为经前适当少吃盐分对此会有帮助。

平时女大学生就应培养良好的个人卫生习惯，如每晚应用温水洗涤外阴；用便纸时必须由前向后揩拭，以免肛门细菌带入阴道及尿道；不宜长期穿尼龙紧身裤，以免外阴局部闷湿而感染细菌等。月经期更应注意保持外阴清洁，忌用坐浴，应用温水淋浴；经期不宜涉水、淋雨、游泳；选购卫生巾最好不要多用内用卫生棉条以免引起局部损伤或疾病。如果一定要用，必须先清洁阴部及双手，把全条棉条向后倾斜 60° 慢慢放入阴道。无论使用外用或内用卫生用品，都应勤换，并常用清水洗外阴部以保持清洁干爽，避免细菌滋生而产生异味，甚至引起感染。

未婚女性如连续 3 个月以上不来月经，应该及时检查原因并诊治。从青春期开始，阴道内可以有少量白色分泌物排出，俗称白带，不会有异样感觉；如果性质如同凝乳或豆腐渣样并有奇痒，可能为滴虫或真菌感染，则需要治疗。

由于经期中子宫内膜有创面，严格说应该禁止性交以免造成感染。

三、遗精

遗精是男性性成熟的标志之一。睾丸不断制造精子和精液，如果没有被排出就会被吸收或积聚。在睡眠中，大脑高级神经中枢抑制作用降低，由于身体转动、内裤过紧或过重的棉被压力，有时就足够刺激射精。此外，睡梦中一旦有性刺激，例如做绮梦，也会刺激大脑促使睾丸排出精子。在少数情况下，包茎和包皮过长，阴茎龟头部位受到温暖和湿润的刺激也可导致遗精，所以遗精或梦遗是一种正常的生理现象，对身体不会有害。不过如遗精过于频繁（2 周一次或间隔略长略短均属正常），就应该注意自己的生活习惯，平时对性的问题不要过分注意，不要阅读色情书刊，以避免对性的刺激；穿宽松衣裤睡觉，注意睡姿以免压迫性器官，均可以减少遗精次数。必要时可以请医生检查有无外生殖器局部异常，特别是在清醒情况下，轻微的性刺激就造成遗精，更需要请教医生。

精液由精子和精浆组成，精浆则由睾丸内曲精管和附睾性腺（附睾、输精管、精囊、前列腺和尿道球腺）所分泌的液体混合组成，其中尤以前列腺液最多。成熟男性每次排出精量为 3～5 毫升，95% 以上是精浆。精浆中的主要成分可从每日所吸收的食物中得到补充。不少人对精液过于重视，误认为手淫或遗精会大伤"元气"，使"精液耗竭""肾亏"，因而精神压力沉重，这完全是一种误导或误信。但如果无限制纵欲，过分消耗体力，违背自身生理活动规律，也可影响健康。

在有性兴奋或性冲动时，尿道口会有少量分泌物溢出，它是一种无色透明的黏性液体，里面没有精子，称为流白，其不是遗精。

第二性征的出现是性生理发育成熟的第二个重要标志。有些人自以为第二性征的重要表现不够理想，又很难改变时，也会产生精神上的困扰。

四、阴茎太小

有些专家对大学生调查资料显示，认为自己阴茎太小而焦虑的男生约占 24.9%。主观上认为缺乏"雄风"，可能影响性功能，影响生殖，影响性的欢悦，这些担忧可能来自于一些色情刊物的误导，认为男性的阴茎必须足够大才能获得真正的性高潮，才能满足女方等。医学专家调查了 1000 例中国正常男子常态下阴茎的长度和周径，指出阴茎长度常态下正常范围为 4.5～8.6 厘米，阴茎"偏小者"或"偏大者"在勃起时的功能完全一样；当充分勃起时，所谓看似较大或较小者，其长度并无显著差异。因此，凡在正常长度范围内的阴茎，在勃起时均可满足正常的性需要。只要生理发育正常，其功能也会正常，绝不会影响结婚和生育。

五、乳房太小

根据有关专家对女大学生的调查，认为自己乳房太小而焦虑的女生占25.7%，大大高于焦虑乳房太大的比率，这极可能是受当前开放的社会风气——崇尚"大乳房"风气的影响。

女性在青春期开始乳房发育，乳腺不断发育，局部脂肪堆聚，隆起的范围逐渐扩大，使乳房坚实而挺起，乳头也明显向前突出。成年后乳房内脂肪、血管增多，乳头、乳晕和浑圆乳房融为一体，形成成熟而健康的女性体态。有些人忧虑乳房左右略有大小差异，或自认为发育太小，主要是心理上认为小胸脯是缺乏女性魅力的表现，要遭人嘲笑。这种顾虑完全不必要，乳房大小有如人的高矮，不同人有不同的特点。乳房发育迟早、大小与遗传、种族、营养状况、体育锻炼等因素均有关。随着社会进步和文化素养的提高，大学生也提高了男女两性选择的标准。女性美丽和性感的标志及对异性的吸引力决不单单表现在乳房大小上，女性博得他人的爱慕也决不在于她的乳房大小，而是她的内在素质。

目前绝大部分女大学生都应使用乳罩，它的好处在于托起乳房，减少乳房过多的活动，并能改善胸部的外观。一般来说，如果乳房尚未充分发育完全时，不宜过早佩戴，其大致尺度（从乳房上缘经乳头到乳房下缘的长度）超过16厘米时就可以佩戴。

女性乳房属女性生殖器官之一，乳头及乳晕均含有丰富的神经末梢，对触摸非常敏感，可认为是性的非常敏感区。

六、对自己性别的爱憎

对自己性别的爱憎是性心理发展内容之一。在对上海大学生进行的调查中，发现男、女大学生不喜欢自己性别的分别占2.6%及15.6%。不想做女性是人类私有制社会的一种普遍现象。近些年来，性教育中的性角色教育亦在广泛深入展开，其中心内容是认为"性"是先天的，而"性角色"是后天的，无论男女都需要一个正确的教育过程，这样才能塑造自己的性角色。男女之间存在生理上的差异，但在社会生活中，男女差别主要是在特定的经济及文化结构内界定，与男女生理特征并无直接关系。尽管目前社会上还存在女性职业地位比男性低，或者在家庭中还存在人为强化性别的各种分歧，如女孩要温柔、和顺、多依赖性而少自主，男孩一律应该"阳刚""自主""志在四方"等，但学校总是以鼓励个人上进为目标，尽量使女生摒弃大社会给她们划定的低调角色，在男女平等上向前走了一大步。国外调查发现，不愿做女孩的理由主要是女人要受怀孕和分娩之苦。在国外，目前关于男女做变性手术的报道较多，并认为是一种"选择性别"的自由。上海也有一名大学生做了变性手术，结果带来了一系列问题，甚至不能确定他是一个完全正常的男性或女性。由此看来，尊重个人原有性别，自然而又合乎生理，变性手术不宜提倡。

七、性行为

性行为包括目的性行为（如性交）、过程性行为（如爱抚）及边缘性行为（如接吻、拥抱）。大学生性行为是大学生对性的实践，从有兴趣、向往、渴求，发展到实际行动。大学生思想上的开放与行为上的审慎，常常矛盾地交织在一起。

八、自慰

自慰也称手淫，属自身的性活动，指在没有异性参与下，用手或其他方法来刺激性器官，产生性兴奋或射精，以求达到快感和性满足。这是青春期成长中一个自然和相当普遍的行为，也是一种补偿和性宣泄的行为。对待自慰的问题，最重要的是要了解自慰的动机。有些是为满足性好奇，想达到性兴奋或性高潮的快感；有些是有迫切的需求，而现实生活里不能如愿，靠性幻想和自慰去满足；有些是因为自觉生活枯燥、精神紧张、考试压力大，借自慰去发泄或松弛一下神经；有些是过多阅读色情刊物，导致性兴奋，借自慰来发泄。以上各种动机的强弱，都会直接影响自慰的次数。现代医学认为自慰对人生理及心理健康都非常重要，故有的学者认为不存在自慰不对或不道德的问题。但由于自慰行为可以令自己"过瘾"而导致积习难改，久而久之，势必带来心理困扰。从心理健康来说，自慰可降低个人的自我评估分值。有不少青年因自慰而产生强烈的罪恶感，以致造成心理上重大负担，还可能影响将来为人处世的态度及从事事业的信心，在与异性相处的问题上也可能带来阴影。为了避免上述种种不良后果，最好的方法是尽量减少自慰次数，针对不同的自慰动机采取不同的方法，不要主动去刺激自己的性欲，千万不可沉迷于性刊物或性幻想，应积极培养多种生活情趣，多参加群体活动，从而调剂生活，疏解精神上的压力。用自慰来发泄情绪的办法并不可取。

九、性幻想

性幻想或称性白日梦、精神自淫，是指自编的、带有性色彩的连续故事，是对性行为的一种替代，或作为一种目标实现前的寄托安慰，或作为对不能实现目标的一种补偿，在一定程度上可能缓解性生活上的挫折。一般来说，男性性幻想多于女性。在上述针对上海大学生的调查中，男性大学生1868人，经常性幻想者占8.3%，偶尔有性幻想的占77.7%；而女性1228人偶尔有性幻想者占49.2%。

部分人可有或伴有手淫。女性可有性器官充血，男性可有射精。性幻想也是自慰行为之一。关于性幻想的内容，女性性幻想大多浪漫温馨，如幻想自己是电影中的女主角，与男主角相爱拥吻；但男性的性幻想大多是肉体情欲上的发泄。

性幻想是人为的性白日梦，而性梦则是真正的梦境。梦和意识有关系，性梦和性的关系也如此。性梦可出现亲吻、抚摸，有过性交史的人也可出现性交行为，当然也可产生性高潮。

十、青少年的性交行为

青少年的性交行为无论在西方还是在我国都带来不少严重的社会问题。据国外统计资料显示，近 20 年来，不仅未婚性交发生率在男女两性上的差别缩小了，而且未婚性交的对象范围也扩大了。在 20 世纪 50 年代，结婚前与未来配偶发生性行为尚感到内疚，但目前，不少人与刚开始约会的对象即发生性行为，且毫无愧疚。这类情况确实越来越严重。美国每年有 100 多万少女怀孕（其中有 3 万人不满 15 岁），日本的人工流产数量几乎同出生婴儿数量相等。其中值得一提的是，现在大多数女孩都主动接触男孩，甚至有资料表明，有些女性把性交作为约会的目标，且发生在第一次约会后 1 个月之内。他们认为没有爱情的性生活是不足为奇的，并把性交看作是促进感情的一种方法。上海曾对大学生"有无性伴侣"做了一次调查，其结果令人担忧。调查中有些大学生认为有性伴侣则表示男、女性在性方面有主动性、开放性和进攻性。这种提法是一种轻率！大学生应是青年人中的知识人群，广博的知识理应包括健康的性知识。大学生的性行为是否正确取决于性生理和性心理的健康发展，而在性心理方面就包括理想、道德、情操、作风等，也包括对性知识的掌握。

第三节　大学生性道德观

一、正确对待性欲和性冲动

性欲可分为性知觉和性行为两部分，前者是本能反应，当人们受到刺激时，自然会产生兴奋的感觉，这是不应当加以压抑的。但是否应随性冲动行事，还是让性兴奋感觉慢慢消退，则是个人的选择。人类应计算性行为所要付出的代价，并按自己的价值观决定行动与否。所以一方面要接纳自己性欢悦的感觉，让这种感觉疏通内心，不过分压抑；另一方面要给行为设置必要的关卡，不能完全放纵，任其产生严重后果。青春期出现的性欲和性冲动是正常生理因素和各种心理因素综合作用的结果，并不是下流可耻的事。但人与动物不同，人是有理性的，不能为所欲为，不论什么欲望和冲动，都必须受素养、信仰、理想以及社会伦理规范、习俗、纪律和行为后果等诸多因素约束。性欲和性冲动更需要加强自我修养与自我约束，由自控到自觉。

（一）控制的艺术

正因为人的性欲力量较大，青春期后的一生中都会有性的需要。但由于上述各种原因的限制，人不可能随便发生性行为，因此人常有不知如何控制性欲的困扰。简单地说，控制方法只有两种：一是将性冲动暂时压住；一是让它得到一部分的满足。例如现代医学认为"自慰无害"，但是否可以毫无节制地频繁发生呢？显然是不能的。性欲和性冲动的自控主要是心理方面的，重要的是应该掌握好以下四点：

①正确认识权利和责任。性成熟后有满足性欲的权利，但不要忘记随之而来的社会和家庭责任。年轻女性在发生性行为时，应该想到要承担做妻子和母亲的责任；年轻男性在发生性行为时，应该想到要履行做丈夫和父亲的职责。学生阶段显然不可能承担这些义务和责任。

②培养两性正常交往。事实说明异性间的神秘感和好奇心是由于男女青年双方缺乏共同参加丰富多彩的社会交往活动所引起，有了健康的社会交往，可有更强的社会适应能力，就可解除男女之间交往必然发展到性行为的错误观念。

④性观念的升华。文明社会中，性活动不再仅仅是个人的行为，而具有更丰富的社会内容。性是构成人类精神文明和精神需要的一部分，已渗透交融在工作、读书、运动、音乐等领域中，即所谓性的升华作用。如果把性仅仅看成性欲的满足，就会使自己从人类退化到动物阶段。

④学好包括性生理、性心理、性卫生和性道德的性知识，以养成一种良好的性适应和性控制能力，防止在错综复杂的环境中被某些似是而非的论调所蛊惑，发生各种违反社会规范的越轨行为。性和爱都是需要学习的。

（二）约会

约会是青年男女开始对异性发生兴趣后经常采用的方式，当然也是男女择偶恋爱的必然途径，所以是一种沟通信息的社交活动。男女大学生往往先有一些好感，希望进一步了解才开始约会。实际上约会是让双方有一个学习和了解的机会，学习如何彼此尊重，如何一面热切追求，一面保护自己，同时提高判别和选择异性的能力。开始约会的双方不一定就是情侣关系，所以约会的对象不必过早固定。不妨先团体约会，即邀请对方参加一些团体性的活动。这种方式的好处在于如果你不与对方在团体中交往，你根本不知道对方和其他人的人际关系，就无法真正认识对方的全部面貌。当然一开始就采用双人约会的方式也可以，但一定要明白邀约不同于正式求爱，赴约也不意味着允诺。男女双方能否获得邀请式的约会，固然是衡量自己受欢迎的指标；但未受邀请或自己的邀请对方不接受也并不丢面子，完全不必灰心丧气，乃至产生自卑情绪。从某种意义上说，约会也是年轻人走向心理成熟的一种锻炼。

约会必须抱有正确的认识和态度，并遵守公认的准则，例如尊重对方感情，遵守法律和道德标准，绝对不做欺诈、哄骗或占人便宜的事。美国有一所大学抽样调查了 300 多位大学生，让每位男女写出 3 个约会中感到最困惑的问题。30%的女性提到她的男友在约会时，还未建立稳定的关系，就有"性"的要求，使得女方很困扰。而男方觉得很困难的问题是在约会中不知道和女方说什么话才好，所以只好用"行动"表示。行动进展快，口语沟通交流进展慢，结果造成了两个人看似"发展很快"，其实，人与人最难了解的是心灵的沟通，它需要口语的交流，而不是肉体接触，性是永远无法用来测量爱的。

一个真正能接纳和肯定自己的人，必能理解"时机未到"和"条件不合格"的区别，当未受邀或约会遭拒时，绝不会产生颓丧和自卑情绪。

（三）爱抚

爱抚是通过肉体的接触去挑逗对方性欲并满足自己性欲的性行为之一，有人称之为性交前奏。严格地说，它是性交过程的一部分。男性在这方面反应敏感，有时接吻即可导致性冲动，并想逐步占有对方。女性生理反应较慢，起始未必有情欲冲动，但在受挑逗一段时间后也常不能自制，失去理智。绝大部分的婚前性关系都非事先预谋，而是情不自禁的后果。对于抚摸的地方，有些学者提出一个"身体三级制"的原则，具有一定的参考价值。

所以，对于爱抚有一个最基本的原则：任何刻意刺激对方性敏感部位（如男、女性器官，女方胸部、大腿）的行为应当避免，而且应有最大的自制与自觉。男性在这方面负有更大的责任，因为男方自重有助于对方自持；女方则应及早拒绝对方任何进一步要求的暗示或行为，此时，对方必会因你的自重而更加尊重你。

对于热恋中的大学生，如能记住以下"戒律"将会有益：

①尽量避免两人单独相处的局面，尤其是两人单独在卧室内谈心；

②避免两人一起看一些带有性刺激的刊物或影像带；

③情侣密集且公然拥抱、亲吻的地方难免成为一种环境压力或诱惑，建议避开；

④酒吧、舞会、夜总会不宜多去；

⑤女性应尽可能避免薄、露、透的穿着，诸如超短裙、大低胸等新潮衣服，以免男性想入非非，忍受不了视觉刺激而鲁莽行事；

⑥不用挑逗性的语言和行为，尊重别人即尊重自己，留意自己被性欲挑逗的危险；

⑦切勿为了"爱"而忍让对方任何过分亲热的举动，女性在关键时刻要学会说"不"。

两性间的亲密理应包括理性亲密、感情亲密和肌肤亲密。肌肤亲密方面的交往目前有愈来愈开放、愈来愈随便的倾向，一下子可以从牵手到亲吻，再到性交活动，而真正导致彼此互相爱慕和关怀的感情亲密却常常被省略。有些人甚至以肌肤亲密作为起点，又以此为终点，实在是一种危险的、不负责任的举动。如果男女之间大部分时间、精力花在肉体上的缠绵，很难期望在彼此的关系上再拓展新的领域，因为情欲和肉体关系是脆弱的。

（四）学习说"不"

在现实生活中，男女性爱常常发生各种麻烦以致犯罪，其中相当重要的一个原因是不会说"不"，不能当机立断作出拒绝，而常常被脑海中的"做了再说"控制。所以在异性交往过程中，交代清楚和坚持原则这两点特别重要，而说一个"不"字正是坚守个人意愿的基本原则。多数青年渴望自己受欢迎、受邀约会，甚至被爱抚亲热，认为是对自己价值的肯定，深怕没人约会或不被爱抚就会被人否定；有的可能基于羞涩或害怕伤了对方自尊心，影响彼此感情，所以才不敢对别人说"不"。不少女学生在以上一些心理支配下，当对方要求有身体接触时也不敢抗拒，结果遭受身体及心灵上的损伤，甚至发生"未婚先孕"等日后更难处理的事。

再次提醒女青年，必须学会拒绝对方婚前性行为的要求。当对方用"如果你爱我，就请给我"的"杀手锏"论调时，你应立即拒绝并回答："如果真爱我，就请尊重我。"千万别被四周浪漫气氛和对方的甜言蜜语弄得丧失理智而把"不"缩了回去。

二、性道德与婚前性行为

（一）性道德

其定义尽管说法各异，但归纳起来至少有两个内容：一是社会普遍接受的行为标准；二是美好生活的追求方法。随着社会的不断进步和发展，有些传统道德难免受到质疑、冲击，甚至被否定。现代性教育的内容并没有反对传统的性爱道德，只是不支持一些违反逻辑或扭曲事实的理论。同样的道理，现代性教育也反对现代的一些性爱论调，例如有人提出婚外情可以使男人长寿，更能巩固夫妻关系等无稽之谈。青年男女不必一听见道德教育就认为"又是说教"，完全可以在实际生活中检验其真伪。

性道德不是禁止自己的性欲望和性行为，而是将其建立在良好的人与人关系上，即建立在男女两人的选择、爱慕和彼此负责的基础上。青年们渴望得到更多的性知识，对性产生兴趣，当然无可非议，社会各方面都应给予满足和开导。但有一个极重要的内容，就是感情和道德上爱的教育不能偏废。有一句话——人类的性只能属于爱，换句话说，性是爱的一部分。爱使人生更有意义，性提供了吸引力，婚姻则加强了两性关系的稳定性，并富有责任地建立创造性的家庭生活。

不强调这些，只能把青年们的性观念引向庸俗和堕落。有了正确的性观念，在和异性交往时，心中就会有一个准则，而这个准则实际上应该纳入社会道德规范内。年轻人绝不要放纵自己的性欲，一个没有良好性观念和不遵循性道德的人，他/她们的恋爱、婚姻和家庭，绝不可能真正美满和幸福。

(二)婚前性行为

婚前性行为是目前在性道德方面争论颇多的一个重要专题。21世纪的青年男女，对于性的开放程度明显上升，什么"一夜情"，什么"不在乎天长地久，只要一次拥有"，什么"最要紧的是及时 happy"等观念搞得年轻人晕头转向。他们往往认为既然是你情我愿，情到浓时发生性行为乃情理中的事，婚前性行为根本不是什么大不了的事；还有不少青年误把婚前性关系看作彼此了解性生活是否和谐和婚后能否获得幸福的考验；也有女性认为有了婚前性关系，可以套牢对方，不致变心等种种奇论怪调。他们却都忘记了一点：婚前性行为带来的可能是一时的刺激、满足和快感，但更多可能是后悔之极或更深远的影响。

还是先看看婚前性行为导致的后果，然后让年轻人作出理智的选择。

意外怀孕在婚前性行为中相当常见，若选择人工流产终止怀孕，女生的身体可能受损。尤其有些人常采取非法人工流产手术，导致感染，影响日后生育能力，严重者可导致死亡。有些青年女性对怀孕缺乏认识致怀孕期过长，待胎儿过大时做终止手术，令手术危险性增加。婚前性行为的害处有：

①未婚少女的意外怀孕一般均延误就医或不做产前检查，怀孕期间亦缺乏适当休息和照顾，加上心理上的压力，出现各种问题的可能较多，如母亲贫血、婴儿早产等。若未婚妈妈顺利产下婴儿，照顾及抚养又是一个问题，母亲或父亲的角色是一个沉重的负担，他们可能因此丧失求学机会，经济和心理上也无足够的准备，往往陷于困境之中。

②奉子成婚。美满的婚姻都有成熟稳定的感情基础和婚前充足的准备。如果因为未婚先有子女而被迫结婚，最终将产生许多家庭问题。

③大部分性病都是通过性交途径染上的，尤其对于性滥交的青年人来说，更为危险。不少性病的病症不太明显，往往被忽略。婚前性行为得了性病又容易讳疾忌医或找江湖医生偷偷治病，反而造成更严重的后果。

④心理压力。目前国内的道德规范认为婚前性行为是越轨行为，婚前性行为难被社会认可。有婚前性行为的青年们多少会产生罪恶感，尤其在未经深思熟虑的情况下进行性行为，就更易造成自责和内疚，造成精神伤害。还有一个很棘手的问题，如未婚先孕后双方仍然分手，则女方将来与他人正式结婚后，将常会为这段历史感到难堪和烦恼，甚至引发一些家庭问题。

第四节　性传播疾病的防治

性传播疾病，就是通常所说的性病，是由性接触而传播的一组疾病。它包括梅毒、淋病、非淋菌性尿道炎、软下疳、性病性淋巴肉芽肿、腹股沟肉芽肿、生殖器疱疹、尖锐湿疣、生殖器念珠菌病、传染性软疣和艾滋病等，共 20 余种。其中我国政府列为重点防治并报告的有 8 种，它们是：梅毒、淋病、生殖器疱疹、非淋菌性尿道炎、尖锐湿疣、软下疳、性病性淋巴肉芽肿和艾滋病。由于艾滋病与一般的性病有许多不同的特点，并且蔓延迅速，对人类的健康构成了巨大威胁，因此，我们把它列出来单独讲述。

我国政府对性病的防治工作一向十分重视，20 世纪 80 年代以前，我国已基本消灭了性病。随着改革开放，国际间人际交往与日俱增，加上国内少数人受到西方"性解放"和"性自由"思潮的影响，性病在我国又死灰复燃，患者数逐年递增，已呈蔓延之势，形势十分严峻。在高等学校中，也不断发现有性病患者，而大学生对此却毫无警惕。因此，对大学生进行性病特别是艾滋病的防治教育，已是一项十分紧迫和重要的工作。

一、性传播疾病的特点

（一）传播途径以性行为为主

性病的传播途径是性行为，其中最主要的是性交传染。依据性关系可以追踪传染源和再感染者。

（二）具有各种各样的病原体

性病的病原体有细菌、真菌、螺旋体、衣原体、支原体、病毒和寄生虫七大类。有的性病由一种病原体引起，如梅毒是由苍白螺旋体引起的；有的性病则由多种病原体引起，如非淋菌性尿道炎，其病原体就有沙眼衣原体、分解尿素支原体、葡萄球菌、链球菌、大肠杆菌、毛滴虫、白色念珠菌等。

（三）传播速度快

性病中的淋病和非淋菌性尿道炎等疾病，潜伏期很短，感染后很快就发病，而且，同患者有过性接触的人感染发病率很高，传播速度很快。非淋菌性尿道炎还常引起集体和家庭成员集体患病。

（四）流行范围广

全世界所有的国家和地区都有性病的发生和流行。可以说，只要有两性行为，就有发生性病的可能。国际交往的增加、旅游事业的发展和国内人口的频繁流动，为性病的流行提供了渠道，并且使其能快速地向更大范围扩散，造成大范围的流行。

（五）危害大

性病不仅是外生殖器疾病，所有的性病都可以引起淋巴系统的病变，随之造成全身病变。梅毒可以侵犯心、肝、脑等重要器官，甚至引起死亡。艾滋病至今尚未找到有效的治疗药物和方法。

（六）有明确的高危人群

性病的主要攻击目标是有性乱行为的人，只要有性乱行为，就有遭受性病感染的危险。而可能产生性乱行为的人群，在年龄上是很明确的。

（七）不受自然因素干扰

很多的传染病是受自然因素的干扰和制约的，特别是以食物、水和空气作为传播途径的疾病，受日光、温度、湿度、季节等自然环境的影响就更大。而性病的传播过程是发生在性行为的进行过程中，不会受到外界自然环境的干扰。

（八）具有隐性病程和易复发性

如艾滋病，在感染了艾滋病病毒后，有的人可能经过十多年才发病，而且初发症状多与"感冒"相似。而梅毒患者常因治疗不当或自身免疫力的改变而变为隐性梅毒。隐性梅毒的临床症状可以消失，但血液里螺旋体仍然存在，疾病并未痊愈，一旦抵抗力下降，就会复发。

二、性传播疾病的预防和治疗

性传播疾病的预防主要是针对性病的流行环节，管理传染源，切断传播途径，保护易感人群。性病的治疗是综合性的，除病因治疗外，还必须与预防结合，与隔离、消毒、检疫、流行病学调查、卫生宣教等相结合。

（一）预防

1. 管理传染源

对性病患者必须早发现、早诊断、早隔离、早治疗、早报告。要加强性病知识宣传教育，提高对性病危害的认识（包括对本人和性伴侣的危害），使患病者及时、主动地求医，得到正规的治疗。对重点人群进行定期检查，对入境人员进行检疫。一旦确诊为性病患者，应该立即报告疫情，并对患者进行隔离治疗。

2. 切断传播途径

主要通过以下方式切断性病传播途径：

①性病主要由性传播，公民应该遵守性道德，洁身自爱，不性乱。遵守政府法律法规，杜绝卖淫嫖娼。

②正确使用安全套，有利于预防性病的蔓延。

③某些性病患者非直接性接触传染，而是间接接触性病患者的分泌物污染的物品而感染，因此，对公共环境尤其是服务性旅馆、游泳池、理发店、美容场所的设备与器械必须严格消毒。

④不以任何方式吸毒，严格血液、血液制品的管理，医院某些医用器械应使用一次性材料，严格消毒灭菌，各种注射强调一人一针一管，个人用品绝不互用。

3. 保护易感人群

目前性病还没有特异性的疫苗注射，主要通过注意生活方式，培养卫生习惯，增加体育锻炼，来提高抗病能力。

（二）治疗

1. 病因治疗

针对引起性病的病原体进行治疗。如由梅毒螺旋体引起的梅毒、淋球菌引起的淋病等，用抗生素（如青霉素）治疗。病因治疗药物的选择可单用一种药，也可多种药物联合运用。

2. 对症治疗、支持治疗及中医中药治疗

性病的治疗，要求用药必须在医师的指导下，正规用药，才能达到彻底根治的目的。

三、性传播疾病的临床症状

（一）全身表现

1. 发热

性病一般不会发热，但得了性病一旦发热就意味着疾病正处于活动期或是发生了逆行性感染，应引起高度重视。

2. 全身无力

全身无力往往与发热同时出现，是由于糖原消耗和肌酸的堆积所致。

3. 食欲不振

主要见于疾病的急性活动期和慢性消耗期。

4. 消瘦

多见于疾病的急性活动期和慢性消耗期。

（二）泌尿生殖系统表现

1. 男性泌尿生殖系统表现

（1）尿痛

在排尿时有持续的灼热感、灼痛感，多见于淋病急性尿道炎。

（2）尿频、尿急

常有尿意，频繁排尿，而且有尿意就很难控制。

（3）溢尿、流脓

溢尿是因尿道括约肌病变不能完全闭合或神经调节机能障碍而使排尿失去控制。流脓常见于淋病，开始量多，晚期减少，可出现"糊口现象"。

（4）包皮和龟头病变

病变常位于冠状沟和包皮腔,如梅毒的软下疳、丘疹样梅毒疹。尖锐湿疣也可在龟头和包皮上发现疣状物。

(5)尿道口舟状窝炎症

常见于淋病和非淋菌性尿道炎,表现为尿道口充血、水肿、糜烂或溃疡,并有脓性或水样分泌物。

(6)尿道触痛

淋病的急性尿道炎可出现尿道触痛。

(7)淋巴结肿大或脓肿

性病可普遍引起腹股沟淋巴结肿大。梅毒硬下疳同时有淋巴结肿大的,叫梅毒性横痃。淋病的淋巴结肿大有压痛,软下疳同时可发生淋巴结脓肿和溃烂。

2. 女性泌尿生殖系统表现

(1)淋病

淋病由淋病双球菌引起。主要通过性交传播,少数也可通过污染了的衣裤、被褥、寝具、浴盆和手传播。潜伏期平均为 3~5 天。被感染后,女性的尿道刺激症状较轻,可有外阴瘙痒,白带增多,宫颈充血并触痛,阴道出现脓性分泌物等。值得注意的是,约有 20% 的男性患者和 60% 的女性患者并无症状。

(2)非淋菌性尿道炎

它主要由沙眼衣原体和分解尿素支原体感染引起,潜伏期为 1~3 周,症状与淋病相似,但病情多较轻,病程发展缓慢,症状不明显,并易引起并发症。

(3)梅毒

梅毒是性病中最常见的疾病,在我国呈逐年上升趋势。它由梅毒苍白螺旋体感染而发病,其传播途径有性交、胎传、接吻、哺乳、输血以及接触污染的日常用品等,90% 以上为性交传染。梅毒的临床分为三期,Ⅰ、Ⅱ期为早期梅毒,Ⅲ期为晚期梅毒。Ⅰ期梅毒主要表现为硬下疳,女性多出现于阴唇和子宫颈,为单个无痛性结节,直径为 1~2 厘米,境界清楚。Ⅱ期梅毒发生于感染后 7~10 周,特有症状就是出现皮疹,常称梅毒疹,可有斑前、斑丘疹、脓疱疹等各种式样。梅毒疹可在全身各处皮肤出现,此期的传染性极强。Ⅲ期梅毒多发于感染 2 年后,此期无传染性,但患者的各个脏器,包括心血管系统和神经系统的损害都很严重,甚至可危及生命。

(4)软下疳

软下疳由杜克雷嗜血杆菌引起,潜伏期 1~6 天,主要表现为外生殖器的炎性丘疹。此丘疹在 1~2 天后变成脓疱,然后破溃形成质地较软的疼痛性溃疡。如并发腹股沟淋巴结炎,可致淋巴结肿大、疼痛、破溃,即为软下疳性横痃。

(5)尖锐湿疣

尖锐湿疣,也叫性病疣,是由人类乳头瘤病毒(HPV)引起的一种性病。潜伏期为 1 ~ 12 个月，平均为 3 个月。其临床主要表现为生殖器、会阴和肛门部位皮肤的瘤样增生。女性多见于阴蒂、阴唇、肛周、会阴部、阴道及宫颈。起始为淡红色丘疹，以后逐渐增大增多，融成乳头状、菜花或鸡冠状，根部可有蒂，表面呈白色、污灰色或红色，有痒、痛感和恶臭。

（6）性病性淋巴肉芽肿

本病由沙眼衣原体所致，潜伏期为 5 ~ 12 天。患了该病如不治疗，临床上会出现以下典型过程：一期为生殖器初疮，表现为极小的表浅性糜烂、浅溃疡或小疱疹，7 ~ 10 天愈合；二期为淋巴结病。女性常引起髂部、腹股沟区及直肠周围淋巴结炎和直肠炎，导致腹痛和腰背痛。本期还可出现发热、头痛、倦怠、关节痛等全身症状。三期主要表现为生殖器橡皮肿和直肠狭窄。

（7）生殖器疱疹

生殖器疱疹由 II 型单纯疱疹病毒引起，传染性极强，主要通过性器官接触传染。其潜伏期为 2 ~ 7 天。发疹前后有发热、头痛和全身不适等症状。原发性损害是一个或多个小而瘙痒的红丘疹，红丘疹迅速变成小水疱。小水疱容易破裂，疼痛剧烈，易形成溃疡。生殖器疱疹的危害性极大，至今尚无特效方法治疗。它常反复发作，可引起女性不孕、流产和死产，并且是引起新生儿失明和病毒性脑炎的常见原因。

第五节　艾滋病的预防

一、艾滋病与艾滋病病毒

艾滋病是 AIDS 的译音，AIDS 是英文 Acquired Immuno Deficiency Syndrome 的缩写，意思是获得性免疫缺陷综合征。它于 1981 年 6 月 5 日在美国首次发现，30 多年来，艾滋病以惊人的速度在全球蔓延，亚洲地区的情况尤为严重。

艾滋病的病原体为艾滋病病毒（HIV）。艾滋病病毒感染与艾滋病是有区别的。艾滋病病毒是指能引起艾滋病的一种病毒，它能破坏人体的免疫系统。艾滋病则是指被艾滋病病毒感染后的患者，经过潜伏期后，出现临床症状的阶段。感染了艾滋病病毒后，通常要经历一个潜伏期才会发展成患者。潜伏期的长短，因人而异，短则数月，长达 10 多年，平均潜伏期为 7 ~ 10 年。

艾滋病病毒在常温下（20℃ ~ 22℃）可以存活 15 天，体温（37℃）下可存活 11 天以上。离开人体后，常温下在血液或分泌物中可存活数小时至数天。如果它离开人体停留在外界，遇上高温、干燥或常用的化学清洁剂或消毒剂，如碘酊、酒精、"84"消毒液等，就会被杀死。

二、艾滋病病毒的传播途径

艾滋病病毒主要存在于人体的血液、精液、阴道分泌物中。如果个体有体液的交换，就可能造成艾滋病病毒的传播。现在已经得到证实的三条传播途径是：

（一）性接触传播

艾滋病病毒感染者的生殖道分泌物如精液、阴道分泌物中存在艾滋病病毒，如果这些病毒在性活动中排出体外，进入另外一个人的身体内，就会造成传播。因此，没有防护措施的性交是其最常见的传播方式之一。异性性交和同性性交都能传播。

（二）血液传播

它包括两个方面，一是输入含有艾滋病病毒的血液、血液制品，二是使用被艾滋病病毒污染的器械或物品（如共用不洁的注射器针头、文眉、文身、穿耳使用的器械消毒不严等）。

（三）母婴传播

患了艾滋病或感染了艾滋病病毒的母亲，怀孕期间可通过胎盘传染，分娩时可通过产道传染，产后还可通过母乳传染。

有研究证实，日常生活接触不会感染和传播艾滋病病毒（如咳嗽、打喷嚏、握手、拥抱、礼节性接吻、游泳、公用餐具、浴盆、浴池和电话机等）。

三、艾滋病的主要临床表现

由于艾滋病是一种新的疾病，人们对它的了解和认识还处在一个逐步深入的过程中，这里只介绍一些基础的、公认的概况。

艾滋病的发生过程，可分为潜伏期和"窗口期"。从艾滋病病毒侵入人体到出现临床症状这段时间，叫潜伏期，其时间的长短因人而异。"窗口期"是指人感染艾滋病病毒后到形成免疫应答所需要的这段时间。多数专家认为，这一时间约为3个月，延迟反应者可能要6个月，也有人认为一般为2周至3个月。

艾滋病患者在发病起始阶段并无特殊症状，随着疾病的发展，可逐步出现全身消瘦、发热、无力和恶液质。消瘦是患者最明显的自觉症状。发热在艾滋病的前期表现为不规则性，活动期则呈现出阶段性或持续性，在急性感染时，可出现稽留热型高热。由于高热和消瘦，患者自觉肌肉无力及关节酸痛，全身淋巴结可出现肿大。恶液质是因发生各种恶性肿瘤引起，是导致患者死亡的重要原因。

除此之外，在患者免疫功能被艾滋病病毒破坏到严重程度时，还会产生许多各式各样的二重感染，通常称之为机会性感染或条件性感染。最常见的机会性感染有：

①卡氏肺囊虫肺炎。50%～60%的艾滋患者并发此病。其症状与肺炎相似，

表现为咳嗽、气短、呼吸困难、血气氧分压下降，并发此病是艾滋病患者死亡的主要原因之一。

②隐孢子虫腹泻。隐孢子虫一般不会感染人类，但可侵犯艾滋病病毒感染者。该病表现为严重腹泻，水样便，每日最高可达 30 次，并有痉挛性腹痛、恶心呕吐、腹胀等症状。

③疱疹病毒感染。艾滋病病毒感染者并发的疱疹，症状十分严重，久治不愈或反复发作，与正常人感染疱疹病毒后有明显的区别。

④白色念珠菌感染。此病多发于口咽部、食道、胃肠道，表现为充血性水肿，表面覆盖白色菌苔，伴灼痛、渗血、咀嚼困难、吞咽障碍等症状，十分顽固难愈。

⑤巨细胞病毒感染。艾滋病病毒感染者感染此病十分普遍，表现为多形性红斑、肺炎、结肠炎、视网膜脉络膜炎等。

⑥卡波西肉瘤。有 20% ~30% 的艾滋病患者并发此瘤，表现为紫红色或蓝紫色的斑丘疹，高出皮肤，可见于皮肤、黏膜和内脏器官。

四、艾滋病的预防

艾滋病在目前虽不可治愈，却是可以预防的。在现阶段，最有效、最现实的预防办法就是针对其传播途径，通过健康教育和咨询来规范人们的行为。对个人来说，需要做到以下几点。

（一）预防经性传播

青少年要坚持不发生婚前性行为，学会调节、控制自己的性冲动，遵守社会性道德规范。已婚人群要树立正确的婚姻道德观、性道德观，学会并坚持正确地使用安全套，安全套的质量一定要可靠。

（二）预防经血传播

一般不输血，需要输血时，要使用经过艾滋病病毒抗体检测合格的血液或血制品。任何注射，都要使用合格的一次性注射器。不到医疗器械消毒不可靠的个体诊所接受注射、拔牙、针灸治疗；不到消毒不严的场所手术；不用未经消毒的器具穿耳、文身、美容；不与他人共用牙刷、剃须刀；不吸毒，特别不能与他人共用注射器。

（三）预防母婴传播

有感染艾滋病病毒危险的妇女，在怀孕前或怀孕期应做艾滋病病毒抗体检测；已感染了艾滋病病毒的妇女，应避免怀孕和哺乳。

第十章　优生与健康

第一节　遗传与优生

一、优生知识

优生是指人类的生育质量，即要生育智力和体质（包括人体内外的各种形态结构与功能特征）都是优秀的后代，不生育智力和体质低劣的后代。这不仅是每一对夫妇、每一个家庭的愿望，也是国家和民族繁荣昌盛的希望所在。

我国是世界上人口最多的发展中国家，目前我国的人口政策是"控制人口数量，提高人口素质"。中华人民共和国成立60多年来，全国人均寿命比解放前延长了30多岁，青少年的身高体重普遍增加，但是，影响人口素质的有害因素仍很多，特别是遗传病严重地威胁着人类的健康。据统计，人类有3000多种遗传病影响人口素质，广东省38间医院从1986年10月1日至1987年9月30日一年间产儿先天缺陷总发病率为1.433%。国家"七五"期间重点优生优育科研项目"全国10~14岁儿童智力低下流行病学调查"显示，我国0~14岁儿童智力低下总发病率为1.2%，智力低下病因调查表明，出生前病因占43.7%，且所致智力低下程度较严重，其中遗传性疾病占40.5%。目前遗传病和先天性缺陷不仅数量多，而且还在繁衍后代，这是有碍四化建设的严重问题。要解决这个问题，关键是要提倡优生，只有优生才能保证人口素质。

优生对个人、家庭、民族乃至整个人类都有着现实的和深远的意义。众所周知，目前世界上有相当数量的家庭为孩子的低能、痴呆以及各种先天性或遗传性缺陷而苦恼。遗传病有3000多种，是常见病，它不仅威胁着数以万计人的健康，也将贻害子孙后代。据调查，我国有智力低下和形态、功能缺陷的患者约1000万，全世界仅先天性愚型患儿就有数百万。而且，几乎人体各个器官系统和组织都可能发生遗传性疾病和缺陷（如色盲、聋哑、性畸形、心脏病、肌营养不良、唇裂和腭裂等）。此外，先天性异常是造成新生儿死亡的主要原因。严重的遗传病给家庭和社会带来的后果是显而易见的，一个先天性呆痴的孩子，必然给双亲带来痛苦，给家庭带来牵累，也给社会增加负担。所以预防和发现先天性胎儿异常，阻断遗传病的延续，正是人们所期望的。

为了家庭的幸福，民族的昌盛，国家的繁荣，人类的进步，必须实行优生。

研究运用遗传学的原理与方法，以改善人类的遗传素质，防止出生缺陷，提高人口质量的科学叫优生学，优生学分为预防性优生学和演进性优生学。预防性优生学又称为消极优生学，是预防有严重遗传病和先天性疾病胎儿的出生；演进性优生学又称积极性优生学，是促进体力和智力上优秀的个体繁衍。两者都是为了人类社会的未来，都具有十分积极的意义。

二、什么是遗传病

人类在自然繁衍的过程中，由于各种因素的影响，会使体内的遗传物质发生变化，因此，凡是由于细胞核中的染色体、基因异常引起的有关酶缺陷和代谢障碍，并可以遗传给下一代，造成人体生理、生化机能的紊乱和代谢过程的障碍，威胁人类健康的疾病，医学上统称为遗传病。

遗传病有三个特点：①先天性，即生来就有，但并非都是先天性发病，也可以中年以后发病，其中又因疾病是否表现出来而分为显性遗传病、隐性遗传病和伴性遗传病；②终生性，是指大多数遗传病是终生的，难以治疗，应以预防为主，仅少数遗传病可治疗或避免发病；③遗传性，是指遗传病可向后代遗传。

遗传病与先天性疾病是两个不同的概念。遗传病是由于生殖细胞或受精卵里的遗传物质在结构上和功能上发生了改变而造成的疾病；先天性疾病是由于在胚胎发育过程受到某些环境因素影响所造成的，这些疾病以后不会传给下一代。因此，先天性疾病与遗传病区别如下：①就致病因素来看，前者包括病毒感染、药物、烟酒中毒以及放射线等各种因素；而后者则是双亲的染色体异常所致。②就发病机制来看，前者是通过母亲的血液循环经胎盘传给后代；而后者的遗传性缺陷则在生殖细胞中存在，通过染色体遗传给后代。③从预防观点来看，前者可以通过妊娠早期避免病毒感染及中毒等来预防；而后者则通过婚前检查、婚前咨询、遗传咨询来避免异常个体的出生。④从发病的时间来看，前者必定是胎儿出生之前就有，而后者除出生之前就有之外，也可以后天发病。

现代优生学把这一出生就表现的遗传性疾病和胚胎发育过程中继发的缺陷统称为"出生缺陷"。从优生角度出发，不管是由于遗传物质异常所引起的遗传疾病，或胎儿期中获得的疾患，或是到出生后一定时期才出现的临床症状，都应当引起人们的重视。

三、遗传病的决定物质

遗传病是由细胞核中的染色体和染色体上的基因决定的，人类体细胞和生殖细胞的染色体，其数目、形态和大小都很稳定，但在某些物理、化学、生物等因素的影响下，染色体的数目和结构都可以发生异常，称为染色体畸形，从而产生遗传病。

染色体是细胞核内遗传物质，在细胞分裂中期，染色体便出现典型的形态特征。人体细胞有46条染色体，其中44条常染色体，2条性染色体，一般来说，性染色体决定人体性别。

基因是遗传的基本单位，它的化学成分是脱氧核糖核酸（DNA）。基因是决定一个人的各种特性的物质，通过脱氧核糖核酸就能把遗传信息遗传给后代。基因有三个特性：①基因的稳定性，忠实地复制自己，使生物保持自己的种族；②基因能控制细胞的新陈代谢，是生命所必需的；③基因的突变，可使生命不断进行和发展。

染色体和基因在遗传中起着十分重要的作用。通过对染色体的研究，可以发现许多新的遗传病；通过对羊水细胞染色体的分析，不仅可以预测胎儿的性别，而且可以及早发现染色体异常的胎儿，防止异常胎儿的出生。

四、常见的遗传病

遗传病形形色色，种类繁多，大致可以分为三大类，即染色体病、单基因病、多基因病。

（一）染色体病

它是由于染色体数目和结构发生异常，即染色体畸变引起的遗传病。染色体的畸变发生在常染色体，可引起常染色体综合征。这类疾病往往表现出多发性先天异常，最常见的是先天愚型；若染色体异常发生在性染色体，则引起性染色体综合征。

染色体病的特点：①一般都出现多发性先天畸形，有的成为身体发育不良的低体重儿，有的则为智力严重低下的痴呆儿；②双亲的染色体可为正常，其子代染色体异常是由于亲代生殖细胞在形成过程中，染色体发生了畸变的结果；③有染色体异常的个体，在其母亲怀孕15～20周时，进行羊水培养，可以作出产前诊断。

（二）单基因病

它是由于单个致病基因所引起的遗传病。单基因病又有如下三种。

1. 常染色体显性遗传病

它是由于常染色体上显性致病基因的作用而引起的。这类疾病常见的有软骨发育不良，多指、并指畸形，夜盲症等。

2. 常染色体隐性遗传病

它是由于常染色体上的隐性致病基因的作用引起的。这类疾病常见的有呆小病、半乳糖血症、苯丙酮尿症、白化病、先天性聋哑、全色盲等。

3. X 连锁(性连锁)遗传病

它也叫伴性遗传病，是由位于 X 染色体上的致病基因所引起的遗传病，包括：① 性连锁隐性遗传病，如红绿色盲、血友病、蚕豆病、先天性白内障、先天性丙种球蛋白缺乏症等；② 性连锁显性遗传病，如遗传性慢性肾炎、抗维生素 D 佝偻病等。

(三)多基因病

它是由多个微效致病基因的积累作用和环境影响所致。多基因病大多数是一些常见的疾病，如精神分裂症、哮喘、冠心病、原发性高血压、先天性心脏病等。

四、遗传规律

研究遗传的先驱者孟德尔(Mendel)早在 1865 年通过著名的"豌豆试验"清楚地观察到豌豆如何代代相传的遗传规律并提出相应的一些重要假说，现已被公认，称为孟德尔遗传规律，它包括独立分离和自由组合定律。

独立分离定律，又称孟德尔第一定律。即一对基因在杂合状态中保持相对的独立性，而在配子形成时，又按原样分离到不同配子中去。如人类红血球血型有 A、B、AB、O 四种，如 A 型者，实质其基因是 AO 或 AA，因为 A 为显性，O 为隐性，故表现为 A 型，不过 O 型基因并未消失；当两位 A(AO)型男女结合为夫妇时，其子代血型可能是 A 型或 O 型。根据这一定律，人类血型遗传关系如表10 - 1：

表 10 - 1　人类血型遗传关系

亲代父母的血型	子女有可能有的血型	子女不可能有的血型
O × O	O	A、B、AB
O × A	O、A	B、AB
O × B	O、B	A、AB
O × AB	A、B	O、AB
A × A	A、O	B、AB
A × B	O、A、B、AB	/
A × AB	A、B、AB	O
B × B	B、O	A、AB
B × AB	A、B、AB	O
AB × AB	A、B、AB	O

自由组合定律，也称孟德尔第二定律。它是指不同座位上的基因在形成配子时是自由组合的，即不同性状独立传递。这可以解释自然界生物体多样化的现状。

五、遗传与优生

(一)生男生女的奥秘

前面已经谈到，染色体是有关遗传的决定物质，人体细胞核里有两种染色体，一种是决定身体的一般性质和形态的常染色体，另一种是决定性别的性染色体。生男生女，就是由性染色体决定的。性染色体有两种，即 X 染色体和 Y 染色体。人类细胞核中有 23 对染色体，其中有一对为性染色体，男性的性染色体是由一条 X 和一条 Y 组成的配对(XY)，而女性的性染色体却是由两条完全相同的 X 组成的配对(XX)。

含有性染色体的精细胞和卵细胞，在成熟发育过程中要经过二次减数分裂，使精子和卵子的染色体减半，分别含有 23 条染色体，在受精时，两个细胞融合，使新的人体细胞重新拥有 23 对染色体。精细胞经过减数分裂后就分成了 X 型和 Y 型两类精子，卵细胞减数分裂后则只有 X 染色体。当受精时，如果 X 型精子与卵子结合，新的个体就含有 XX 配对染色体，发育成女胎；如果 Y 型精子与卵子结合，新的个体就含有 XY 配对染色体，发育成男胎。

性染色体与性别的关系如图 10 - 1：

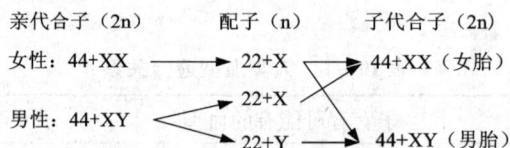

```
亲代合子（2n）        配子（n）        子代合子（2n）
女性：44+XX  ────────→  22+X  ╲      ╱→ 44+XX（女胎）
                                ╲    ╱
                       22+X     ╳
                                ╱    ╲
男性：44+XY  ╱────────→  22+Y  ╱      ╲→ 44+XY（男胎）
```

图 10 - 1   性染色体与性别的关系

在男性精子中，含 X 性染色体和含 Y 性染色体的精子，各占一半，生男生女的几率是相同的。在一个较大的地区，一般每年出生的男孩、女孩，数目大致接近。根据联合国对世界大多数地区和国家的统计，绝大多数地区和国家的男女性别比保持在 94：100 ～ 107：100 之间。

(二)遗传与智力

每个人的聪明才智是有差异的，智能的差异与遗传有关。智力发育的水平首先取决于遗传素质，此外，智力发育还需要相应的环境条件，包括营养、教育、训练等。遗传因素引起的智力低下有以下几种。

1. 染色体畸变所致的智力低下

染色体的数目和结构改变，常导致智力低下，性染色体异常对智力发育的影响不像常染色体异常那样严重。性染色体三体型可能智力正常，甚至超常，而常染色体三体型几乎总是引起智力低下。

2. 单基因遗传性疾病所致智力低下

苯丙酮尿症是以智能发育不全为主要特征的遗传性代谢缺陷，属于常染色体稳性遗传病。

3. 多基因遗传病所致智力低下

智力是由环境和遗传两个因素共同决定的，智力在人群中呈连续性常态分布曲线，从一级亲属到远亲智力低下的发病率逐步下降。多基因性遗传以及环境因素所致的智力低下最常见；家族性智力低下，也是遗传性智力缺陷和文化教育缺乏共同作用的结果。

（三）遗传与寿命

人类的寿命与遗传因素有密切关系，有人认为人的总寿命在妊娠初始的瞬间就明明白白地"写在你的基因之中了"。人的寿命为多基因遗传，与环境因素关系密切。根据遗传基因学说，一切生物的天然寿命都是由生物各自基因安排，不同人体的基因组合不同，因而每个人的寿命的长短各异。寿命与遗传关系的研究发现寿命与生育有密切关系，在长寿老人中，他们的父母没有一对是近亲结婚的，而且第一、二胎出生的占大多数。凡是近亲结婚的后代，年龄老化或衰老个体生育的后代，其寿命都明显地缩短。孪生子之间寿命相差较小，同卵孪生又比异卵孪生的差异要小。

（四）遗传与癌症

肿瘤的流行病学、病因学等研究表明，肿瘤发生与发生肿瘤的个体的遗传因素有极为密切的关系。越来越多的肿瘤或肿瘤综合征符合孟德尔遗传规律，如视网膜母细胞瘤、肾母细胞瘤等符合常染色体显性遗传的传递方式。1/3 的乳腺癌，若干类型的消化道癌、肝癌等亦具有明显的遗传倾向。另外，肿瘤的家族聚集现象即癌家族（指一个家系中恶性肿瘤发病率高、发病年龄较早、肿瘤按常染色体显性方式遗传）和家族性癌（指一个家族内多个成员患同一种肿瘤，如结肠癌）都说明了遗传因素在肿瘤发生中的作用。

六、遗传病的预防

对一些遗传病虽然可以采取一些治疗措施，但不能达到根治的目的。而对大部分遗传病，尚无有效的治疗办法，因此，必须依靠预防为主的方针，避免有遗传缺陷的病儿出生。预防遗传病采取的措施有：遗传病群体普查、携带者的检出、婚姻与生育指导、遗传咨询、产前诊断和选择性流产等。它们均可以从某一个环节切断致病基因的传递，从而减少甚至消除有严重遗传病和先天畸形儿的出生，改善人们的遗传素质。

第二节　婚前保健与优生

结婚是男女青年建立新的家庭的开始，也是从单身生活过渡到两性共同生活的转折点。新的家庭要担负养育下一代的社会职能和义务，为了婚姻美满、家庭幸福，以及有健康聪明的后代，必须在婚前就从优生的角度来认识和掌握有关婚配和生育方面的科学知识。

一、禁止近亲结婚

我国婚姻法明文规定："直系血亲和三代旁系血亲禁止结婚。"

什么是近亲结婚？近亲是指亲戚之间有血缘关系，也就是双方共有一个祖先。例如，表兄妹，不论姑表或姨表兄妹，他们的祖辈是同一个，这些表兄妹血缘关系很近，他们之间通婚称为近亲结婚。

为什么近亲不能结婚？我们在上面已经讲过，人体有 46 条即 23 对染色体，这样成对的染色体，一条来自父亲，一条来自母亲。染色体载有成千上万的基因，而遗传是由基因决定的；近亲之间相同的基因较多，父母与亲生子女之间有 1/4 的基因相同，伯叔舅姨与内外侄甥之间有 1/8 的基因相同。堂兄弟、姐妹、姑表、姨表兄弟、姐妹之间有 1/16 的基因相同。近亲之间相同的基因多，相同的致病基因也多，因此近亲结婚将会使致病基因呈现纯合型状态的机会大大增加。从遗传角度看，如夫妻一方载有致病基因，另一方没有载这种致病基因，其所生的孩子便是隐性致病基因携带者，可以表现为正常，但会把致病基因传给后代；如果夫妻双方都有相同的致病基因，便可以把这种致病基因传给后代，使隐性基因在孩子身上汇合一块（纯合），表现出遗传病或先天缺陷。

可见，近亲结婚的危害在于：①所生子女发生遗传病和遗传缺陷的机会明显增加，痴呆儿出生率增高，严重者可以造成种族退化。②由以上疾病给个人、家庭和国家带来经济和精神负担及损失是无法估计的。③近亲结婚的流产率、死胎率、儿童死亡率都较非近亲结婚的多，对子女的健康素质和智力水平都有不良影响。

二、婚前健康检查

婚前检查是指男女青年确定恋爱关系后，登记结婚前的身体健康和有关问题的咨询。婚前健康检查是实现优生的第一步，通过婚前检查，首先可以劝阻男女双方近亲结婚；通过查询个人健康史、患病史及家庭主要病史并结合体格检查，可及时发现遗传病和有关遗传缺陷等，根据优生学的观点进行一次筛选，使有可能出生先天缺陷的男女青年预先有所了解，有的不宜结婚，有的不宜生育；通过婚前全面系统的体格检查，可以及早发现男女双方是否患有不宜结婚或暂时不宜结婚的疾病，有利于保障男女双方心身健康；体格检查后，通过婚前指导及讲授男女生殖系统的生理常识、性卫生知识、受孕和避孕原理、计划生育安排等，可以提高他们的科普知识水平，落实计划生育政策。

第三节　孕期保健与优生

优生的取得，孕期保健是一个重要部分。胎儿在母体内正常发育是从受精卵开始的，受精卵种植在子宫内膜上并在子宫内发育，直至胎儿娩出，共需要 10 个妊娠月（28 天为 1 个月）或 280 天。从胚胎发育来看，整个妊娠期可分为三个阶段：第一阶段是受精卵种植于子宫内膜后的 17 天内，此期主要是细胞分裂。第二阶段约从第 18 天起至第 56 天左右，此期胚胎各组织逐渐形成心、肝、肺、肾脏等器官，使胚胎初具人形，对各种有害物质（药物、病毒、各种射线及有害物质）的敏感性高，极易发生畸形。第三阶段约从第 56 天起至胎儿娩出，此期各器官逐渐长大、发育成熟，生殖腺、牙齿、中枢神经（脑和脊髓）仍在迅速发育。因此，要使胎儿在母体内健康发育，必须注意孕期保健。

一、孕妇必须保持平静和愉快的心情及足够的休息

孕妇的情绪对胎儿影响很大。胎儿在 7~10 周内是腭骨发育的时期，这时期如果孕妇情绪过度焦虑不安，有可能导致唇腭的发育畸形。孕妇情绪不宁，胎儿胎动次数可较平时增加数倍，并使胎儿消耗过多，出生时体重减轻。妊娠后期，孕妇如受恐吓、忧伤等严重精神刺激，可以引起循环障碍，造成胎儿死亡。

科学家通过各种实验证明，胎儿在母体腹中已经开始认识和学习事物。如果希望自己的孩子有一个精神稳定和通达乐观的性格，可以通过"音乐胎教"的办法，经常为胎儿唱些轻松愉快的歌曲，在进行音乐胎教时，最好选择低频、单纯、清晰和节奏明快的音乐。年轻的父母们应不失时机地对胎儿进行"宫内教育"，为其日后的健康成长奠定基础。

二、孕妇必须保证足够的营养，饮食应有充足的热量、蛋白质、维生素和各种盐类

孕妇的营养，特别是蛋白质对胎儿的脑细胞的生长发育有着重要的意义。人类的脑细胞在怀孕 10~18 周脑细胞增殖最快，为第一次高峰期，第 30 周为脑细胞增殖的第二次高峰期。出生时婴儿脑重约为 350 克。在妊娠期供给足够的蛋白

质，能促进胎儿脑的发育，反之，易造成智力低下。近年来许多研究证明，脑细胞的分裂，至少在婴儿出生后的两年内一直进行，特别是出生后的前 3 个月，是婴儿脑细胞生长发育的又一高峰期，因此，要使后代大脑发育健全，就必须从怀孕早期开始至产后哺乳期，甚至断乳后的一段时期内，保证孕妇、产妇和婴幼儿充分的蛋白质和维生素的供应。

三、孕妇要严防病毒感染

妇女在怀孕期间，某些病毒感染对胎儿最大的影响就是引起畸形。据资料介绍，孕妇在妊娠 1 个月内受风疹病毒感染的，50% 的胎儿有缺陷；2 个月内受感染的，22% 的胎儿有缺陷；3~5 个月内受感染的，6%~8% 的胎儿有缺陷。随胎龄的递升，其危害性递减。一般以 3 个月为界限。病毒感染母体后，使母体内形成病毒血症，导致胎盘炎，病毒通过胎盘进入胎内。胎儿对病毒具有较高的敏感性，因为在孕 20 周以前，胎儿的抗体缺乏，胚胎组织产生干扰素低；孕 12 周前，白细胞量少，有利于病毒的扩散，以及胚胎的细胞分裂旺盛，给病毒繁殖提供了有利的培养基。因此，在妊娠前 3 个月内要严防病毒感染，特别是风疹病毒、流感病毒、水痘病毒、麻疹、腮腺炎、天花、肝炎、脊髓灰质炎病毒等 10 多种致畸病毒的感染。

四、孕妇要避免射线过量照射

X 射线可使染色体发生结构畸变，接触放射线使胎儿畸形，不仅与孕妇接受放射线量的多少有关，而且也和怀孕多久（胎龄）有关。据资料证实，胚胎对放射线的敏感性比成人高，对母体不发生影响的剂量，对胎儿就可能造成损伤，而且胎龄越小，损伤越大。

五、孕妇勿随便用药

药物对胎儿的作用，取决于胚胎发育不同时期、药物剂量的大小、持续用药的时间长短、通过胎盘的速度以及器官对药物的敏感性。药物对怀孕 1~3 个月胚胎的影响主要是致畸，对 4~8 个月的胎儿的影响主要是引起功能障碍，特别是对肝脏和神经系统造成损害。因此，孕妇生病时，必须在医生的指导下服用药物。

六、孕妇要避免接触农药

农药的特殊毒性能影响胎儿的新陈代谢和抑制其生长，使胎儿畸形、生长发育迟缓和死胎。

七、孕妇应忌烟酒

烟酒对孕妇造成的伤害有以下几种：

①烟草中含有 400 多种有害物质，吸烟或"被动吸烟"的孕妇，烟草中的尼古丁可使孕妇胎盘血管收缩，血中一氧化碳含量增加，携带氧的能力减弱，造成胎儿缺氧，严重者可导致胎儿发育迟缓或宫内窒息和死亡。父亲吸烟则会影响精子生成、使精子数量减少和活动能力减低以及畸形精子增多，进而使胎儿先天畸形增多。吸烟时间愈长，每天吸烟量愈多，对胎儿影响愈大。

②孕妇饮酒对胎儿和婴幼儿的身体和智力发育都有严重的影响，甚至发生流产和死胎。"星期天胎儿"又称"酒精中毒综合征"，是在受孕前，夫妻因喝酒过多，酒精使发育中的精子或卵子发生畸变，这种畸变的精、卵结合形成的受精卵所发育成的胎儿，就经常会出现多发性畸形。

酒精主要是对生殖细胞有严重的损伤作用。据卫生部关于儿童智力低下的调查研究，估计我国有 300 多万智力低下儿童，造成这种状况的诸多因素中，酒精的危害值得重视。

孕妇饮酒，可使胎儿生长发育不良，智力发育不良，小头畸形，智力低下，造成各种畸形，如头面畸形、肢体畸形、生殖器官畸形等。万全之策是孕妇滴酒不沾。

第四节　避孕与人工流产

一、避孕

男子的精子与女子的卵子结合，并在子宫内膜上着床，就是怀孕。采取科学的方法，改变受孕的条件，达到暂时不生育的目的，就是避孕。常用的避孕方法有：阻止精子和卵子相遇；阻止受精卵在子宫内膜上坐胎和发育；抑制卵巢排卵；杀死精子等。

（一）药物避孕

避孕药的作用在于抑制卵泡成熟和排卵；影响子宫内膜的生理变化，妨碍受精卵在子宫内膜上发育成胎；改变子宫颈管的分泌物（子宫颈黏液）的性质，阻碍精子通过子宫颈进入子宫腔。避孕药有：

①口服避孕药有短效口服避孕药、长效口服避孕药、探亲口服避孕药几种。

②避孕针。

③外用避孕药，如药膏、药膜、药片、药栓。

④皮下埋植法，将避孕药胶囊埋植在育龄妇女的上肢内侧皮下，能避孕

5 年。

（二）避孕套

避孕套是一种男用的避孕工具，用机械的方法阻止精子和卵子结合。

（三）宫内节育器

它又叫避孕环，通过改变子宫腔的环境，能阻碍受精卵在子宫内膜上着床成胎，从而达到避孕的目的。放置方法简便、安全、经济，是效果较好的避孕方法。适合于有生育能力而无生育指标的已婚妇女。

有的妇女带环后出现月经过多现象，这是因为身体和子宫内膜对避孕环不适应所产生的反应，经过一个时期（一般为 3 ~ 6 个月）就会恢复。同时带环后要注意定期复查，一般在带环后第一个月和第三个月应该在月经干净后到医院检查避孕环有没有掉，位置是否正常，以后每年检查一次。有的妇女因带环时环的大小与子宫大小不合或上环时没有完全把环放在宫腔内，或因宫口过松，会出现避孕环自然脱落现象。有极少数妇女带环怀孕，原因有的是环的位置不正，有的是避孕环大小不合适，一旦发现带环怀孕，应及时做人工流产，同时取出避孕环。

（四）安全期避孕

它指利用精子在女性生殖道内只存活 1 ~ 3 天和卵子排出后也只能存活 1 ~ 3 天的原理，在排卵前后避免性交，错开精子和卵子相遇的机会，从而达到避孕的目的。月经周期规则的妇女，在排卵前 5 天、排卵日及排卵后 4 天共 10 天为"排卵期"，除此之外的日期则为"安全期"。安全期避孕对性的生理要求有限制，必须夫妻双方配合好。月经周期不规则，产褥后不久，生活环境突然改变较大以及新婚、探亲夫妇不宜采用此方法。

二、人工流产

因为没有采取避孕措施或因避孕措施不当致使怀孕，或者是已经怀孕的妇女有病不适合继续妊娠时，怀孕在 3 个月以内可以用人工流产的办法结束妊娠。它是一种早期终止妊娠的措施。人工流产有药物流产和手术流产两类。

药物流产是利用前列腺素及其类似物能引起宫缩，减少孕酮与雌激素分泌，进而使胎盘功能受损，而达到流产的目的。手术流产目前普遍采用可视无痛人流术，其方法简便、安全，受术者痛苦少。进行人工流产术的时间一般应在妊娠 10 周以内，以妊娠 45 ~ 50 天最为合适。

人工流产手术只是避孕失败后的补救措施，不是节育手术。如果反复多次做人工流产手术或是间隔太近，子宫内膜多次受损，会对身体造成损害，如宫腔粘连、继发性不孕、习惯性流产和早衰等。

怀孕超过 3 个月不适合做人工流产，必须在医院用药物的办法引产。

第十一章　大学生意外伤害的现场处理

人们在日常生活中可能发生意外的伤害，如各种运动创伤、车祸、溺水、烧伤、中毒、中暑以及其他急性伤害等。在学校中，大学生创伤也很常见。做好意外伤害的防治工作，指导学生学习自救、互救的方法，是关怀学生生命的重要举措。

第一节　现场处理的概念和主要任务

一、现场处理的概念

现场处理，也叫现场抢救或入院前急救。它是指一些意外伤害、急重患者在未到达医院前得到及时有效的急救措施。其目的是挽救生命，减少伤残和痛苦，为下一步救治奠定基础。

现场处理由谁来做？最理想的人员是伤者自己和在场的群众，应教育群众掌握自救、互救常识与技术，使他们能够立即就地进行抢救，同时请就近的医院或急救中心的医务人员前来处理。入院前的现场救护并不是全面正规的处理伤病员，而是以维持伤病员生命活动为前提，在保证伤害和疾病不继续恶化的情况下，不失时机地将伤病员尽快地、正确地送往医院。

二、现场处理的主要任务

现场处理的主要任务是抢救生命、减少伤病员痛苦、减少和预防伤情加重和并发症，正确而迅速地把伤病员转送到医院。主要任务如下：

①镇定有序的指挥：一旦灾祸突然降临，不要惊慌失措。如果现场人员较多，一方面要马上分派人员迅速呼叫医务人员前来现场，另一方面要对伤病员进行必要的处理。

②迅速排除致命和致伤因素：如搬开压在伤病员身上的重物；将伤病员撤离中毒现场；如果是触电意外，应立即切断电源；清除伤病员口鼻内的泥沙、呕吐物、血块或其他异物，保持其呼吸道通畅等。

③检查伤病员的生命体征：检查伤病员的呼吸、心跳、脉搏情况。如有呼吸、心跳停止，应立刻就地进行心脏按压和人工呼吸。

④止血：有创伤出血者，应迅速包扎止血，材料就地取材，可用加压包扎、上止血带或指压止血等。同时尽快送往医院。

⑤如有腹腔脏器脱出或颅脑组织膨出，可用干净毛巾、软布料或搪瓷碗等加以保护。

⑥如有骨折者，可用木板等临时固定。

⑦神志昏迷者，未明了病因前，应注意心跳、呼吸、两侧瞳孔大小。有舌后坠者，应将舌头拉出，防止窒息。

⑧迅速而正确地转运：根据不同的伤情和病情，按轻重缓急选择适当的工具进行转运。运送途中要随时注意伤病员病情变化。

总之，在保证维持伤病员生命的前提下，就地抢救应抓主要矛盾，分清主次，有条不紊地进行，切忌忙乱，以免延误或丧失有利时机。

第二节　几种现场处理的办法

一、拳击复苏心跳骤停

引起心跳骤停最常见的是心室颤动，若呼唤患者无回应，压眶上、眶下无反应，即可确定患者已处于昏迷状态。再注意观察患者胸腹部有无起伏呼吸运动。如触颈动脉和股动脉无搏动，心前区听不到心跳声，可判定患者已心跳骤停。抢救者应立即一手托患者颈后向上托，另一手按住患者前额向后稍推，使下颌上翘，头部后仰，有利于通气。然后用拳叩击患者心前区一至二下（不能多击或用力过猛），有时可消除室颤，使心脏复跳。

二、人工呼吸

呼吸是人生命存在的征象。当发生意外伤害，伤病员呼吸困难甚至停止时，如不及时进行急救，伤病员很快便会死亡。人工呼吸就是用人为的力量来帮助伤病员进行呼吸，最后使其恢复自主呼吸的一种急救方法。

方法：患者仰卧，松解衣领、腰带等，清除患者口鼻中分泌物和污泥、假牙等，必要时将舌拉出来，以免舌根后坠阻塞呼吸道；然后将患者头部后仰，使呼吸道伸展，救护人员将口紧贴患者的口（最好隔一层纱布），一手捏紧患者鼻孔以免漏气，救护人员深吸一口气，向患者口内均匀吹气，若患者胸部能随吹气而升起，说明吹气正确。吹气停止后，松开捏鼻孔的手，患者由于肺的弹性回缩，自然呼气。如此反复进行，每分钟吹气16～18次。如果患者牙关紧闭，无法进行口对口呼吸,可以用口对鼻呼吸法(将患者口唇紧闭),直到患者自动呼吸恢复为止。

此外,还有仰卧压胸式人工呼吸、俯卧压背式人工呼吸、仰卧牵臂式人工呼吸等方法。

人工呼吸注意要点:保持患者呼吸道通畅,松解衣服,防止用力过猛。在有胸肋骨骨折或其他情况不宜做人工呼吸时,应立即采取其他急救措施。如果呼吸心跳均停止,应同时进行心脏按压术。

三、胸外心脏按压

胸外心脏按压指给停跳心脏施压,借外力使其收缩,排出血液,压力解除后,心脏舒张,使血液又重新充盈心脏,从而暂时建立有效的大小循环,为心脏自主节律的恢复创造条件。

方法:患者仰卧硬板上或地面上,双下肢稍抬高。急救人员位于患者一侧,将一手掌根部按在患者胸骨中下 1 / 3 交界处略偏左,另一手重叠于前一手背上,向下挤压,使该胸肋部下陷 3 ~ 4 厘米为度。压后迅速抬手,使胸骨复位。以每分钟 60 ~ 70 次的节律反复进行。

注意压力要均匀,抬手放松要快,下压和放松时间相等或下压稍长于放松时间。压力不能过大,以防止压断肋骨。压迫部位要准确。检查胸外心脏按压是否有效,可触摸股动脉或颈动脉在按压时有无搏动出现。

四、人工呼吸加胸外心脏按压

患者呼吸、心跳同时停止时用此方法。方法要领同前述。单人抢救时,每按压 30 次,俯下做口对口人工呼吸 2 次(按压与人工呼吸比为 30∶2)。按压 5 个循环周期(约 2 分钟)对病人作一次判断,主要触摸颈动脉(不超过 5 秒)与观察自主呼吸的恢复(3 ~ 5 秒)。双人抢救时,一人负责胸外心脏按压,另一人负责维持呼吸道通畅,并做人工呼吸,同时监测颈动脉的搏动。两者的操作频率比为30∶2。

五、外伤止血法

一般成人总血量大约 4000 毫升。短时间内丢失总血量的 1/3 时(约 1300 毫升),就会发生休克,表现为脸色苍白、出冷汗、血压下降、脉搏细速等。如果丢失总血量的一半(约 2000 毫升),则组织器官处于严重缺血状态,很快可导致死亡。

外伤后出血,分外出血和内出血。内出血,如胸腔内、腹腔内和颅内出血,情况较严重,现场无法处理,需要立即送到医院处理。下面介绍几种外出血的简单止血法。

（一）包扎止血

一般限于无明显动脉性出血。小创口出血，有条件时先用生理盐水冲洗局部，再用消毒纱布覆盖创口，最后用绷带或三角巾包扎。无条件时可用冷开水冲洗，再用干净毛巾或其他软质布料覆盖包扎。

如果创口较大而出血较多时，要加压包扎止血。包扎的压力应适度，以达到止血而又不影响向肢体远端血运为度。包扎后若远端动脉还可触到搏动，皮色无明显变化即为适度。严禁用泥土、面粉等不洁物撒在伤口上，造成伤口进一步污染，且其会给下一步清创带来困难。

（二）指压法止血

该方法一般用于急救处理较急剧的动脉出血。在手头一时无包扎材料和止血带时，或运送途中放松止血带的间隔时间，可用此法。

手指压在出血动脉的近心端的邻近骨头上，可阻断血运来源。方法简便，能迅速有效地达到止血目的，缺点是止血不持久。事先应了解正确的压迫点，才能见效。

下面介绍几种常用压迫止血点。

1. 头面部

压迫颞动脉：手指压在耳前下颌关处，可止同侧上额、颞部及前头部出血。

压迫颌外动脉：一手固定头部，另一手用拇指压在下颌角前下方 2～3 厘米处，可止同侧脸下部及口腔出血。

压迫颈动脉：将同侧胸锁乳突肌中段前缘的颈动脉压至颈椎横突上，可止同侧头颈部、咽部等较广泛出血。注意压迫时间不能太长；更不能两侧同时压迫，否则可引起严重脑缺血；更不要因匆忙而将气管压住，引起呼吸受阻。

2. 肩部和上肢出血

压迫锁骨下动脉：在锁骨上窝内 1/3 处触及动脉搏动后，将其压在第一肋骨上，可止肩部、腋部及上肢出血。

压迫肱动脉：在肱二头肌沟内触到搏动后，将其压在肱骨干上，可止来自上肢下端前臂、手部的出血。

3. 下肢出血

压迫股动脉：在腹股沟韧带中点处触及动脉搏动后，将其用力压在股骨下，可止下肢出血。

（三）止血带法止血

较大的肢体动脉出血，且为运送伤员方便起见，应上止血带。用橡皮带、宽布条、三角巾、毛巾等均可。

上肢出血：止血带应扎在上臂的上 1/3 处，禁止扎在中段，避免损伤桡神经。

下肢出血：止血带应扎在大腿的中部。

上止血带前，要先将伤肢抬高，尽量使静脉血回流，并用软织物敷料垫好局部，然后再扎止血带，以止血带远端肢体动脉刚刚摸不到为度。

使用止血带应严格掌握其适应证和要领，如扎得太紧，时间过长，均可引起软组织压迫坏死，肢体远端血运障碍，肌肉萎缩，甚至产生挤压综合征。如果扎得不紧，动脉远端仍有血流，而静脉的回流完全受阻，反而造成伤口出血更多。扎好止血带后，一定要做明显的标志，写明上止血带的部位和时间，以免忘记定时放松，造成肢体缺血时间过久而坏死。上止血带后每半小时到一小时放松一次，放松 3～5 分钟后再扎上，放松止血带时可暂用手指压迫止血。

六、开放伤口的现场处理

意外伤害发生后，常常造成伤员皮肤、肌肉或其他组织的裂开，甚至骨折断端外露，腹腔脏器、颅脑组织外溢等情况，此时都应进行严密的包扎保护，以减少受伤部位的暴露时间和污染程度。覆盖伤口的敷料应尽量用干净的毛巾或软质布料，不能用手直接接触伤口，包扎范围应超出伤口边缘 5～10 厘米，外露的骨折断端不能强行还纳回肌肉或皮肤内，可原位包扎后进行暂时固定，减少骨折断端因活动而引起疼痛和继续损伤。颅脑开放性损伤有脑组织膨出，或腹部损伤有脏器脱出时，不能直接加压包扎或将脏器强行还纳，应在膨出或脱出组织周围用纱布、毛巾等围起一道"围墙"，再用适合大小的干净搪瓷碗或其他能起到保护作用的器皿罩上，然后包扎固定。运送时，如系腹部伤，取仰卧屈膝位，使腹部松弛；如系颅脑部伤，则固定头部。

七、骨折固定

意外伤害而致骨折，会出现局部疼痛、畸形、功能障碍等情况。有的骨折外观无创口，称为闭合性骨折；有创口的骨折，称为开放性骨折。

骨折后要限制伤处活动，避免加重损伤和减少疼痛。用夹板固定骨折是最简单有效的方法。所用固定材料可就地取材，如小木板条、木棒、竹片、手杖、硬纸板等。上夹板前，可用棉花、软物垫好，绑扎时必须将骨折上下两个关节同时固定，这样才能限制骨折处的活动。四肢固定要露出指（趾）尖，以便随时观察末梢血液循环。如果指（趾）尖苍白、发凉、发麻或发紫，说明固定太紧，要重新调整固定压力。上肢骨折固定的位置要取屈肘位，绑好后用带子悬吊于颈部，下肢骨折要取伸直位固定。脊柱骨折要将伤员平抬放在硬板上再给予固定，千万不能用帆布、绳索等软担架运送，一定要保持脊柱挺直，更不能扶持伤员试图行走。如果处理不当，可造成脊髓神经损伤，导致截瘫，后果不堪设想。

肋骨骨折往往伴有胸腔脏器损伤，要注意有无血气胸发生。对没有明显呼吸困难的肋骨骨折，可在呼气末用宽胶布或三角巾紧贴胸廓扎好，以便限制呼吸运动，减少痛苦。

八、接触有毒有害物质所致伤害的处理

有意无意地服用和接触有毒有害物质所致损伤，如强酸、强碱的烧伤、食物中毒、煤气中毒、药物中毒等，都足以伤害身体，危及生命。一旦发生，要迅速进行恰当的处理：脱离伤害现场，清除毒物，尽量减轻伤害程度，挽救生命。因中毒的途径不同，应采取不同的处理方法。

（一）气体性毒物

应立即脱离中毒现场，呼吸新鲜空气，使毒气不再继续吸入体内。

（二）皮肤、黏膜沾染毒物

原则上可用大量的清洁水冲洗，洗掉和稀释毒物。但不能用热水冲洗，以免增加毒物的吸收。

强酸、强碱接触皮肤，可用弱碱或弱酸中和。生石灰沾到皮肤或沾染时不能用水洗，以免起化学反应加重烧伤，应先用干布擦去颗粒或用有一定压力的清水冲掉残留颗粒。

不溶于水的毒物，如酚，可用植物油或10%的酒精冲洗。

（三）服食有害毒物

原则上均应先予催吐、洗胃，然后导泻或灌肠，阻止或减轻毒物的吸收。

1. 催吐

可用筷子、羽毛、匙柄甚至手指刺激咽喉部，引起呕吐。口服适量肥皂水也可引起呕吐。催吐时要防止呕吐物误入气管。服食腐蚀性毒物及抽搐尚未控制者不宜催吐。

2. 洗胃

催吐后的中毒者或不宜催吐者，都应及时充分地洗胃，以便稀释毒素，消除毒物，保护机体，减轻损害。在家中或现场可采用刺激呕吐洗胃法，即先让患者喝下适量的洗胃剂（500毫升左右），然后刺激咽喉使其呕吐，吐后再饮再使之呕吐，反复几次至呕吐物清澈为止。

因致毒物质不同，应选择不同的方法或不同的洗胃液。

强酸中毒：不宜洗胃。可服用弱碱性药物（碳酸氢钠类碱性药物除外），也可服用蛋清水、牛奶、植物油类等。

强碱中毒：不宜洗胃。可服用食醋等淡酸性剂（碳酸盐类中毒忌用），也可服用蛋清水、牛奶、豆浆等。

有机磷中毒：用肥皂水、1%～5%的苏打水、淡盐水等洗胃。敌百虫中毒忌用碱性液洗胃。

安眠药类中毒：用温水、高锰酸钾溶液洗胃。

　　酒精中毒：用温盐水、高锰酸钾溶液洗胃，也可口服醋、浓茶和咖啡等。

　　总之，常用的洗胃液有清水、淡盐水、1∶2000 或 1∶4000 的高锰酸钾溶液、淡肥皂水、2% 的苏打水、茶水等。绿豆水、面糊、蛋清水、豆浆、牛奶、米汤等均可用来做洗胃液。不明毒物中毒时用清水或淡盐水(1% ～2% 的 NaCl)洗胃即可。

　　3. 导泻或灌肠

　　口服硫酸镁 20～30 克或中药大黄 6 克导泻，也可用 1% 的盐水或 1% 的肥皂水灌肠，可延缓或减少毒物的吸收。

第十二章　大学生意外伤害的急救办法

大学生在学习和生活中，有时会发生突然的疾病和意外，可能危及生命或产生严重后果。因此，了解意外、伤害的救护知识，是非常重要和必要的，遇到紧急情况可以立即进行自救或互救。

第一节　猝死

一、症状

猝死也叫急死，指看来健康的人或病情经治疗后已稳定正在好转的患者，在很短时间发生意想不到的非创伤性死亡，往往来不及救治，因此其又称为急症中的急症。关于从症状出现到死亡历时多长定为猝死的标准，国际上尚无统一意见。世界卫生组织（WTO）将时间定为 6 小时以内。而猝死的高峰则是在起病后一小时内，因此一些心脏病学家将发病后一小时内死亡作为猝死的标准。

猝死的主要原因是心脏病，其中又以冠心病最常见。多数人猝死前无明显预兆，或在正常活动中，或在安静睡眠中。有些患者以前有过心绞痛发作史，心绞痛又突然加剧，表现为面色灰白、大汗淋漓、血压下降，且出现频繁的室性早搏，后者常为猝死先兆。有些患者出现原来没有的症状，如显著疲乏感、心悸、呼吸困难、精神状态改变等。随后，由于心跳骤停，患者神志不清高度紫绀、痉挛、瞳孔固定而扩大，或出现几次喘息样呼吸而进入临床死亡，如果不及时发现并及时进行心脏复苏抢救，或抢救无效，患者可很快（4～6 分钟）进入不可逆的生物学死亡。

二、防治措施

防治的关键是积极防治冠心病，控制其危险因素和诱发因素，如认真治疗高血压、高脂血症、糖尿病，适当参加体育活动，戒烟酒。应避免长时期紧张的脑力劳动和情绪激动，培养乐观主义精神。出现心绞痛或心律失常时要认真医治。

由于猝死多数在家中、正常工作时及日常活动中发生，甚至在睡眠中发生，因此，争分夺秒、即时的现场救护非常重要，往往可挽救其生命或争取到一定的抢救缓冲时间。一旦发现猝死患者，应立即使其平卧在床上或地上，进行现场救护，严禁搬运，同时要速到就近医院请专业医护人员前来救治。只有当患者呼吸、心跳恢复后才能以妥善方法护送到医院继续治疗。

第二节　触电

一、危害

触电（包括雷击）又称电损伤，是一定量的电流通过人体致使其损伤，甚至死亡的急症。触电时间的长短及所触电压的高低可影响病情程度。电流通过心、脑、延髓、脊髓等重要组织和脏器后，往往会对人体造成严重危害，例如产生心室纤颤、心搏骤停、呼吸中枢麻痹而呼吸停止、皮肤烧伤、失明、耳聋、精神失常、肢体瘫痪以及在触电后肌肉猛烈收缩所致的人体弹开坠落摔伤等。

二、症状

触电后轻者表现为心慌、面色苍白、头晕无力、局部皮肤烧灼痛，稍事休息后即可恢复正常；重者可有抽搐、面色青紫、四肢厥冷、心律失常、电击性休克或呼吸心跳停止，电流出入处的严重灼伤可呈炭化和组织坏死。

三、抢救措施

现场救护者应该立即切断电源（拉闸、关闭电源开关），或者用附近的一切绝缘物，如干燥的木棍、竹竿、塑料制品等将电源与人体分离。注意切勿用手直接去摸触电者，以免抢救者自己触电。

脱离电源后，对于呼吸、心跳停止者应立即进行心肺复苏，同时急送医院继续抢救（注意在转送途中心肺复苏不能中断）；对有颅脑外伤等其他合并症的触电者，在搬运的过程中要特别小心，避免加重损伤。

第三节　溺水

溺水是夏季游泳季节经常可遇到的急症，如抢救不及时，往往很快致死。

一、原因

原因多为下水前未做好准备活动，在水下腿脚抽筋，惊惶失措，动作失去协调而沉溺；或者是在天然场所，对水面、水下的情况不了解，被大浪拍击呛水或水草缠绕等而淹溺；还有一些是因饥饿或疲劳过度，体力不支而溺水。溺水致死的原因主要是水、泥沙等将呼吸道阻塞；或呛水使喉头气管反射性痉挛，窒息缺氧；或吸入大量的海水或淡水造成急性肺水肿，电解质紊乱，心力衰竭。

二、症状

溺水者一般表现为面色青紫、肿胀，双眼巩膜充血，四肢冰凉，口鼻和气管内可见血性泡沫，严重者则呼吸、心跳停止。

三、急救措施

救护者将溺水者救到陆地或船上后，应以最快的速度清理呼吸道异物，掏出泥沙、水草及呕吐物。有呼吸、心跳者可先倒水，方法是救护者一腿跪下，一腿向前屈膝，将溺水者腹部俯卧在膝上，头向下悬垂，面朝下，用手按压其背部，使积水倒出。如溺水者呼吸已停，应立即先做俯卧压背式人工呼吸，一方面建立呼吸，另一方面有利于肺内积水流出。但俯卧压背式人工呼吸效果较差，故用本法空水后应改做口对口式人工呼吸。如心跳已停，应胸外按压和人工呼吸同时做，不要轻易放弃抢救。当自主呼吸有所恢复但很弱时，人工呼吸的节律应与患者一致，必须直至自然呼吸完全恢复才可停止。转院途中不可中断抢救。危重患者送到医院后还要进行肺炎、脑水肿、电解质紊乱或其他合并症的治疗。

第四节　一氧化碳中毒

一氧化碳为无色、无味、无刺激性的气体。凡含碳的物质在燃烧不全且室内通风不良的情况下，均可使室内一氧化碳积聚而形成中毒环境。

一、危害

在正常情况下，血液中的血红蛋白将氧携带至全身各组织细胞，以供人体的正常生理活动需要。但一氧化碳与血红蛋白的亲和力比氧与血红蛋白的亲和力大200～300倍，而碳氧血红蛋白的解离又比氧合血红蛋白的解离慢3600倍，因此，当一氧化碳被吸入后，立即与血液中的血红蛋白结合，使其丧失携氧功能，从而造成机体急性缺氧血症，严重者可导致死亡。

二、症状

轻度中毒者表现为头痛、头晕、心慌、恶心、眼花、乏力等。如迅速脱离现场，吸入新鲜空气后，症状可逐渐好转。如继续处于一氧化碳积聚的环境中，患者上述症状会越来越重，并且出现面色潮红、口唇呈樱桃红色、心跳加快、出汗多甚至躁动不安等症状，并渐渐进入昏迷状态。

三、急救措施

当发现一氧化碳中毒的患者后，应立即将其移至空气流通处，注意保暖，并松解过紧的衣扣，有条件的，应立即给患者持续吸氧（可根据病情程度决定吸氧时间的长短）。若患者病情危重，心跳、呼吸已停，应马上进行心肺复苏。严重中毒的患者，长时间脑缺氧常可留下严重的心脑并发症，应尽快转院进行高压氧舱疗法治疗和药物治疗，把损伤降低到最小程度。

第五节　中暑

一、原因

中暑是发生在高温环境中的一种急性疾病，可分为日射病和热射病。日射病是由于夏季在强烈的日光下照射过久而发病；热射病则是长时间处于高温且通风不良的环境中所致。

二、症状

轻度中暑常表现为大汗、头痛、头晕、眼花、口渴、乏力、心慌、恶心、胸闷等，脉搏细而快，体温可稍高。

重度中暑可面红、烦躁不安、高热、皮肤干热无汗、肌肉抽搐、脉搏增快，甚至惊厥或昏迷。一些患者则有面色苍白、大量出汗、血压下降和脉细无力的循环衰竭表现。

三、急救措施

遇到中暑患者应立即把患者抬到阴凉通风处，平卧位，松解过紧的衣扣，给予含盐冷饮，并服用仁丹、十滴水、藿香正气水等解暑药品。

对于高热者可用物理降温的方法，如用冷毛巾湿敷头部，用扇子扇风，用50%的酒精或者用略低于体温的温水擦浴等。一般经以上处理后，患者症状可逐渐减轻。但仍昏迷不醒或抽搐且已经循环衰竭型的患者在降温的同时，应迅速送往医院进行药物治疗。

四、预防措施

中暑是夏季非常多见的病症，重点应放在预防上。应避免在日光下长时间的暴晒或者处于高温不通风的环境中过久。外出时，在日光下要戴遮阳帽；高温环境中应多喝淡盐开水以补充体内水分及盐分，出现不适感应尽早到阴凉通风处休息。

第六节 食物中毒

凡是吃了有毒的食物而发病的称为食物中毒。人吃了有毒食物后，多在几小时内发病，一般以急性胃肠炎最为常见，一些也可表现为神经系统症状，严重的还可以引起死亡。

一、原因

（一）食物被细菌污染

食物在制作、存放、运输等过程中被细菌污染，细菌大量繁殖（尤其在高温的夏季），有的细菌还产生很多的细菌毒素。

（二）食物本身含有毒素

如扁豆、发芽土豆、毒蘑菇、河豚、病死的牲畜等。

二、特点

食物中毒主要有以下特点：

①潜伏期较短，往往是很多人在同一较集中的时间内（2～4小时）相继发病，而且起病较急。

②发病范围局限于吃过相同食物的人。

③同一批发病的患者症状基本相同，一般表现为恶心、呕吐、头痛、腹泻、发烧等。

三、常见的几种食物中毒

（一）扁豆中毒

扁豆中含有两种对人体有害的毒素，即红细胞凝集素和皂素。高温可以破坏这两种毒素。加工扁豆时，若加热时间过短，则毒素不能被破坏。吃了这样的扁豆往往发生头痛、头晕、恶心、呕吐、腹泻等中毒症状。所以，用扁豆做菜，必须焖烂、炒熟。

（二）发芽土豆中毒

土豆中含有一定量的龙葵素，当土豆发芽或表皮发绿、变紫、变烂时，龙葵素的含量就增高了，芽里的龙葵素比土豆中要高出50多倍。龙葵素有溶血球和刺激黏膜的作用，所以吃了发芽土豆约半小时后即可能出现恶心、呕吐、腹泻等，同时伴有咽干、耳鸣、舌头发麻、瞳孔散大等中毒症状。由于芽和皮中龙葵素含量最高，又因其可溶解于水中，故在食用前应把芽及皮去掉，并用水将土豆浸泡一段时间。炒土豆时放一点醋，也有解毒作用。

（三）毒蘑菇（毒蕈）中毒

天然蘑菇种类很多，但其中大约有80多种是有毒的。没有经验的人很难鉴别哪些是有毒的，哪些是无毒的，因此常误食而中毒。一般来讲，颜色艳丽、形态怪异的多为有毒的。常见的毒蘑菇有：毒蝇蕈、绿帽蕈、马鞍蕈等。毒蝇蕈中含有毒蕈碱，可作用于人的副交感神经，引起吐泻、瞳孔缩小、抽风等中毒症状；绿帽蕈中含有毒蕈毒素，可破坏人的血管内壁、肝、肾及神经细胞，引起上吐下泻或无尿、谵语、昏迷、肝损害等；马鞍蕈中毒时可产生流涎、呕吐、腹痛、抽风、幻视、幻听等症状。毒蘑菇中毒一般病情重、死亡率高，因此，没有采蘑菇经验的人，千万不要随便采野蘑菇吃，以防中毒。

四、急救措施

急救的原则是尽快清洗和排出胃肠道内的有毒物质，防止毒物被吸收，并给予对症治疗。危重患者应住院治疗。具体措施有以下几种。

（一）催吐

一般在食物食用4~6小时内都应及时进行催吐，让患者通过呕吐排出胃内有毒食物，但有肝硬化、胃溃疡的患者忌催吐。在现场可利用匙柄、筷子或者就用手指刺激咽后壁，引起呕吐反射。如食物过稠，不易吐出，可让其喝些清水后再催吐，反复进行，直至吐净食物。有条件的可口服催吐剂，如1%的硫酸铜，每次一匙，直至发生呕吐为止。

（二）洗胃

对于催吐困难、食后在4~8小时以内的患者可进行洗胃。

（三）导泻

食后时间已较长、毒物进入肠内，靠催吐和洗胃均不能将其清除时，可服用硫酸钠或硫酸镁（15~30克）进行导泻。

（四）洗肠

中毒时间长的患者，毒物存留于肠内，可用1%的盐水、肥皂水或清水（加温到40℃左右）洗肠。

（五）加快排泄已吸收的毒物

毒物吸收后多由肝脏解毒，或由肾脏随尿液排出，也可经肠道从粪便排出。静脉点滴5%~10%的葡萄糖溶液（无条件时可大量饮水），能够冲淡体内毒物浓度，增加尿量，从而加快毒物的排泄。

第七节　烧伤

一、概述

烧伤是日常生活、生产劳动、战争环境中常见的损伤。烧伤是由热力（如火焰、沸水、日晒、蒸汽）、电流、辐射、腐蚀性化学物质等作用于人体所造成的损伤。烧伤不仅使皮肤受到损害，还可伤及肌肉、骨骼、神经、血管等组织。严重的烧伤还可引起一系列的全身变化，如休克、感染甚至危及生命。

二、烧伤深度的估计及症状

烧伤一般采用三度四分法，即Ⅰ度、浅Ⅱ度、深Ⅱ度、Ⅲ度。

（一）Ⅰ度烧伤

主要变化是毛细血管扩张、充血和轻度渗出。Ⅰ度烧伤仅伤及皮肤表层，烧伤处会出现红斑、肿胀及灼痛，无水泡，3~5天可自愈，不留疤痕。

（二）浅Ⅱ度烧伤

此时血浆从血管渗出，造成局部组织水肿，部分渗液积聚于表皮和真皮之间形成水泡。因伤及真皮浅层，皮肤起水泡、水肿、剧痛，1~2周可痊愈，不留疤痕，但会有色素沉着。

（三）深Ⅱ度烧伤

伤及真皮深层，局部感觉神经部分被破坏，故痛觉迟钝，皮肤苍白带灰色，间有红斑，3~4周可愈合，留轻度疤痕。

（四）Ⅲ度烧伤

已损害皮肤全层或深部肌肉、骨骼等组织。感觉神经全被破坏，无痛觉、无水泡。皮肤无弹性，呈皮革状，蜡白或焦黄，焦炭化，极易感染。愈后留有明显疤痕，严重者可致畸形，影响功能。面积稍大者，则需植皮方能愈合。

三、烧伤面积的计算

烧伤面积的计算是按人的体表面积来划分的。计算烧伤面积对于判断烧伤的严重程度非常重要，九分法比较准确。另外，还有手掌法，可用于小面积烧伤计算。

（一）九分法

九分法即头颈部占9%，双侧上肢各占9%，躯干前后各占两个9%，双侧下肢各占两个9%，会阴部占1%。

（二）手掌法

以患者自己的手为准，约占全身体表总面积的1%。

临床上计算烧伤面积时，应先将整块烧伤处按九分法计算，零星烧伤处以手掌法计算，两者相加为烧伤的总面积。

四、烧伤程度的分类

烧伤程度分类见表11-1。

表11-1 烧伤程度分类

程度	烧伤总面积/%	Ⅲ度烧伤面积/%
轻度	< 10	<5
中度	10～30	5～10
重度	31～50	11～20

虽然烧伤面积不足30%，但伤员伴有休克或化学中毒、有呼吸道烧伤、有特殊部位（颈部、阴部）烧伤的，亦为重度烧伤。

五、急救措施

（一）现场急救

原则是迅速查明引起烧伤的原因，脱离险境。检查是否还有其他损伤，保护创面，并做好转送治疗的准备工作。

将伤者移离险境时，忌带火奔跑呼救，以免吸入烟火造成呼吸道烧伤。应迅速脱去着火的衣物或就地打滚灭火。不要用手扑火，以免双手烧伤。在伤处未肿胀前，尽快小心地脱去佩戴于伤处的手表、戒指和衣物等。转送大面积烧伤的伤员时要用干净布单或消毒的敷料覆盖创面。忌在创面搽油类或有色药物，还要注意伤者的全身伤情，要防休克、防窒息、防创面污染。

（二）治疗

1. Ⅰ度烧伤治疗

只需要局部处理，用冷水冲淋或浸泡伤处，涂以京万红软膏等。

化学物烧伤要根据化学剂的性质使用中和剂。例如：强酸烧伤，用清水反复冲洗后用弱碱性的小苏打水、肥皂水温敷；强碱烧伤，用弱醋酸浸泡，如食醋、硼酸水等；生石灰烧伤，应先擦去粉末，再用流动清水冲洗，忌用水泡，因生石灰见水产生大量的热可加重烧伤；磷烧伤，应先清除磷颗粒，尽快用水冲净，然后将伤创处浸泡清水中，使伤创面与空气隔绝，以免磷在空气中氧化燃烧加重创面；

石炭酸烧伤，则用酒精冲洗。

2.Ⅱ度烧伤治疗

可用清毒注射器抽去泡液，然后涂上油膏加压包扎。包扎手指和足趾时，应每指(趾)分开包扎，以免发生粘连。

3.Ⅲ度烧伤治疗

主要是抗休克，补液，抗感染，注射破伤风抗毒素，处理焦痂，争取早日植皮。大面积烧伤，经过现场急救及一般处理后，应迅速转院治疗，如有呼吸道梗阻者，应立即做气管切开手术。

第八节　烫伤

一、原因

烫伤是因高温、高热作用于人体皮肤、黏膜而造成的一种损伤。轻度(小面积)的烫伤主要为受伤局部的组织反应，重度烫伤(大面积)可出现一系列的全身反应，甚至发生休克和败血症而死亡。大学生烫伤常见的原因是开水、烫粥，四肢烫伤。

二、烫伤深度、面积和程度

估计烫伤深度和面积是判断伤情和制订治疗方案的依据。

(一)烫伤深度

一般采用三度四分法，即Ⅰ度、浅Ⅱ度、深Ⅱ度和Ⅲ度：

①Ⅰ度烫伤，损伤部位轻度红肿，干燥而无水泡，有疼痛和烧灼感。

②浅Ⅱ度烫伤，损伤部位有水泡，剥脱后伤面有潮红，水肿明显，痛觉敏感，愈后不留疤痕。

③深Ⅱ度烫伤，损伤部位有水泡，剥脱后伤面苍白，间有红色斑点，痛觉迟钝，愈后常留疤痕。

④Ⅲ度烫伤，损伤部位皮肤颜色蜡白、焦黄，毫无痛觉，触之较硬而无弹性，干燥而无水泡。一般均需植皮方能愈合，愈后有疤痕且挛缩，可影响功能。

(二)烫伤面积

可用伤者的手判断烫伤面积。五指并拢时，手掌面积占全身总面积的1%，用这种方法计算面积不大的烫伤，较为简单实用。对大面积的烫伤则应使用九分法计算。

(三)烫伤程度的分类

根据烫伤的深度和面积，将其轻、重程度划定如下：

①轻度烫伤，烫伤面积小于10%，深度为Ⅰ至Ⅱ度。

②中度烫伤，烫伤面积11%～30%，深度为Ⅰ至Ⅱ度，或面积小于10%的Ⅲ度烫伤。

③重度烫伤，烫伤面积31%～50%，深度为Ⅰ至Ⅱ度，或面积11%～20%之间的Ⅲ度烫伤。

④特重烫伤，烫伤总面积大于50%，深度为Ⅰ至Ⅱ度，或面积在20%以上的Ⅲ度烫伤，或已有严重并发症。

三、治疗和预防

大学生治疗和预防烫伤要注意以下几点：

①烫伤后保持冷静，就近、立即使用自来水或井水冲洗或将肢体浸泡于凉水中，直至不痛为止。早期使用冷水处理，可减轻疼痛，同时减轻高温对组织的持续作用，避免损伤加重，还可减轻组织的渗出反应，为去医院治疗打下基础。对于小面积的Ⅰ至Ⅱ度烫伤，均可采用此法。

②对有水泡或之后出现水泡的烫伤，或头面部、五官、呼吸道、手和会阴部等特殊部位的烫伤，均应到医院接受正规治疗，如止痛、清创、补液、抗感染、创面上药或包扎，视情况注射破伤风抗毒素针等。严重者还需进行早期抗休克治疗以抢救生命，同时配合营养支持治疗。

③对于创面上的水泡，应尽量加以保护，以免破裂而至感染。

④烫伤创面切忌自行涂药，否则，既会增加创面污染、继发感染的机会，又给医师在处理创面时带来困难。

⑤预防烫伤的关键是提高大学生的安全防范意识，在易发生烫伤的食堂、澡堂、开水房、实验室等场所更应该加倍注意。大学生平时要养成处事沉稳、冷静的习惯，按操作规程办事。

第九节　急性酒精中毒

一、危害

急性酒精中毒（俗称醉酒）是由于饮入过量的酒或含酒精的其他饮料后而引起的中枢神经兴奋或抑制的病症。

酒精进入人体吸收较快而排泄较慢，故无节制地酗酒对人体伤害很大，重度酒精中毒可造成死亡。

酒精饮入后20%在胃内吸收，80%在十二指肠和空肠吸收，饮酒数分钟后，酒精就可进入大脑，约有90%的酒精在肝脏内氧化解毒。因此，酒精中毒，尤其是长期酗酒的慢性酒精中毒对人体的肝、脑、胃肠等重要器官损害很大。

二、症状

醉酒开始表现为面色发红、兴奋多语、悲喜无常，随后便语无伦次、动作笨拙、反应迟钝、步履蹒跚。如继续大量饮酒，可引起严重的中毒症状，如昏睡、面色苍白、口唇发紫、皮肤潮冷、脉搏加快、呼吸缓慢，若延髓中枢受抑制可致呼吸麻痹而死亡。

三、急救措施

对于轻度的酒精中毒者，可催吐，使其尽量吐出胃中残酒，可用匙柄或手指轻轻刺激舌根，引起患者呕吐反射，还可以饮用鲜果汁水、少量醋水或糖水解酒。注意，喝茶虽有利尿、增加排泄的作用，但茶叶中的咖啡碱、可可碱只会"火上浇油"而不能解酒。对于严重的酒精中毒者应转送医院急救，采取洗胃、输液、保肝、解毒等一系列救治措施。

第十节　毒蛇咬伤

一、症状

毒蛇咬伤常见于炎热季节，农村较多见。我国已知的毒蛇共有47种，在南方地区，具有危害性的毒蛇有眼镜蛇、金环蛇、银环蛇、蝮蛇、蝰蛇、五步蛇、竹叶青等。毒蛇的特点是头较大，有时呈三角形，颈细，尾巴短细，身上纹彩比较鲜明。被毒蛇咬伤后，皮肤上除可见到一般齿痕外，尚有两颗毒牙痕。无毒蛇咬伤仅在皮肤上留下一排整齐的齿痕。

二、发病机制

毒蛇主要是通过其分泌的毒液导致人体中毒发病。毒蛇咬人时，毒液从毒蛇唇腭上的一对唇上腺排出，通过毒牙的导管或纵沟注入患者伤口，然后通过伤口被吸收到人体血液中，产生各种各样的症状。不同种类的毒蛇含有不同的蛇毒。毒蛇所分泌的毒液，主要有神经毒素和血液毒素两种。神经毒素能使延髓中枢麻痹和肌肉瘫痪。血液毒素能破坏毛细血管，引起出血、溶血及血管舒缩功能障碍。因此，同是毒蛇咬伤，可出现不同的临床症状。

三、症状

（一）神经毒症状

分泌此类毒素的蛇主要是金环蛇、银环蛇和眼镜蛇等，被这类蛇咬伤后一般局部症状不明显，仅有麻痒感或轻微灼热感。1~3小时后出现全身中毒症状。一旦发病，病情可急剧发展，主要表现为视力模糊、眼睑下垂、声音嘶哑、言语和吞咽困难、流涎、共济失调和牙关紧闭等。严重患者会出现肢体弛缓性瘫痪、惊厥、昏迷、休克、呼吸麻痹甚至死亡。

（二）血液毒症状

分泌此类毒素的蛇主要是蝰蛇、五步蛇和竹叶青等，被这类蛇咬伤后局部症状明显，主要表现为肿胀、剧痛，伴有出血、水泡和组织坏死，肿胀可迅速向近心端蔓延甚至到整个肢体。全身症状有畏寒、发热、恶心、呕吐、心悸、烦躁不安、谵妄、便血、血尿，甚至血压下降，少尿或无尿。严重者可出现全身皮肤淤点或淤斑、溶血、循环衰竭或肾衰竭。

（三）混合毒症状

可兼有以上两类症状，但主次不同，如眼镜蛇的蛇毒以神经毒症状为主，同时伴有血液毒症状；蝮蛇的蛇毒以血液毒为主，同时伴有神经毒症状。

四、急救措施

一旦被毒蛇咬伤，可采取以下急救措施：

①鉴于毒蛇与无毒蛇咬伤有时不易识别，故一旦发生蛇咬伤，均应按毒蛇咬伤处理，且要分秒必争地抢救。被蛇咬伤者要保持安静，不要惊慌奔走，以免加速毒液吸收和扩散。

②用橡皮带或布条扎在伤口近心端的上方，以阻止毒液的吸收。肢体结扎后每30分钟放松一次，每次1~2分钟，以防肢体缺血坏死。

③结扎后用自来水或冷开水冲洗伤口，有条件时可用盐水或0.1%的高锰酸钾水冲洗，若伤口处残留毒牙应立即拔除。

④冲洗后用小刀将伤口切开成十字形，用手从伤口四周向伤口处挤压，压出血水，进行扩创排毒处理。咬伤若超过24小时，则可在伤口周围肿胀处用消毒粗针刺入，以利毒液外流，加速消肿。

⑤口服蛇药片或在局部伤口周围外涂蛇药，有全身症状时应及时转送医院治疗。

五、预防

加强野外作业的防护，掌握毒蛇习性，炎热季节时尽量不要裸露腿足，必要时穿长筒靴，避免被蛇咬伤。

第十一节　车祸

一、概述

车祸又称交通肇事。车辆自撞或互撞易造成各种伤害，如各类骨折、软组织挫裂伤，脑外伤、各种内脏器官损伤，多为复合伤，应全面检查，防止漏诊。下面介绍脑震荡、颅骨骨折、胸部和腹创伤的一些情况。

二、脑震荡

（一）症状

脑震荡是闭合性颅脑损伤最轻的一种，无神经系统器质性损伤，有一过性功能障碍。休息几天后功能可完全恢复，不留有其他障碍。临床表现为伤后出现一过性神志恍惚或昏迷，持续几秒、几分钟甚至几小时，醒后对受伤经过记忆不清，或有头晕、头痛、呕吐等，但症状在数天后会消失。

（二）急救措施

应安静休息几天，对症治疗或给予少量镇静剂。对短期内经一般治疗症状未见好转或反而加重者，要做进一步检查处理。

三、颅骨骨折

（一）症状

开放性颅骨骨折有头皮裂开，易发现；闭合性颅骨骨折有时可见局部凹陷或头皮有血肿而隆起，多半需要 X 线摄片后才能确认。如果伤后再现眼窝周围或乳突青紫，耳道鼻腔有血性液体或清亮液体溢出，多半表明有颅底骨折，伴有脑脊液漏。如果脑组织受到不同程度的损伤或有颅内血肿压迫，则昏迷时间较长，或清醒后又陷入昏迷，并且伴有神经定位症状，此为凶兆，应迅速处理，否则会有生命危险。

（二）急救措施

将伤员平放，头稍垫高。有创口或脑组织外溢时，按前面所述原则处理。耳鼻有溢液者，切不可加压填塞，应急送医院进一步处理。

四、胸部创伤

（一）症状

伤后常引起损伤性窒息，患者在短时间内出现胸部剧痛、面色苍白、出冷汗、四肢厥冷,甚至休克等症状。如出现呼吸困难,咳嗽有积压痰,胸廓部出现皮下气肿,说明肺部有损伤,可能会引起气胸或积压胸。

(二)急救措施

立即取半卧位,如果胸壁有伤口,造成开放性气胸,应迅速将伤口包扎封闭,使开放性气胸改变成闭合性气胸,并速送医院。

五、腹部脏器损伤

(一)症状

患者感到腹部持续性痛,阵发加剧,不敢深呼吸,腹壁紧张如板状,压痛明显,甚至休克,要考虑有空腔脏器(如胃、肠)破裂,引起腹膜炎或实质性脏器(如肝、脾、肾)破裂出血。

(二)急救措施

避免进食、饮水或用止痛剂,应速送往医院诊治。

第十二节　骨折

骨的连续性、完整性遭到破坏称为骨折。

一、骨折的分类

(一)按外伤造成的后果分类

按外伤造成的后果可将骨折分为两类:

①闭合性骨折,指骨折处皮肤无损伤,无裂开,骨折断端不外露,又称单纯性骨折。

②开放性骨折,指骨折处皮肤有创口,甚至骨折断端刺伤肌肉和皮肤,使骨折端和外界相通,容易感染,又称复杂性骨折。

(二)按骨折程度分类

按骨折程度可将骨折分为两类:

①不完全骨折(青枝骨折),仍有部分骨质相连。

②完全骨折,骨质完全离断。

二、症状

骨折主要有以下症状:

①疼痛;

②骨折肢体功能障碍;

③局部肿胀或成角、变短、扭曲等。

④骨折处有时可触到骨摩擦音。

三、急救措施

骨折后，要采取以下措施：

①认真细致地检查局部伤情和全身情况，及时采取正确的止痛、止血、固定措施。

②固定骨折部位，目的是使骨折处不再因活动而加重刺伤周围组织和加重移位变形，减少疼痛。有创口出血时，应包扎止血后再固定，不能将刺出创口外的骨端强行送回伤口内。包扎固定后再送往医院。

第十三章　大学生常见疾病的防治

第一节　流行性感冒

流行性感冒简称流感，是由流感病毒引起的急性呼吸道传染病。流感病毒传染性强，特别是甲型流感病毒易发生变异，已多次在世界范围内流行。

一、病原学

流感病毒根据其内部及外部抗原结构不同，分为甲、乙、丙3型。甲型流感病毒可感染多种动物，为人类流感的主要病原，20世纪发生的4次世界大流行，均由甲型流感病毒引起；乙型及丙型流感病毒相对较少，且仅感染人类。

流感病毒的最大特点是易发生变异，常见于甲型。流感病毒主要的变异形式有两种：相对变化小的为抗原漂移，变化较大的为抗原转换。抗原漂移出现频率较高，且有逐渐累积效应。当达到一定程度后可形成新的流行株，因人群对之不再具有免疫力，即出现新的暴发流行。抗原转换变异较大，通常产生新的强毒株而引起大流行，所幸其发生频率较低，发生亦很缓慢。

流感病毒不耐热，对紫外线及常用消毒剂均很敏感。但对干燥及寒冷有耐受力，能在真空干燥下或-20℃以下长期保存。

二、流行病学

(一)传染源
流感患者及隐性感染病毒携带者为主要传染源。动物亦可能为重要贮存宿主和中间宿主。

(二)传播途径
呼吸道飞沫经空气传播。

(三)人群易感性
人群对流感普遍易感，病后虽有一定的免疫力，但不同亚型间无交叉免疫力。病毒变异后，人群重新易感而反复发病。

（四）流行特征

流感病毒具较强传染性，加之以呼吸道飞沫传播为主要方式，极易引起流行和大流行。一般多发生于冬季，于 2~3 周内病例达高峰。主要发生于学校、单位、工厂及公共娱乐场所等人群聚集的地方。后期呼吸道并发症增多，尤其儿童及老年患者常并发肺炎，有较高的病死率。一次流感流行持续 6~8 周，流行后人群重新获得一定的免疫力。

三、临床表现

潜伏期为 1~3 天。流感的症状通常较普通感冒重，主要为突然起病的高热、寒战、头痛、肌痛、全身不适。上呼吸道卡他症状相对较轻或不明显，少数病例可有腹泻水样便。发热 3~5 天后消退，但患者仍感明显乏力。年幼及老年流感患者、原有基础疾病或免疫受抑制的患者感染流感，病情可持续发展，出现高热不退、全身衰竭、剧烈咳嗽、血性痰液、呼吸急促、紫绀，双肺有干啰音，X 线检查可发现多种肺部阴影等一系列肺炎表现。其病因有原发性流感病毒肺炎、继发细菌性肺炎以及混合性病毒细菌肺炎。前者抗生素治疗无效，多于 1 周内死于呼吸循环衰竭。继发细菌性肺炎常见于已有慢性心肺疾患的患者，常见病原菌为肺炎球菌、葡萄球菌、流感嗜血杆菌。

流感的肺外并发症较少见，主要有雷耶（Reye）综合征、中毒性休克、心肌炎及心包炎。此外，在流感流行时，有相当数量的轻型患者，症状与普通感冒极为相似，常难以区别。

四、诊断

当未出现流感流行时，散发病例不易诊断，甚至在有典型流感样症状时，亦难确诊。流感流行时，临床较易诊断。特别是短时间出现较多数量的相似患者，呼吸道症状轻微而全身中毒症状较重，再结合发病季节等流行病学资料，可基本判定流感。

五、治疗

对症治疗包括解热镇痛药物和支持治疗。但儿童患者应避免使用阿司匹林，以免诱发致命的雷耶综合征。对继发细菌性肺炎的有效控制亦十分重要，尤以老年患者病死率高，应积极给予恰当的治疗。虽然目前尚无特效的抗流感病毒药物，临床应用金刚烷胺和甲基金刚烷胺，显示有抑制甲型流感病毒的作用，能缩短临床发热时间，减轻症状，加速疾病的恢复，但上述药物对乙型流感病毒无作用。一般用量为 200 毫克/天，疗程 5 天。药物有一定的中枢神经系统副作用，如眩晕、共济失调，老年患者剂量应减半。甲基金刚烷胺的副作用较轻，更适合临床应用。

六、预防

在流感流行时，应尽可能隔离患者，加强环境消毒，减少公众集会及集体娱乐活动，外出戴口鼻罩，住集体宿舍勤开窗通风，保持空气新鲜流通。对易感人群及尚未发病者，亦可给予药物预防。常用金刚烷胺 100 毫克，每日 2 次，连服 7 ~ 14 天。鉴于该药具有中枢神经系统的副作用，老年及有血管硬化者要慎用，孕妇及癫痫史者禁用。该药仅对甲型流感有预防作用。

预防流感的基本措施是接种疫苗。应用与现行流行株一致的灭活流感疫苗接种，可获得 60% ~ 90% 的保护效果。老年、儿童、免疫受抑制的患者以及所有易出现并发症的人，是流感疫苗最适合的接种对象，但他们对疫苗的反应率较低，一般只能获得 50% ~ 60% 的保护效果。为获得稳定的保护效果，每年应根据流行病学调查结果，补充或更换疫苗的抗原组成。接种应在每年流感流行前的秋季进行。剂量为成年人每次 1 毫升，皮下注射，间隔 6 ~ 8 周再加强注射 1 次，以后每年秋季均须加强注射 1 次。如换用新的亚型疫苗，则应重新进行接种。对鸡蛋过敏者为禁忌证。此外，流感疫苗亦有一定的全身和局部副反应，接种后应注意观察和处理。

第二节　急性胃肠炎

一、病因

急性胃肠炎，多数是进食被细菌或细菌毒素所污染的食物、瓜果和水所引起的。其致病菌主要是沙门氏菌属及嗜盐菌。毒素主要是金黄色葡萄球菌毒素，偶见肉毒杆菌毒素。本病其实属于食物中毒。

二、临床表现

起病急，症状轻重不一，开始上腹不适或疼痛，继而出现恶心、呕吐和腹泻，呕吐物最初是胃内的食物残渣，继之可吐出黄绿色胆汁。大便呈水样，深黄或黄绿色，含有不消化的食物，腹泻严重时可有发热、脱水或休克症状，肠鸣音亢进。

三、预防与治疗

急性胃肠炎患者应卧床休息，保温。呕吐或腹泻严重时，应禁食，给予静脉补液，并使用抗生素或磺胺类药物。症状轻者，宜进食流质或半流质食物，并多饮水和给予一些时症治疗。

本病的预防，主要是注意饮食卫生，不吃不洁或可能被污染的食物，不吃腐败变质或超过保存期的食物，不宜吃半生不熟的鱼虾或各种肉类。平时要注意餐具的消毒，养成良好的卫生习惯，如饭前便后洗手。

第三节　病毒性心肌炎

病毒性心肌炎是由病毒引起的心肌及心肌内小血管的炎性病变，常导致心肌功能紊乱。

一、病因

病毒性心肌炎约占心肌炎的半数，近年来本病发病率有增高趋势。病因是多种病毒，如柯萨奇病毒 A 、B，埃可病毒，流感病毒和 HIV 等。其中，以柯萨奇 B 组病毒所致心肌炎最常见。

二、临床表现和诊断

病毒性心肌炎患者约半数于发病前 1～3 天有病毒感染前驱症状，如发热、全身乏力、恶心、呕吐，然后出现心悸、胸痛、呼吸困难、浮肿等。体查可见与发热程度不平行的心动过速，各种心律失常，可听到第三心音或杂音。或有颈静脉怒张、肺部啰音、肝大等心力衰竭体征。重症可出现心源性休克。X 线检查可见心影扩大或正常。心电图可见 ST 段、T 波改变和各种心律失常，特别是期前收缩、房室传导阻滞。超声心动图可示左心室增大、左心室收缩幅度减低。血清学检查心肌酶系（如 CK 、AST 、LDH ）增高，血沉加快，白细胞升高。病因诊断有赖于心内膜心肌活检。

三、预防与治疗

预防本病，应加强体质锻炼，增强机体抗病的免疫力。预防上呼吸道感染，避免烟酒。若感冒后出现心悸、气短、心律不齐等症状，应及时就医，以便早诊断、早治疗。急性心肌炎患者应卧床休息及补充营养，通常症状在数周内即可消失，而完全恢复、心电图恢复正常需要数月。患病时过劳或睡眠不足等，可使病情急剧恶化甚至导致死亡。治疗主要针对心力衰竭，可使用利尿药、血管扩张剂、血管紧张素转换酶抑制剂（ACEI ）。另外，可用改善心肌代谢药物，如能量合剂、肌苷、维生素以及中药参麦、黄芪、丹参等。病程一般为 3 个月。超过 3 个月，未恢复者转为慢性心肌炎，约 10% 最终演变成为扩张型心肌病。

第四节　消化性溃疡

消化性溃疡主要指发生在胃和十二指肠的慢性溃疡。因溃疡的形成与胃酸—胃蛋白酶的消化作用有关，溃疡又主要好发于胃和十二指肠而得名。十二指肠溃疡(DU)和胃溃疡(GU)二者发病率之比为3∶1。十二指肠溃疡好发于青壮年，近年来发病率有上升趋势。消化性溃疡的发作有季节性，秋冬和冬春之交远比夏季多见。

一、病因

消化性溃疡的发生是对胃、十二指肠黏膜有损害作用的侵袭因素与黏膜自身防御—修复因素之间失去平衡的结果，是多种病因综合所致。可能与下列因素有关：幽门螺杆菌感染；胃酸和胃蛋白酶自身消化；非甾体抗炎药；吸烟与遗传因素；胃和十二指肠运动异常；长期精神紧张、焦虑或情绪波动；酒、浓茶、咖啡和某些饮料；高盐饮食；病毒感染。

二、临床表现

部分患者可无症状，或以出血、穿孔等并发症作为首发症状。多数消化性溃疡有以下特点：

①慢性患者长期、反复出现上腹部疼痛，病史可达几年甚至十几年。

②周期性。多数患者都具有周期性发作病史，尤其是十二指肠溃疡更为突出。在发作季节中，患者常有上腹疼痛，可持续数周之久，随后症状逐渐消失，但间隔1～2个月，往往再发，缓解期长短不一，可因精神情绪不良或服非甾体抗炎药诱发。

③节律性。胃溃疡疼痛餐后出现较快，餐后半小时至1小时出现至下次餐前自行消失。十二指肠溃疡多在餐后1～3小时开始出现上腹痛，进食后可缓解，约半数有午夜痛，患者常被痛醒。上腹痛为主要症状，可为钝痛、灼痛、胀痛或剧痛，但也可仅有饥饿样不适感。不典型病例仅表现为无规律性的、较含糊的上腹隐痛不适，伴胀满、厌食、反酸等症状，多见于胃溃疡。溃疡活动时剑突下可有一固定而局限的压痛点，缓解时无明显体征。

近年来，有效治疗消化性溃疡的药物不断问世，并发症已大为减少。常见并发症有上消化道出血、穿孔、幽门梗阻、癌变。其中以上消化道出血表现为黑便和呕血比较多见。

三、诊断

病史分析很重要，典型的周期性和节律性上腹部疼痛是诊断的主要线索。但有溃疡症状者不一定患有消化性溃疡，相当部分消化性溃疡患者的症状常不典型或无症状，因而单纯依靠病史难以诊断。确诊有赖于 X 线钡餐检查和（或）胃镜检查，后者尤有诊断价值。胃镜检查可在直视下观察、摄影、取活检做病理检查和进行幽门螺杆菌（Hp）检测。

四、预防与治疗

治疗的目的在于消除病因、解除症状、愈合溃疡、防止复发和避免并发症。生活要有规律，劳逸结合，要避免过度劳累和精神紧张。原则上强调进餐要定时，避免辛辣、过咸食物及浓茶、咖啡等饮料。牛乳和豆浆虽能一时稀释胃酸，但其所含钙和蛋白质会刺激胃酸分泌，故不宜多饮。要戒烟酒，停服或慎服非甾体抗炎药。

20 世纪 70 年代以前，本病的治疗主要依赖抗酸药和抗胆碱药，如今，消化性溃疡的药物治疗已转向抑制胃酸分泌的药物和根除幽门螺杆菌的治疗。根除幽门螺杆菌可使大多数相关性溃疡患者完全达到治疗目的。根除幽门螺杆菌的治疗方案大体上可分为两大类：以质子泵抑制剂（PPI）为基础和以胶体铋剂为基础。一种 PPI（如奥美拉唑、兰索拉唑）或一种胶体铋剂（如枸橼酸铋钾）加上克拉霉素、阿莫西林、甲硝唑三种抗生素药物中的两种，组成三联疗法。目前常用抑制胃酸分泌药有 H_2 受体拮抗剂（西米替丁、雷尼替丁、法莫替丁）和 PPI。保护胃黏膜治疗可用硫糖铝、枸橼酸铋钾和米索前列醇。十二指肠溃疡疗程为 4~6 周，胃溃疡疗程为 6~8 周。由于内科治疗的发展，外科治疗目前仅限少数有并发症者。

第五节　急性阑尾炎

一、病因

急性阑尾炎主要是阑尾腔梗阻，组织血流障碍，细菌入侵而引起发病。

二、临床表现

阑尾炎发病时往往先以上腹部或脐周疼痛开始，经数小时后疼痛转移而固定于右下腹部，患者常伴有恶心、呕吐，或有发热、便秘、腹泻。检查右下腹麦氏点有压痛和反跳痛。血象中白细胞增多。

三、预防与治疗

急性阑尾炎应该及早治疗，以免病情加重，导致严重并发症（如引起腹膜炎）。一般以手术切除阑尾为主。但也可根据病情采用中西医结合的保守治疗。

预防方面，平时要加强身体锻炼，饭后不要马上做剧烈运动。慢性阑尾炎应适时手术治疗。

第六节　细菌性痢疾

细菌性痢疾简称菌痢。本节主要是指由志贺菌属引起的肠道传染病，本病夏秋季常见。其主要临床表现是腹痛、腹泻、里急后重和黏液脓血便，可伴有发热及全身毒血症症状，严重者可出现感染性休克和（或）中毒性脑病。本病急性期一般数日即愈。少数患者病程迁延不愈，转为慢性或反复发作。

一、病原学

痢疾杆菌属肠杆菌科志贺氏菌属，为革兰阴性的无鞭毛杆菌，在培养基上易生长。各型痢疾杆菌均产生内毒素，是引起全身毒血症的主要因素；痢疾志贺菌还产生外毒素（志贺毒素），具有神经毒、细胞毒和肠毒素作用，可引起更严重的临床表现。

痢疾杆菌在外界环境中生存力较强，在瓜果、蔬菜及污染物上可生存 $1 \sim 2$ 周，但对理化因素的抵抗力较其他肠杆菌科细菌弱，对各种化学消毒剂均很敏感。

二、流行病学

（一）传染源

其传染源为菌痢患者及带菌者，其中非典型患者、慢性患者及带菌者由于症状轻或无症状而易被忽略。

（二）传播途径

其主要通过消化道传播。病原菌随患者粪便排出，污染食物、水、生活用品或手，经口使人感染；亦可通过苍蝇污染食物而传播。在流行季节，则可因食入被污染食物或饮用被粪便污染的水，而引起食物型或水型的暴发流行。

（三）易感性人群普遍易感

病后可获得一定的免疫力，但短暂而不稳定，且不同菌群及血清型之间无交叉免疫，但有交叉抗药性，故易复发和重复感染。

（四）流行特征

全年均可发生，但有明显季节性。夏秋季有利于苍蝇孳生及细菌繁殖，且人们喜食生冷食物，故夏秋季多发。儿童发病率最高，其次为中青年，可能与他们活动范围较大及接触病原菌机会较多有关。

三、临床表现

潜伏期为 1~2 天，痢疾志贺菌感染，临床表现多较重。

（一）急性菌痢

1. 普通型（典型）

其起病急，高热可伴发冷寒战，继之出现腹痛、腹泻和里急后重，大便每日 10 多次至数十次，量少，故失水不多见。开始为稀便，可迅速转变为黏液脓血便，左下腹压痛及肠鸣音亢进。早期治疗，多于 1 周左右病情逐渐恢复而痊愈，少数病程迁延转为慢性。

2. 轻型（非典型）

全身毒血症症状和肠道症状均较轻，不发热或低热，腹泻每日数次，稀便有黏液，无脓血，轻微腹痛，无明显里急后重。病程 3~7 天痊愈，亦可转为慢性。

3. 中毒型

此类多见于儿童。起病急骤，病势凶险，高热，体温达 40℃ 以上，伴全身严重毒血症症状，精神萎靡、嗜睡、昏迷及抽搐，可迅速发生呼吸衰竭，故以严重毒血症、休克和（或）中毒性脑病为主要临床表现，肠道症状较轻甚至开始无腹痛及腹泻症状，发病后 24 小时内可出现腹泻及痢疾样大便。

（二）慢性菌痢

它指急性菌痢病程迁延超过 2 个月而病情未愈者。可能与下列因素有关：急性期未及时诊断及抗菌治疗不彻底；为耐药菌株感染；因患者原有营养不良及免疫功能低下，或原有慢性疾病如胃肠道疾病、慢性胆囊炎或肠寄生虫病等。

1. 慢性迁延型

主要表现为长期反复出现的腹痛、腹泻，大便常有黏液及脓血，伴有乏力、营养不良及贫血等症状。亦可腹泻与便秘交替出现。

2. 急性发作型

有慢性菌痢史，因进食生冷食物、劳累或受凉等诱因引起急性发作，出现腹痛、腹泻及脓血便，发热及全身毒血症症状多不明显。

3. 慢性隐匿型

1 年内有急性菌痢史，临床无明显腹痛、腹泻症状，大便培养有痢疾杆菌，乙状结肠镜检查，肠黏膜有炎症甚至溃疡等病变。

四、诊断

菌痢发病多在夏秋季，有进食不洁食物或与菌痢患者接触史。临床表现为：急性菌痢者有发热、腹痛、腹泻、里急后重及黏液脓血便症状，左下腹明显压痛；慢性菌痢患者有急性菌痢史，病程超过 2 个月而病情未愈；中毒型则儿童多见，有高热，惊厥，意识障碍及循环、呼吸衰竭，胃肠道症状轻微甚至无腹痛、腹泻，应及时用直肠拭子采便或盐水灌肠取便送检。粪便镜检有大量脓细胞和巨噬细胞及红细胞即可诊断。血象白细胞计数升高。确诊则依赖于粪便培养有痢疾杆菌。

五、治疗

(一)急性菌痢

1. 一般治疗

消化道隔离至临床症状消失，粪便培养 2 次阴性。饮食以少渣易消化的流食及半流食为宜，保证足够水分和维持电解质及酸碱平衡。

2. 病原治疗

自广泛应用抗生素以来，志贺菌属耐药性不断增加，且可呈多重耐药，故用药时应参考当前菌株药物敏感情况选择用药。① 喹诺酮类有强杀菌作用，对耐药菌株亦有较好的疗效，口服后可完全吸收，是目前治疗菌痢较理想的药物。如病情重不能口服者，可静脉滴注。喹诺酮类药物治疗菌痢疗效较好，毒副作用小，但可引起恶心等胃肠道反应；本药会影响骨髓发育，故孕妇、儿童及哺乳期妇女不宜使用。② 复方磺胺甲口恶唑 ，目前对本药的耐药菌株虽有所增加，但对多数菌痢患者仍有较好疗效。③ 口服甲硝唑治疗婴幼儿菌痢有效，亦可用庆大霉素、痢特灵、黄连素等。

3. 对症治疗

高热用退热药及物理降温；腹痛剧烈用解痉药，如阿托品及颠茄；毒血症症状严重者，可酌情小剂量应用肾上腺皮质激素。

(二)慢性菌痢

1. 全身治疗

生活规律，适当锻炼，避免过度劳累与紧张，进食富营养易消化、少渣、无刺激的食物，积极治疗并存的慢性疾病。

2. 病原治疗

① 抓紧做病原菌分离及细菌药物敏感试验，以助合理应用有效抗生素类药物。② 联合应用两种不同类型的抗菌药物，疗程长，需 1～3 个疗程。③ 应用药物保留灌肠疗法，可用 0.5% 卡那霉素或 0.3% 黄连素或 5% 大蒜素液。每次100～200毫升，每晚一次，10～14 天为一疗程，如有效可重复用。灌肠液内加用

小量肾上腺皮质激素,以增加其渗透作用而提高疗效。

3.对症治疗

① 针对肠功能紊乱者,可用镇静、解痉药物。② 慢性腹泻尤其应用抗菌药物后,易出现肠道菌群失调,须大便涂片观察,并可应用微生态制剂,如乳酸杆菌或双歧杆菌制剂等进行纠正。

(三)中毒型

菌痢病势凶险,应及时采用综合措施抢救治疗。

六、预防

采用以切断传播途径为主的综合措施。首先要管理好传染源。患者应及时隔离,彻底治疗至粪便培养阴性。餐饮从业者、自来水厂工人及托幼工作人员应定期粪检,如发现带菌者,应调离工作,彻底治疗。其次是切断传播途径。搞好饮食、饮水卫生,搞好个人及环境卫生,做好三管一灭(管水、管粪、管理饮食及消灭苍蝇)。最后是保护易感人群。多价痢疾基因工程杂交口服疫苗正在研制中。

第七节 肺结核

结核病是由结核分枝杆菌引起的慢性传染病,可侵及许多脏器,以肺部受累形成肺结核最为常见。排菌患者为其重要的传染源。人体感染结核菌后不一定发病,当抵抗力降低时,才可能引起临床发病。本病的基本病理特征为渗出、干酪样坏死及其他增殖性组织反应,可形成空洞。除少数起病急骤外,临床上多呈慢性过程。表现为低热、消瘦、乏力等全身症状与咳嗽、咯血等呼吸系统表现。若能及时诊断,并予合理治疗,大多可获临床痊愈。20 世纪 50 年代以来,我国结核病的流行趋势虽有下降,但各地区疫情的控制尚不平衡,仍是当前一个突出的公共卫生问题,是全国十大死亡病因之一。在高校中,肺结核在传染病发病率中仅次于肝炎。

一、病原学

引起人类结核病的主要为人型结核菌,它是需氧菌,不易染色,经品红加热染色后,使用酸性酒精冲洗亦不能脱色,故称为抗酸杆菌。镜检呈细长、略弯的杆菌。对外界抵抗力较强,在阴湿处能生存 5 个月以上。但阳光曝晒 2 小时,5% ~12% 的甲酚皂(来苏)溶液接触 2 ~12 小时,70% 的酒精接触 2 分钟或煮沸 1 分钟,即可杀灭。最简便的灭菌方法是直接焚毁带有病菌的痰纸。结核菌生长缓慢,增殖一代需要 15 ~20 小时,生长成可见的菌落一般需要 4 ~6 周,至少也需要 3 周。

二、流行病学

(一)传染源

肺结核患者为其重要的传染源。传染性的强弱决定于病变的性质、程度和是否接受正规抗菌治疗。排菌患者传染性最强,不排菌的患者传染性一般不强。

(二)传播途径

本病主要通过呼吸道传播,亦可通过消化道传播。①飞沫传播,肺结核排菌患者通过咳嗽、打喷嚏甚至大声说话,都可能将含有结核菌的飞沫排入空气中,引起传播。②痰液传播:结核杆菌在痰内经阳光直射,1~2小时就可被杀死,但在阴暗潮湿处可存活几个星期或数月。痰液中的结核杆菌附着于干燥尘埃上,随气流飞扬传播。③食物传播:通过与结核患者共用餐具,进食被结核杆菌污染的食物,可引起传播。

(三)人群易感性

结核病是人类疾病中最古老的传染病之一。人类与之斗争了几千年,但至今结核病仍在全球流行。城镇人口中90%的人群都因受到不显性结核菌感染,而获得一定的免疫力。但不是个个都发病,只有在疲劳、过度劳累、营养低下和患有其他疾病抵抗力低下时,才可能发病。

(四)流行特征

结核病任何年龄均可发病,目前在全球范围内呈上升趋势。新中国成立后,结核病的防治工作逐步开展和加强,进行了卡介苗的预防接种,取得了显著成绩,但结核病至今仍严重危害我国人民的健康,流行形势十分严峻。

三、临床表现

典型肺结核起病缓慢,病程较长,有低热、疲倦、食欲不振、咳嗽及少量咯血等症状。但多数患者病灶轻微,无显著症状,经X线健康检查时偶被发现。亦有突然咯血才被确诊,追溯其病史可有轻微的全身症状。少数患者因突然起病及突出的毒性症状与呼吸道症状,而经X线检查确认为急性粟粒型肺结核或干酪样肺炎。老年肺结核患者,易被长年慢性支气管炎的症状所掩盖。偶见未被发现的重症肺结核,因继发感染而有高热,甚至已发展至败血症或呼吸衰竭才去就医。鉴于肺结核的临床表现常呈多样化,在结核病疫情已基本得到控制、发病率低的地区,尤应了解其不典型表现。

(一)症状

全身症状,表现为午后低热、乏力、食欲减退、消瘦、盗汗等。若肺部病灶进展播散,常呈不规则高热。妇女可有月经失调或闭经。呼吸系统症状,通常为干咳或带少量黏液痰,继发感染时,痰呈黏液脓性,约1/3患者有不同程度咯血。

大咯血时可发生失血性休克,偶因血块阻塞大气道引起窒息,患者可出现极度烦躁、心情紧张、挣扎坐起、胸闷气促、发绀等症状,应立即进行抢救。病灶炎症累及壁层胸膜时,相应胸壁有刺痛,一般多不剧烈,随呼吸及咳嗽而加重。慢性重症肺结核患者,呼吸功能减退,常出现渐进性呼吸困难,甚至缺氧发绀。若并发气胸或大量胸腔积液,其呼吸困难症状尤为严重。

(二)体征

中早期病灶小或位于肺组织深部,多无异常体征。若病变范围较大,患侧肺部呼吸运动减弱,叩诊呈浊音,听诊时呼吸音减低,或为支气管肺泡呼吸音。因肺结核好发于肺上叶尖后段及下叶背段,故锁骨上下、肩胛间区叩诊略浊,咳嗽后偶可闻及湿啰音,对诊断有参考意义。肺部病变发生广泛纤维化或胸膜粘连增厚时,患侧胸廓常呈下陷,肋间隙变窄,气管移位,叩诊浊音,对侧可有代偿性肺气肿征。

四、诊断

根据临床症状、X线检查及痰结核菌检查可以做出诊断。痰结核菌检查不仅是诊断肺结核的主要依据,亦是判断疗效、随访病情的重要指标。肺结核患者痰液可呈间歇排菌,故应连续多次查痰。X线检查是诊断肺结核的必要手段,对早期诊断,确定病变部位、范围、性质,了解其演变及选择治疗方式等均具有重要价值。

肺结核临床分为五型。Ⅰ型:原发性肺结核;Ⅱ型:血行播散型肺结核;Ⅲ型:浸润型肺结核;Ⅳ型:慢性纤维空洞型肺结核;Ⅴ型:结核性胸膜炎。在大学生中,浸润型肺结核(Ⅲ型)和结核性胸膜炎(Ⅴ型)较多见。

五、治疗

抗结核化学药物治疗(简称化疗)对控制结核病起决定性作用,合理化疗可使病灶内细菌消灭,最终痊愈。休息与营养疗法仅起辅助作用。

(一)抗结核化学药物治疗

1. 化疗原则

化疗的主要作用在于缩短传染期,降低死亡率、感染率及患病率。具体对于每个患者,化疗则为达到临床及生物学治愈的主要措施。合理化疗是指对活动性结核病坚持早期、联合、适量、规律和全程使用敏感药物的原则。

2. 化疗方法

分为标准化疗与短程化疗。过去常规采用12~18个月疗法,称为"标准"化疗,但因疗程过长,许多患者不能完成,疗效受到限制。自利福平问世后,与其他药物联用,发现6~9个月疗法(短程化疗)与标准化疗效果相同,故目前广泛采用短程化疗，但该方案要求必须包括两种杀菌药物——异烟肼及利福平，具有较强杀菌及灭菌效果。

3. 抗结核药物

理想的抗结核药物具有杀菌、灭菌或较强的抑菌作用，毒性低，不良反应少，价廉，使用方便，药源充足；经口服或注射后药物能在血液中达到有效浓度，并能渗入吞噬细胞、腹膜腔或脑脊液内，疗效迅速而持久。目前常用和有效的药物主要有异烟肼、利福平、链霉素、乙胺丁醇等。

4. 化疗方案

可视病情轻重、有无痰菌和细菌耐药情况以及经济状况、药源供应等，选择化疗方案。

（二）对症治疗

结核病的毒性症状在有效抗结核治疗 1~2 周内多可消失，不必特殊处理。但结核性脑膜炎和胸腔积液者，应卧床休息，或加用糖皮质激素，或胸腔抽液。如出现咯血和痰中带血者，应予以止咳、镇静、止血等对症治疗。

（三）手术治疗

当大于 3 厘米的结核瘤与肺癌难以鉴别时，可考虑做肺叶切除。目前手术治疗对于肺结核已较少使用。

六、预防

控制传染源、切断传播途径、增强免疫力及降低易感性等，是控制结核病流行的基本原则。卡介苗可保护未受感染者，使其受感染后不易发病，即使发病也易愈合。有效化学药物治疗能使已患病者痰菌较快阴转，但在其阴转之前，需要严格消毒隔离，避免传染。为此，管理好患者、正确治疗与接种卡介苗等均至关重要，各级防治网可为落实上述各项措施提供保证。

（一）防治系统

建立与健全各级防痨组织是防治工作的关键。

（二）发现患者

结核病的传染源是处于吐痰排菌期的肺结核患者。一个痰液涂片阳性的排菌者，每年可传染 5~10 人。治愈排菌患者，有助于控制传染源及改善疫情。

（三）管理患者

对肺结核患者进行登记，加强管理。结核病需要长期治疗，因此，寻求一种安全、有效、顺应性好、不易产生耐药且经济的抗结核病疗法很重要。世界卫生组织（WHO）于 1995 年提出"控制传染源"和"监督治疗十短程化学治疗"的方案，可有效保证患者规律用药，提高治愈率。

（四）卡介苗接种

卡介苗（BCG）是活的无毒力牛型结核菌疫苗，接种后可使人体产生对结核菌的获得性免疫力，其接种对象是未受感染的新生儿、儿童及青少年。已受结核菌感染者（结素试验阳性）没必要接种。卡介苗不能预防感染，但能减轻感染后的发病与病情。

第八节　病毒性肝炎

病毒性肝炎是由多种肝炎病毒引起的，以肝脏炎症和坏死病变为主的一组传染病。主要通过粪—口、血液或体液传播。临床上以疲乏、食欲减退、肝肿大、肝功能异常为主要表现，部分病例出现黄疸。按病原分类，目前已确定的病毒性肝炎共有 5 型，其中甲型和戊型主要表现为急性肝炎，乙、丙、丁型主要表现为慢性肝炎，并可发展为肝硬化和肝细胞癌。此外，最近还发现了第 6 型和第 7 型肝炎病毒，暂定名为庚型肝炎病毒和输血传播肝炎病毒，但其致病性尚未明确。其中甲型和乙型肝炎是高校学生中常见的传染病，严重威胁和影响着大学生的学习、健康和就业。下面主要介绍甲型肝炎和乙型肝炎。

一、病原学

甲型肝炎病毒（HAV）抵抗力较强，能耐受 56℃ 30 分钟，室温一周。在 25℃ 干粪中能存活 30 天。在贝壳类动物、污水、淡水、海水、泥土中能存活数月。60℃ 12 小时部分灭活；煮沸 5 分钟全部灭活；紫外线 1 分钟灭活；3% 的甲醛 25℃5 分钟灭活；70% 的乙醇 25℃ 3 分钟可部分灭活。

乙型肝炎病毒（HBV）抵抗力很强，能耐受 60℃ 4 小时及一般浓度的消毒剂，煮沸 10 分钟、65℃ 10 小时或高压蒸汽消毒可以灭活。在血清中，30℃ ~32℃ 环境可保存 6 个月，–20℃ 中可保存 15 年。

二、流行病学

（一）传染源患者与病毒携带者

甲型肝炎患者绝大多数为急性，慢性患者极少见。急性乙型肝炎患者在我国少见。慢性患者和病毒携带者是乙型肝炎的主要传染源，患者通过血液和体液排出病原体，其传染性贯穿于整个病程。传染性的大小与病毒复制指标是否为阳性有关。约半数以上慢性患者可检出 HBV 活动性复制指标。

病毒携带者是只有乙、丙、丁、庚型肝炎病毒和输血传播肝炎病毒存在者。乙型肝炎表面抗原（HBsAg）携带者，凡血清 HBsAg 阳性持续超过 6 个月以上者，称为慢性 HBsAg 携带者。在我国的慢性 HBsAg 携带者中，绝大多数同时 HBeAg

阳性，在数量上占携带人群的 10% ~15% , 因而是最主要的传染源。HBsAg 携带者的持续时间取决于年龄和免疫状态。从婴幼儿时期开始携带 HBsAg 者，其持续时间多在 10 年以上。HBsAg 携带者传染性的下降，首先表现为 HBeAg 、HBV – DNA 的阴转和 HBsAg 滴度的下降。HBV – DNA 自然转阴率为每年 10% , 2 ~ 7 年内 HBeAg 可自然阴转率为 45% , HBsAg 自然阴转率为每年 1% ~2% 。

（二）传播途径

其传播途径主要有两条：一是粪—口传播，它是甲型肝炎的主要传播途径。粪—口传播的方式是多样化的。在一般情况下，日常生活接触传播是散发性发病的主要传播方式，因此在集体单位中，如托幼机构、学校和部队中甲型肝炎的发病率特别高。水和食物的传播，特别是水生贝类（如毛蚶等）是甲型肝炎暴发流行的主要传播方式。二是体液传播，它是乙型肝炎的主要传播途径。含有肝炎病毒的体液或血液可通过输血及血制品、药物注射和针刺等方式传播。随着献血员的筛选、血制品的净化和一次性注射器及针灸针的推广，经注射传播所占的比重有所下降，但由于筛选方法灵敏度的限制以及经静脉吸毒者注射毒品的传播方式不易在短期内消灭，今后经注射的传播方式仍将占主要地位。此外，母婴传播、性传播和生活上的密切接触亦可传播乙型肝炎。

（三）易感性与免疫力

1. 甲型肝炎

在甲型肝炎流行地区，由于绝大多数成年人血清中都含有抗体，并可通过胎盘从母体传给胎儿，因而 6 个月以下的婴儿由于先天性被动免疫而不易感染。6 个月后，婴儿血中抗体逐渐消失而成为易感者，故在流行地区，甲型肝炎的发病集中于幼儿。随着年龄的增长，由于隐性感染，血中检出抗体的人数逐渐增多，易感性亦随之下降，故甲型肝炎的发病率亦年随着年龄增长而下降。甲型肝炎病后免疫一般认为可维持终身。

2. 乙型肝炎

新生儿通常不具有来自母体的先天性乙型肝炎表面抗体（抗 – HBs）, 因而普遍易感。随着年龄增长，通过隐性感染获得免疫的比例亦随之增加，至 30 岁以后，我国接近半数的人可检出抗 – HBs, 故乙型肝炎感染多发生于婴幼儿及青少年。到成年以后，除少数易感者以外，已感染乙型肝炎病毒的人多已成为慢性或潜伏性感染者。到中年以后，无症状的 HBsAg 携带者亦会随着 HBV 感染的逐步消失而逐渐减少。

（四）流行特征

甲型肝炎主要由水和食物传播，可呈暴发性流行。1988 年上海市由于食用受粪便污染的毛蚶而引起新中国成立以来最大一次甲型肝炎流行，4 个月内共发现 31 万患者。乙型肝炎的发病以散发性发病为主，感染与发病表现出明显的家庭聚集现象,而家庭聚集现象又与母婴传播及日常生活密切接触传播有关。处于集体生活中的大学生由于生活接触频率较高,亦容易感染和流行乙型肝炎。

三、临床表现

甲型肝炎潜伏期平均为 30 天(5~45 天);乙型肝炎潜伏期平均为 70 天(30~180 天)。

(一)急性肝炎

急性肝炎分为急性黄疸型和急性无黄疸型。急性黄疸型肝炎临床表现的阶段性较为明显,可分为 3 期,总病程为 2~4 个月,典型病例的临床表现如下:

①黄疸前期。起病急,有畏寒、发热、全身乏力、食欲不振、厌油、恶心、呕吐、腹痛、肝区痛、腹泻等症状,尿色逐渐加深,至本期末呈浓茶状。少数病例以发热、头痛、上呼吸道症状等为主要表现。本期持续 1~21 天,平均为 5~7 天。

②黄疸期。患者自觉症状有所好转,发热减退,但尿色继续加深,巩膜、皮肤出现黄染,约于 2 周内达到高峰。可有大便颜色变浅、皮肤瘙痒、心动过缓等梗阻性黄疸表现。肝肿大至肋下 1~3 cm,有压痛及叩击痛,部分病例有轻度脾肿大。本期持续 2~6 周。

③恢复期。黄疸逐渐消退,症状减轻以至消失,肝、脾回缩,肝功能逐渐恢复正常。本期持续 2 周至 4 个月,平均 1 个月。

急性乙型肝炎起病较慢,常无发热,在黄疸前期可出现免疫复合物病(血清病)样表现,如皮疹、关节痛等较急性甲型肝炎常见症状。其他表现与甲型肝炎相似,但部分病例可转变为慢性肝炎。

(二)慢性肝炎

慢性肝炎仅见于乙、丙、丁 3 型肝炎。

1. 轻度慢性肝炎

过去称其为慢性迁延性肝炎。急性肝炎迁延半年以上,反复出现疲乏、头晕、消化道症状、肝区不适、肝肿大、压痛,也可有轻度脾肿大即为轻度慢性肝炎。少数患者可有低热。肝功能显示血清转氨酶反复或持续升高,肝活检仅有轻度肝炎病理改变,也可有轻度纤维组织增生,病程迁延可达数年。病情虽有波动,但总的趋势是逐渐好转直至痊愈。只有少数转为中度慢性肝炎(轻型慢性活动性肝炎)。

2. 中度慢性肝炎

病程超过半年,各项症状(消化道症状如厌食、恶心、呕吐、腹胀、腹泻等;神经症状如乏力、萎靡、头晕、失眠及肝区痛等)明显,肝肿大,质地中等以上,可伴有蜘蛛痣、肝掌、毛细血管扩张或肝病面容,进行性脾肿大,肝功能持续异常,尤其是血浆蛋白改变,肝脏纤维化指标升高,或伴有肝外器官损害、自身抗体持续升高等特征。肝活检有轻型慢性活动肝炎的病理改变。

3. 重度慢性肝炎

除上述临床表现外，还具有早期肝硬化的肝活检病理改变与临床上代偿期硬化的表现。

(三)重型肝炎

重型肝炎约占全部病例的0.2%～0.5%，但病死率甚高。所有5型肝炎病毒感染均可导致重型肝炎。

1. 急性重型肝炎

亦称暴发型肝炎，发病多有诱因，如未适当休息、营养不良、嗜酒或服用损害肝脏药物、妊娠或合并感染等。起病10天以内黄疸迅速加深，肝脏迅速缩小，有出血倾向、中毒性鼓肠，腹水迅速增多，有肝臭可并发急性肾功能不全(肝肾综合征)及不同程度的肝性脑病。肝性脑病早期表现为嗜睡、性格改变、烦躁和谵妄，后期表现为不同程度的昏迷、抽搐、锥体束损害体征、脑水肿和脑疝等。病程不超过3周。

2. 亚急性重型肝炎

亦称亚急性肝坏死。临床表现为急性黄疸型肝炎起病，病情在10天以上。肝性脑病在此型中多出现于疾病的后期。本型病程较长，可达数月，容易发展为坏死后肝硬化。

3. 慢性重型肝炎

亦称慢性肝坏死。表现同亚急性重型肝炎，但有慢性活动性肝炎或肝硬化病史、体征及肝功能损害。

四、诊断

病毒性肝炎主要根据流行病学资料、临床症状和体征、肝功能试验及病原学诊断。

(一)从流行病学资料来看

食物或水型性的流行暴发，起病前曾进食未煮熟海产品，如毛蚶、蛤蜊等，儿童发病多见，秋冬季节为高峰。但散发性病例则不足以排除甲型肝炎。有与乙型肝炎患者或HBsAg携带者密切接触史或多个家庭成员病史，特别是出生于HBsAg阳性母亲的婴幼儿，对乙型肝炎诊断有参考意义。

(二)从临床诊断来看

1. 急性肝炎

起病急，有畏寒、发热、纳差、恶心、呕吐等黄疸前期症状，血清谷丙转氨酶显著升高，而既往无肝炎病史者应首先考虑甲型或戊型肝炎的诊断，无黄疸者可临床拟诊为急性无黄疸型甲型肝炎。

2.慢性肝炎

慢性肝炎应根据下列各方面综合分析判断。

(1)炎症活动度

根据以下指标综合判断为：轻度活动、中度活动、重度活动。其指标为：①谷丙转氨酶大于正常值3倍为轻度、3～10倍为中度、大于10倍为重度；②胆红素正常或稳定不变为轻度，突然明显升高为重度；③一般症状为轻度，突然出现明显的消化道症状为重度。如有肝活检材料则按肝活检判断活动度。

(2)肝功能损害程度

根据以下指标判断为：轻度损伤、中度损伤、重度损伤。其指标为：①根据肝病面容的轻重、肝掌的程度、蜘蛛痣的多少与大小判断为轻度、中度、重度；②根据肝功能指标判断，见表12－1。

表 12 - 1　肝功能损伤程度参考指标

项目	轻度损伤	中度损伤	重度损伤
谷丙转氨酶(U)	>正常3倍	3～10倍	>10倍
总胆红素(umol/L)	17.1～34.2	>34.2～85.5	>85.5
血清白蛋白(g/L)	≥35	33～34	≤32
白蛋白/球蛋白比值	1.3～1.5	1.0～1.2	≤0.9
电泳丙种球蛋白	≤21	22～25	≥26
凝血酶原活动度(%)	71～79	61～70	40～60

3.重型肝炎

急性黄疸型肝炎，起病10天内迅速出现重型肝炎表现，可诊断为急性重型肝炎。病程10天以上出现上述表现，可诊断为亚急性重型肝炎。在慢性活动性肝炎基础上出现重型肝炎表现，可诊断为慢性重型肝炎。

五、治疗

病毒性肝炎目前还缺乏可靠的特效治疗方法，各型肝炎的治疗原则均以足够的休息、营养为主，辅以适当药物，避免饮酒、过劳和损害肝脏药物。临床各类型肝炎的治疗重点则有所不同。

(一)急性肝炎

一般治疗及支持疗法为主。强调早期卧床休息，至症状明显减退，可逐步增加活动。初次感染的急性黄疸型肝炎患者，于隔离期满，临床症状消失，血清总胆红素在 17.1 微摩尔/升以下，谷丙转氨酶在正常值 2 倍以下时，可以出院。但出院后仍应休息 1～3 个月，恢复工作后应不定期复查 1～3 年。

饮食宜清淡，热量足够，蛋白质摄入争取达到每日 1～1.5 克/公斤，适当补充维生素 B 族和维生素 C，进食量过少者可由静脉补充葡萄糖及维生素 C，不强调高糖和低脂肪饮食。

（二）轻度慢性肝炎

除一般治疗及支持疗法外，慢性肝炎的治疗还需要进行对症治疗和抗病毒治疗。

1. 对症治疗

它包括应用降低转氨酶制剂，如联苯双酯、垂盆草、齐墩果酸片等，具有非特异性降低谷丙转氨酶的作用。这些降酶药物虽然可能具有护肝的作用，但停药后容易产生谷丙转氨酶反跳，故在显效后应注意逐渐停药。

一般的非特异性护肝药物，主要包括维生素类（B 族、C、E、K 等）；促进解毒功能药物，如葡醛内酯（肝泰乐）、还原型谷胱甘肽（TAD）、维丙胺、硫辛酸等；促进能量代谢药物，如三磷酸腺苷（ATP）；促进蛋白质合成药物（肝安、水解蛋白等）以及改善循环药物（丹参、低分子右旋糖酐等），它们都可作为辅助治疗，但宜精简，避免使用过多药物。

2. 抗病毒治疗

① 干扰素治疗，慢性乙型肝炎的干扰素使用的指征为：HBV 在活动性复制中；肝炎处于活动期；HBV－DNA 血浓度低；抗－HBc IgM 阳性。使用干扰素治疗时剂量应偏大（300 万～600 万单位/次），疗程应偏长（6 个月至 1 年）。干扰素一般仅能抑制 HBV 复制，使 HBeAg 和 HBV－DNA 转阴，而难以使 HBsAg 转阴。② 核苷类药物（拉米夫定）治疗，主要通过抑制 HBV－DNA 逆转录酶的活性及抑制共价闭合环 DNA 的合成而抑制 HBV－DNA 的合成，它不抑制线粒体 DNA 和骨髓，无直接调节免疫作用，因而基本上无不良反应。据初步资料和对照组比较，口服拉米夫定 100 毫克/天，约 2 周内平均血清 HBV－DNA 水平可下降 90% 以上，拉米夫定的服用疗程至少 1 年。

六、预防

（一）控制传染源

1. 患者的隔离

各型急性肝炎患者的隔离期应按各型病毒性肝炎的传染期而定。慢性乙型和丙型肝炎患者应分别按病毒携带者管理。

2. 携带者的管理

对无症状 HBV 和 HCV 携带者应进一步检测各项传染性指标，包括 HBeAg、

HBV - DNA、抗 - HCV 和 HCV - RNA，阳性者应禁止献血和从事托幼工作，且不得从事食品加工和饮食服务工作。

（二）切断传播途径

1. 甲型和戊型肝炎

重点在于搞好卫生措施，如水源保护、饮水消毒、食品卫生、食具消毒，加强个人卫生、粪便管理等。大学生应坚持做到勤剪指甲，饭前便后洗手，不吃生冷食物。

2. 乙、丙、丁型肝炎

重点在于防止通过血液和体液传播。每一个献血者和每一个单元血液都要经过最敏感方法检测 HBsAg 和抗 - HCV。阳性者不得献血，阳性血液不得使用。提倡使用一次性注射用具和针灸针，重复使用的器械必须经高压或煮沸消毒。不耐热的器械可用 2% 戊二醛浸泡 2 小时消毒。剃须刀、洗漱用具要专用，接触患者后要用肥皂和流动水洗手。

（三）保护易感人群

1. 主动免疫

①在甲型肝炎流行期间，易感人群（婴幼儿、儿童和血清抗 - HAV IgG 阴性者）都应注射甲型肝炎减毒活疫苗（甲肝活疫苗）。大规模随机对照试验结果表明，一次皮下注射甲肝活疫苗，保护率为 65.5%。抗 - HAV 阳转率为 40%。②凡新生儿（尤其是母亲 HBsAg 阳性者）出生后 24 小时内都应立即接种乙型肝炎疫苗，基因重组乙型肝炎疫苗注射 3 次后保护率约为 85%。接种乙肝疫苗从 2002 年 1 月 1 日起已纳入我国儿童计划免疫，同时也用于其他高危人群接种，如医院工作人员、高校学生、食堂工作人员、幼儿园师生，它能对易感者起到很好的预防和保护作用。乙肝疫苗注射实行 0 月、1 月、6 月注射法，共 3 次，乙肝疫苗注射剂量为每次 10 微克。

2. 被动免疫

①甲型肝炎患者的接触者可接种人血清或胎盘球蛋白以防止发病。肌肉内注射人免疫球蛋白 0.02～0.12 毫升/千克，可预防或减少临床病例的发生，亦能预防大部分亚临床感染，阻断甲型肝炎传播。注射时间越早越好，最迟不宜超过接触感染后 7～10 天。免疫效果可维持 35 天。我国目前市售丙种球蛋白，可按学龄前儿童 1 毫升、学龄儿童 2 毫升、成人 3 毫升标准接种。②新生儿接种乙型肝炎疫苗的同时，如联合使用高滴度抗 HBV IgG（HBIG）注射，可提高保护率至 95%。HBIG 也适用于已暴露于 HBV 的易感者。按标准，每毫升应含 HBIG 200 单位。剂量一般为 0.05～0.07 毫升/千克。目前国产 HBIG 每毫升含量为 60～160 国际单位，多数为 100 国际单位。HBsAg 阳性孕妇在怀孕后 3 个月注射 HBIG，可能对母婴传播起预防作用。

第九节　麻疹

麻疹是麻疹病毒引起的急性呼吸道传染病。临床症状有发热、咳嗽、流涕、眼结膜充血，口腔黏膜有科普利克斑及皮肤出现斑丘疹。

一、病原学

麻疹病毒属副黏液病毒科，直径 100～150 微米。麻疹病毒在外界生活力不强，对阳光及一般消毒剂很敏感，紫外线能很快灭活。尽管随飞沫排出的病毒在室内可存活 34 小时，但在流通的空气中或阳光下半小时即失去活力。麻疹病毒耐寒、耐干燥，在 –15℃ 至 –70℃ 可保存数月至数年。

二、流行病学

（一）传染源

患者是唯一的传染源，自发病前 2 天（潜伏期末）至出疹后 5 天内，眼结膜分泌物，鼻、口咽、气管的分泌物中都含有病毒，具传染性。恢复期不带病毒。

（二）传播途径

主要通过飞沫经呼吸道直接传播，经衣物、玩具等间接传播少见。

（三）人群易感性

人群普遍易感。易感者接触患者后90%以上发病，病后有持久免疫力。成人多因儿童时患过麻疹或接种麻疹疫苗获免疫力。6 个月内婴儿可受到母亲抗体的保护，但由于麻疹疫苗接种后，麻疹的自然感染率下降，育龄妇女抗体水平降低，对婴儿的保护能力也下降。

（四）流行特征

发病季节以冬春季多，但全年均可有病例发生。在我国，6 个月至 5 岁小儿发病率最高。近年因长期疫苗免疫的结果，麻疹流行强度减弱，平均发病年龄后移，可在大学生中发病。

三、临床表现

麻疹潜伏期约 10 天（6～18 天），曾接受被动或主动免疫者可延至 3～4 周。典型麻疹的临床经过可分为三期。

（一）前驱期

从发热到出疹一般 2～4 天。起病急，主要表现是：① 发热，体温一般逐渐升高，小儿也可骤发高热伴惊厥。② 上呼吸道炎，在发热同时出现咳嗽、喷嚏、流涕、咽部充血等卡他症状。③ 眼结合膜充血、畏光、流泪、眼睑浮肿。④ 科普利克斑，见于90%以上的患者，有早期诊断价值，发生在病程 2～3 天，出现于双侧近第一白齿颊黏膜上，为 0.5~1 毫米针尖大小白色小点，周围有红晕，逐渐增多，互相融合，最初只有数个，在 1~2 天内迅速增多，有时融合扩大成片，似鹅口疮，2~3 日内消失。

(二)出疹期

于发热第 3~4 天开始出现皮疹。皮疹先见于耳后、发际，渐及额、面、颈，自上而下蔓延到胸、背、腹及四肢，最后达手掌与足底，2~5 天出齐。皮疹初为淡红色斑丘疹，大小不等，高出皮肤，呈充血性皮疹，压之褪色，初发时稀疏，色较淡，以后部分融合成暗红色，少数病例可呈现出血性皮疹，疹间皮肤正常。高热可达 40℃。出疹期为 3~5 天。

(三)恢复期

出疹 3~5 天后，发热开始减退，全身症状明显减轻，皮疹按出疹的先后顺序消退，留浅褐色色素斑，伴糠麸样脱屑，历时 1~2 周。无并发症者病程为 10~14 天。成人麻疹全身症状多较小儿重，但并发症较少。

四、诊断

典型麻疹诊断不难。在麻疹流行期间接触过麻疹患者的易感者，出现急起发热，伴上呼吸道卡他症状，结膜充血、畏光，早期口腔内有科普利克斑，即可诊断。在出现典型皮疹和退疹等表现后，可确诊。非典型患者难以确诊者，可分离病毒及测定病毒抗原或血清特异性抗体来进一步诊断。

五、治疗

主要为对症治疗，加强护理和防治并发症。一般治疗主要是卧床休息，保持室内安静，通风，温度适宜。眼、鼻、口腔保持清洁，鼓励多饮水，进食易消化和营养丰富的食物。对症治疗，高热可酌用小剂量退热剂，应避免急骤退热致虚脱。咳嗽用祛痰止咳药。体弱病重患儿可早期肌肉注射丙种球蛋白。对出现咳嗽等肺部感染者，可使用抗生素。

六、预防

采用预防接种为主的综合性措施。

(一)管理传染源

流行期间，儿童集体机构应加强晨间检查，及时发现患者，暂不接收易感儿入托，做好疫情报告。患者隔离至出疹后 5 天，伴有呼吸道并发症者应延长到出疹后 10 天。对接触麻疹的易感儿应隔离检疫 3 周，若曾作被动免疫者应延长至 4 周。

(二)切断传播途径

流行期间避免到公共场所或探亲访友。无并发症的患者应在家中隔离，以减少传播和继发医院内感染。医护人员要做好消毒隔离工作。

（三）保护易感人群

未患过麻疹者均应接种麻疹减毒活疫苗。每次皮下注射 0.2 毫升，各年龄剂量相同。应急接种时间最好为麻疹流行季节前 1 个月。易感者在接触患者后 2 天内若接种疫苗或使用丙种球蛋白注射，可防止发病或减轻病情。接种疫苗后一般反应轻微，少数接种后有低热数日。

第十节　急性扁桃体炎

急性扁桃体炎是一种常见病，30 岁以下的青少年发病率最高。此病多发生在上呼吸道感染较高的春秋两季。在人群聚集的高校，有流行传染趋势。

一、病因

溶血性链球菌是引发急性扁桃体炎的主要病原体。扁桃体陷窝或口腔内常有该细菌存留，当人体的抵抗力降低时，它会迅速大量繁殖而致病。此外，鼻腔、鼻窦化脓性感染、齿眼炎等也都是不可忽视的病因。

二、临床表现

全身症状：急起畏寒发热，重者高热可达 39℃ 以上，患者颜面赤红，伴头痛，食欲减退，疲倦无力。

局部症状：咽部干燥，刺痛，吞咽时疼痛加剧。扁桃体充血、肿大，表面附着黄、白色点状脓性分泌物，是其典型特征。扁桃体周围组织亦充血渗出，下颌角处淋巴结往往有肿大和触痛。

合并症：急性扁桃体炎可并发扁桃体周围脓肿，进而可引发咽后壁脓肿。少数还可并发风湿性关节炎、风湿性心内膜炎、急性肾小球肾炎等。

三、治疗

（一）一般治疗

患者应卧床休息，多饮温开水，进食半流质或流质食物。有便秘者可服牛黄解毒片。头痛、高热、全身酸痛者可用解热镇痛药。保持口腔及咽部卫生，餐后睡前用复方硼酸液含漱或盐开水漱口。

（二）病因治疗

关键是使用抗生素，溶血性链球菌敏感药物首选为青霉素，轻症患者可肌内注射，重症患者可静脉滴注。青霉素过敏者，应改用其他抗生素。

（三）合并症的治疗

并发扁桃体周围脓肿或咽后壁脓肿者在抗炎治疗的同时，应及时手术切开排脓。并发风湿性关节炎、风湿性心内膜炎、急性肾小球肾炎者可用大剂量抗生素治疗，并可择期手术切除扁桃体。

参考文献

[1]白树虎，谭经伟.大学生心理健康读本[M].北京:北京师范大学出版社,2014.

[2]樊富珉，王建中.当代大学生心理健康教程:第2版[M].武汉:武汉大学出版社,2014.

[3]黄忠益.职业指导三元论[M].广州:华南理工大学出版社,2000.

[4]马来焕，蔡代平.职业指导[M].西安:陕西师范大学出版社,2008.

[5]漆浩.心病咖啡屋[M].北京:北京体育大学出版社,1999.

[6]萨克尼克，等.职业生涯规划教程:第7版[M].北京:中国劳动社会保障出版社,2005.

[7]王皋华，张威.大学体育与健康教程:第二版[M].北京:北京体育大学出版社,2013.

[8]王莲芸，钟鸣.大学生健康导论[M].北京:高等教育出版社,2009.

[9]于立东.大学生性教育[M].哈尔滨:哈尔滨工程大学出版社,2011.

[10]张惠琴，李璞，杨德祥，等.大学生职业生涯发展规划实操手册[M].北京:高等教育出版社,2013.

[11]赵学森，蒋东升，凌齐.体育文化与健康教育[M].北京:北京理工大学出版社,2015.